普通高等教育应用型教材——经济管理类信息化系列

审计学（微课版）

主　编　何文琴　刘樱花　韩　静
副主编　罗晓婷　温海琴　韩开军
参　编　杨　帆　周　静　张洪浩　戴雄亮

北京理工大学出版社
BEIJING INSTITUTE OF TECHNOLOGY PRESS

内 容 简 介

本教材以信息化为特色,每一个章节的知识点均有配套视频,有利于学生及时获取教师对该知识点的讲解。教材中吸收了 2016 年年底财政部印发的《中国注册会计师审计准则第 1504 号——在审计报告中沟通关键审计事项》等最新审计准则,结合公司年报审计时发现的问题,整合审计实务惯例,希望读者接触最新的审计理论和实务。以审计理论基础为指导,突出注册会计师审计实务操作,力求使应用型本科学生掌握基本审计程序和审计方法,并能为具体审计项目设计审计程序;学会选择适当的审计方法,搜集审计证据并把审计过程记录于审计工作底稿;能根据审计工作底稿记录的审计过程,运用职业判断编制不同类型的审计报告。本教材注重培养学生审计思维,把风险导向贯穿审计学习全过程。在学习目标的制定中,学生能运用审计理论解释实务操作即可,不过分关注审计理论的完整性和系统性。本教材适合用于应用型本科会计学专业审计学课程的教学,也可作为审计工作人员和其他企业管理人员学习的参考书。

版权专有　侵权必究

图书在版编目（CIP）数据

审计学：微课版 / 何文琴，刘樱花，韩静主编 . -- 北京：北京理工大学出版社，2021.1（2025.1 重印）

　ISBN 978-7-5682-9336-5

　Ⅰ. ①审…　Ⅱ. ①何… ②刘… ③韩…　Ⅲ. ①审计学 - 高等学校 - 教材　Ⅳ. ①F239.0

中国版本图书馆 CIP 数据核字（2020）第 253973 号

责任编辑：高　芳	**文案编辑**：赵　轩
责任校对：刘亚男	**责任印制**：李志强

出版发行 / 北京理工大学出版社有限责任公司
社　　址 / 北京市丰台区四合庄路 6 号
邮　　编 / 100070
电　　话 /（010）68914026（教材售后服务热线）
　　　　　　（010）63726648（课件资源服务热线）
网　　址 / http://www.bitpress.com.cn

版 印 次 / 2025 年 1 月第 1 版第 3 次印刷
印　　刷 / 廊坊市印艺阁数字科技有限公司
开　　本 / 787 mm×1092 mm　1/16
印　　张 / 18.5
字　　数 / 434 千字
定　　价 / 54.00 元

图书出现印装质量问题，请拨打售后服务热线，负责调换

前 言

本课程团队在总结之前教学经验的基础上，结合现在的审计学线上线下混合教学模式，逐步完善教材，力求使本教材更好地服务于线上线下混合教学模式。在应用型本科的教学中，力图走出审计学教学的抽象、枯燥、乏味、学生参与度低等困境。本教材具有以下特点。

（1）以信息化为特色，教材的内容和形式更加丰富。每一个章节的知识点，读者都可通过智能设备轻轻一扫，获取教师对该知识点的讲解。学生能更好地把握学习中的重点、难点，且可反复学习，提供了学生自主学习的契机，提高了学习效率。

（2）以审计案例为背景，突出注册会计师审计实务操作。本教材力图使学生掌握基本审计程序和审计方法，能为具体审计项目设计审计程序，选择适当的审计方法，搜集审计证据，并把审计过程记录于审计工作底稿；能通过掌握企业各业务循环审计的目标与范围，结合实务进行内部控制测试与各会计科目实质性测试，将测试过程记录于工作底稿；能掌握调整分录、重分类分录的编制方法，并在此基础上进行资产负债表和利润表的试算平衡；能根据审计工作底稿记录的审计过程，运用职业判断编制不同类型的审计报告。

（3）审计理论和审计实务相结合。作为应用型本科学生，如果没有一定的理论基础，在学习审计实务操作时就容易陷入知其然而不知其所以然的迷茫中，对其未来职业发展不利，甚至难以在与高职学生的审计实务操作比拼中凸显优势；而过分关注抽象的理论，又容易陷入教师难教、学生厌学的怪圈。编者基于应用型本科教学的特点，选取解释审计实务的重要理论进行介绍，同时结合审计案例或审计工作底稿的填制，对审计实务进行具体的应用。

教材编写分工大致如下：第 1 章为审计概述，由何文琴编写；第 2 章为计划审计工作，由何文琴、韩静编写；第 3 章为审计证据、审计程序与审计工作底稿，由罗晓婷编写；第 4 章为风险评估，由罗晓婷、何文琴编写；第 5 章为风险应对，由罗晓婷、韩开军编写；第 6 章为销售与收款循环的审计，由刘樱花编写；第 7 章为采购与付款循环的审计，由戴雄亮、刘樱花编写；第 8 章为生产、存货与工薪循环的审计，由韩静、韩开军编写；第 9 章为货币资金审计，由温海琴、张洪浩编写；第 10 章为审计报告，由温海琴、刘樱花编写；第 11 章为内部控制审计，由何文琴、刘樱花、杨帆编写；第 12 章为审计质量控制，由韩静编写。

此外，周静等参与了各章习题的编写，最后由何文琴、刘樱花统稿。

本教材也是省级审计学在线开放课程的配套使用教材，在编写的过程中得到了东莞理工学院、东莞理工学院城市学院、超星平台广大同仁的支持和帮助。在此，对为本教材的编写和视频拍摄付出心血的同仁表示感谢！

由于时间紧迫，编者能力有限，教材在内容和形式上略显粗糙，恳请读者批评指正，以便我们在下一次修订时加以完善。

编者

2020 年 5 月

目 录

第1章 审计概述 ·· (1)
　1.1 审计概念及要素 ·· (2)
　1.2 审计分类 ··· (5)
　1.3 审计风险和审计过程 ·· (6)

第2章 计划审计工作 ··· (12)
　2.1 审计目标 ··· (13)
　2.2 审计重要性 ·· (16)
　2.3 审计计划 ··· (19)
　2.4 初步业务活动 ··· (21)

第3章 审计证据、审计程序与审计工作底稿 ·· (27)
　3.1 审计证据 ··· (28)
　3.2 审计程序 ··· (32)
　3.3 审计工作底稿 ··· (36)

第4章 风险评估 ··· (45)
　4.1 风险评估概述 ··· (46)
　4.2 了解被审计单位及其环境 ·· (50)
　4.3 了解被审计单位内部控制 ·· (61)
　4.4 评估财务报表层次和认定层次的重大错报风险 ··································· (66)

第5章 风险应对 ··· (71)
　5.1 针对财务报表层次重大错报风险的总体应对措施 ································ (72)
　5.2 针对认定层次重大错报风险的进一步审计程序 ··································· (73)
　5.3 控制测试 ··· (77)
　5.4 实质性程序 ·· (81)

第6章 销售与收款循环的审计 (88)

- 6.1 销售与收款循环审计概述 (90)
- 6.2 销售与收款循环的内部控制与控制测试 (94)
- 6.3 营业收入的审计 (99)
- 6.4 应收账款的审计 (104)
- 6.5 其他项目的审计 (114)

第7章 采购与付款循环的审计 (133)

- 7.1 采购与付款循环审计概述 (135)
- 7.2 采购与付款循环的内部控制与控制测试 (139)
- 7.3 应付账款的审计 (143)
- 7.4 固定资产的审计 (149)
- 7.5 其他项目的审计 (156)

第8章 生产、存货与工薪循环的审计 (167)

- 8.1 生产与存货循环审计概述 (169)
- 8.2 生产、存货与工薪循环的内部控制与控制测试 (172)
- 8.3 存货的审计 (174)
- 8.4 营业成本的审计 (181)
- 8.5 应付职工薪酬的审计 (186)

第9章 货币资金审计 (197)

- 9.1 货币资金审计概述 (197)
- 9.2 货币资金的内部控制与控制测试 (198)
- 9.3 货币资金的实质性测试 (203)

第10章 审计报告 (219)

- 10.1 审计报告概述 (221)
- 10.2 审计报告的基本内容 (223)
- 10.3 沟通关键审计事项 (226)
- 10.4 非无保留意见审计报告 (229)
- 10.5 在审计报告中增加强调事项段和其他事项段 (233)

第11章 内部控制审计 (240)

- 11.1 内部控制审计概述 (243)
- 11.2 业务承接与审计计划 (246)
- 11.3 实施审计工作 (254)
- 11.4 评价内部控制缺陷 (259)
- 11.5 完成审计工作 (260)
- 11.6 出具审计报告 (261)

第12章　审计质量控制 ……………………………………………………（271）
　　12.1　会计师事务所业务质量控制 ……………………………………（273）
　　12.2　注册会计师职业道德基本原则和概念框架 ……………………（277）
　　12.3　审计业务对独立性的要求 ………………………………………（278）
参考文献 ……………………………………………………………………（286）

第1章

审计概述

学习目标

1. 了解审计的基本概念。
2. 了解审计和会计的区别。
3. 熟悉审计风险的基本原理。
4. 掌握风险导向审计的过程。

教学要求

教学内容充实，详略得当，逻辑性强，条理分明，重点、难点突出；针对不同教学对象和教学内容，不断总结和改进教学方式和方法；尽量采用启发式、讨论式、参与式、探究式等多种教学方法进行教学。

导入案例

2015年4月28日，上市公司博元投资（证券代码：600656）发布2014年年度财务报告，因其措辞中直接提到"无法保证年度报告内容的真实、准确、完整"而引发热议。

以下为博元投资2014年年度财务报告的重要提示。

珠海市博元投资股份有限公司
2014 年年度报告

重要提示

一、本公司董事会、监事会及董事、监事、高级管理人员无法保证年度报告内容的真实、准确、完整，不存在虚假记载、误导性陈述或重大遗漏，并不承担个别和连带的法律责任。

二、公司全体董事、监事、高级管理人员无法保证本报告内容的真实、准确、完整，理由是：鉴于公司的现状。请投资者特别关注。

三、公司全体董事出席董事会会议。

四、大华会计师事务所（特殊普通合伙）为本公司出具了无法表示意见的审计报告，本公司董事会、监事会对相关事项已有详细说明，请投资者注意阅读。

本期报表延续前期会计报表，本届董事会对其内容的准确性、真实性、完整性不发表意见。

五、公司负责人许佳明、主管会计工作负责人李红及会计机构负责人（会计主管人员）李红声明：无法保证年度报告中财务报告的真实、准确、完整。

……

注册会计师对2014年博元投资财务报告出具了"无法表示意见的审计报告"。

请思考：

1. 企业为什么要对外发布财务报告？
2. 财务报告的预期使用者有哪些？
3. 财务报告使用者如何才能信赖财务报告？

1.1 审计概念及要素

1.1.1 审计概念

1-1 审计的概念及要素

关于什么是审计，不同的学者给出了不同意见。

1972年，美国会计学会（American Accounting Association，AAA）的《基础审计概念的说明》对审计的定义是："审计是为了查明经济活动和经济现象的表现在所定标准之间的一致程度而客观地收集和评价有关证据，并将其结果传达给有利害关系的使用者的有组织的过程。"

阿尔文·阿伦斯、兰德尔·埃尔德和马克·比斯利合著的《审计学》认为，"审计是关于信息证据的积累和评估，以判定和报告信息和确立标准之间的一致度。审计应由具有胜任能力和独立性的人士来完成"。

2010年《中华人民共和国审计法实施条例》第一章第二条对审计的定义表述为："审计法所称审计，是指审计机关依法独立检查被审计单位的会计凭证、会计账簿、财务会计报告以及其他与财政收支、财务收支有关的资料和资产，监督财政收支、财务收支真实、合法和效益的行为。"

我国学者秦荣生教授和卢春泉教授认为，审计是一项具有独立性的经济监督活动，它是由独立的专职机构或人员接受委托或授权，对被审计单位特定时期的财务报表及其有关资料以及经济活动的真实性、合法性、合规性、公允性和效益性进行审查、监督、评价和鉴证的活动，其目的在于确定或解除被审计单位的受托经济责任。

中国注册会计师协会认为，财务报表审计是注册会计师对财务报表是否不存在由于舞弊和错误导致的重大错报提供合理保证，以积极的方式提出意见，增强除管理层之外的财务报告使用者对财务报告的信赖程度。本书中的审计概念主要是指注册会计师审计。

无论具体表述如何，审计概念都包括以下内容。

（1）审计主体是具有专业胜任能力和独立性的人员。专业胜任能力表现为审计人员能够阅读、理解、辨别财务信息，能够判断财务信息是否按照适用的编制基础进行编制；独立性表现为审计人员不受外来影响而独立发表审计意见。

（2）审计的对象是财务报告。审计活动就是为了审查财务报告是否按照适用的编制基础进行编制，是否实现了公允反映。

（3）审计的目的是改善财务报告的质量，以此增强预期的报告使用者对财务报告的信赖程度，以合理的方式提高报告使用者的信赖程度，而不牵涉如何利用财务报告来进行决策。

（4）审计的使用对象是财务报告的预期使用者，一般来说是外部的财务信息使用者，在财务信息沟通中处于信息弱势地位。

（5）审计的结果是审计报告，审计报告中最主要的内容是关于财务报表信赖程度的审计意见。审计意见主要围绕财务报表是否按照适用的编制基础进行编制、是否实现公允反映。注册会计师要按照审计准则的要求，在完成审计工作的基础上发表审计意见。

1.1.2 会计与审计的区别

许多财务报告使用者和大众会对会计和审计的概念产生疑惑，因为审计都是关于会计信息的审计，审计人员一般被认为是处理会计事项的专家。还有一个原因是，处理社会审计工作的独立人员被称为"注册会计师"。那么，应该如何看待会计与审计？

会计和审计的纽带都是会计准则。会计是以货币为计量单位，对一系列经济事项进行记录、分类、核算、汇总和呈现的经济活动，目的是为进行决策提供经济信息。为了提供这些有用的信息，会计人员必须熟谙会计原理和会计准则。此外，会计人员还必须掌握一套会计处理方法，能够将经济活动和成本情况进行全面、系统、综合的记录。审计在进行数字核算的时候，注册会计师主要关注的是能否判断财务报表里的数字合理地反映了一定期间财务状况、经营成果和现金流量。要进行合理判断，注册会计师必须熟稔会计准则和标准。

审计和会计在目的、方法、流程方面均不同。

（1）目的不同。会计以货币为单位，对一系列经济事项进行记录、分类、核算、汇总和呈现。审计的目标是判定被审计的对象和已建立的标准之间的吻合程度。

（2）方法不同。会计方法包括设置账户、填制凭证、登记账簿等。审计方法包括收集和评价审计证据技术和程序。

（3）流程不同。会计的流程是记录经济业务，编制财务报表。审计的流程是收集审计证据，并发表审计意见。

为了理解和判断会计报表，注册会计师必须获得和积累审计证据，以对会计报表中的信息进行验证。判断并获取审计证据，评估审计证据的可靠性和数量的充分性，形成审计结论，是注册会计师而不是会计师的独有工作。

1.1.3 审计中的三方关系

在审计过程中，存在着相互独立的三方，即被审计单位、外部信息使用者、审计人员

（注册会计师），三者关系如图 1-1 所示。

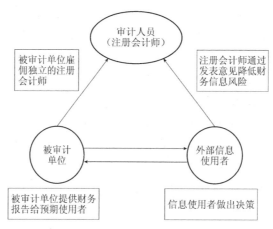

图 1-1 审计三方关系

在审计三方关系中，被审计单位（也称责任方）的主要职责是提供财务信息，并且保证财务信息的真实、完整、可靠。因此，被审计单位应当设计、维护、执行必要的内部控制，使得财务信息能够按照适用的财务报告编制基础进行编制，并使其实现公允反映。

外部信息使用者是指预期使用审计报告和财务报表的组织或人员，一般来说包括投资者、债权人、政府、银行等。此外，这些信息使用者主要是指与财务报表有重要和共同利益的主要利益相关者。外部信息使用者希望能够及时、准确地获得相关的财务信息。

审计人员（注册会计师）作为独立的第三方，对被审计单位提供的财务信息进行鉴证并出具证明文件。独立性是对审计人员最基本的要求，也是审计职业道德的核心要求。审计人员应当保持独立性，不偏不倚、客观公正地发表审计意见。

1.1.4 注册会计师提供的保证程度

注册会计师发表的审计意见的保证程度，可以分为绝对保证、合理保证和有限保证。

1. 绝对保证

绝对保证的保证程度最高，表明注册会计师对财务报告中记载的所有交易和事项、余额都有绝对把握来保证其客观公允。绝对保证只在理论状态下存在，在实际生活中很难实现。

2. 合理保证

合理保证的保证程度比绝对保证低。合理保证在可接受的审计风险下，以积极的方式提出意见，表明注册会计师对财务报告中记载的交易、事项和账户余额在重大方面不存在错报提供意见，提供较高水平的保证。由于审计资源和审计方法的限制，目前注册会计师鉴证业务能够提供的保证程度是合理保证。注册会计师发表合理保证，需要在审计过程中采用丰富的审计程序，不断获取充分、适当的审计证据，用恰当的措辞来发表审计意见。

3. 有限保证

有限保证的保证程度低于合理保证，适用于对保证程度要求不高的审阅业务。比如，注册会计师出具审阅报告常使用有限保证。有限保证的措辞采用消极意见，如"没有发现""不存在重大错报"等。有限保证所需要的审计证据数量较少，提供的保证程度不高，一般采用询问和分析性程序。

1.2 审计分类

审计分类是从不同的角度对审计的实质进行阐释,以便加深对审计本质的理解,更好地发挥审计的职能作用。

1.2.1 按审计主体分类

根据审计主体的不同,审计可以分为政府审计、社会审计和内部审计。

1-2 审计分类

1. 政府审计

政府审计是由政府机关组织执行的审计,也被称为国家审计。政府审计的对象一般是公共资金,审计的标准是真实性、合规性和效益性。

2. 社会审计

社会审计是由社会中介机构实施的审计。社会审计一般是接受委托进行审计,审计的对象是被审计单位的财务报告的合规性和公允性以及其他接受委托的审计事项。

3. 内部审计

内部审计是由单位本部门或者本部门内专职进行审计的机构或人员进行的审计。企业内部审计部门根据其独立性,可以分为隶属于治理层和隶属于管理层的审计部门。内部审计的对象可以是本单位的经济活动,也可以是计划预算,审计的标准是真实性、合规性和效益性。

1.2.2 按审计模式的特点分类

从审计的目标和技术手段上来看,审计的发展历史大致可以分为三个时期,分别是账项基础审计阶段、制度基础审计阶段和风险导向审计阶段。

1. 账项基础审计阶段

账项基础审计阶段是审计的早期阶段。早在 11 世纪,地中海沿岸的银钱业商人不但自己收存经营上的银钱付给利息,也将多余的银钱贷给其他商人收取利息。为了保证收取的利息与预先的约定一致,就需要对商人的经营情况进行核对。这是早期社会审计的开端,其标志是 1720 年英国的南海公司破产案,聘请对南海公司的账务进行审查的查尔斯·斯奈尔成为历史上第一位社会注册会计师。这个时期由于企业的业务量不多、发展规模不大,逐项审计是可以实现的。账项基础审计的目的是查错防弊,保护企业资产的保值,采用的方法是对会计账目进行详细审计,审计报告使用人主要是企业股东。

2. 制度基础审计

制度基础审计阶段是社会审计发展的第二个阶段,主要存在于 1933 年经济危机后到 20 世纪 80 年代。制度基础审计强调对企业内部控制制度进行评价,在此基础上决定实质性审计的时间、性质和范围,这就与以前基于账项的审计模式有了很大不同。

第二次世界大战后,企业发展的规模越来越大,集团公司、跨国企业涌现。为了有效地管理企业,管理层都相应建立了覆盖全面、执行有效的内部控制制度。投资者对于财务报告的质量容忍度有所降低，即使存在未揭露的错报，只要不对财务报告产生重大影响，也可以不作为审计的主要目的。审计的主要目的在于对公司的内部控制的设计和执行进行评价，发现薄弱之处，进行有重点的审查，这就大大提高了审计效率。

制度基础审计的弱点在于过于重视内部控制的审查而忽视了财务报告风险的其他环节，比如，相同的公司制度下，由于管理层理念的变化对企业经营业绩造成影响。另外，跨国公司的商业竞争愈演愈烈，宏观环境的变化、国家政策的影响等会成为左右企业命运的风险因素，仅仅局限于本企业、局限于企业的内部管理制度往往不能解释企业发展的变化，因此需要一种能够宏观判断企业风险的审计方法。

3. 风险导向审计阶段

风险导向审计阶段是社会审计发展的第三个阶段，产生的时间大约在 20 世纪 80 年代，主要原因是一些内部控制制度完善的大型公司通过各种方法舞弊，以达到粉饰财务报告的目标。风险导向审计弥补了制度基础审计偏重于企业管理制度而忽视其他风险方面的缺陷，审计的重点分为三个部分，关注企业的重大错报风险和注册会计师的检查风险。在审计过程中，首先进行调查分析，判断财务报表重大错报的领域；然后对存在重大错报风险的领域的内部控制进行审查，在此基础上进行实质性程序，获得存在重大错报的证据。风险导向审计更能将有限的审计资源调动到重大错报风险更高的领域，有效地提高了审计效率，可以更好地达到审计效果。

审计模式变化如表 1-1 所示。

表 1-1 审计模式变化

审计模式	时间	审计主要方向
账项基础审计	约 11 世纪—约 20 世纪 30 年代	财务报告
制度基础审计	约 20 世纪 30 年代—20 世纪 80 年代	企业内部控制制度
风险导向审计	20 世纪 80 年代至今	财务报告风险高的领域

1.3 审计风险和审计过程

风险导向审计是当今主流的审计方法，它要求注册会计师识别和评估重大错报风险，设计和实施进一步审计程序以应对发现的重大错报风险，并根据形成的审计结果发表恰当的审计意见。

1.3.1 基于风险导向审计的特点

在 20 世纪 90 年代，相继发生了一些著名的国际公司财务舞弊丑闻，经营失败的公司的投资者为了挽回损失，往往将进行了财务报告审计业务的注册会计师和会计师事务所连同公司一起起诉。面对这种审计环境的变化，国际审计与鉴证准则理事会（International Auditing and Assurance Standards Board，IAASB）在大量调研的基础上，于 2002 年推出了审计风险准则征求意见稿，并在修订后于 2004 年 12 月 15

1-3 审计风险和审计过程

日正式实施。我国于 2006 年 2 月 15 日发布了与国际审计准则趋同的审计风险准则。这些准则构建了风险导向审计的整个过程。

风险导向审计有如下特点。

1. 要求注册会计师必须了解被审计单位及其环境

了解被审计单位及其环境为风险导向审计的起点。注册会计师要了解被审计单位的行业背景、法律环境、监管环境、内部控制制度，以及经营特点和主要财务指标等，以获得对被审计单位的基本认识，为后面执行审计工作打下基础。

2. 要求注册会计师必须将风险评估程序贯穿整个审计过程

注册会计师在整个审计过程中，要了解被审计单位的情况识别风险，评估错报发生的领域和表现方式，并考虑如何进行风险应对。

3. 要求注册会计师将识别和评估的风险与审计程序挂钩

注册会计师在安排审计程序的性质、时间和范围的时候，应当将其与识别和评估的风险结合起来，有针对性地进行安排，避免脱离实际。

4. 要求注册会计师对重大错报风险实施实质性程序

注册会计师应当在风险评估的基础上，进一步进行控制测试，在测试的基础上实施实质性程序，这样可以更有效地对有限的审计资源进行合理安排。无论是否进行控制测试，实质性程序是必须进行的。

5. 要求注册会计师在审计过程中做好审计工作的记录

注册会计师应当将审计目的、审计程序、审计证据以及审计结论等做好详细记录，以便为形成审计意见提供基础，同时这也是明确责任、保证业务质量的重要证据。

风险导向审计紧紧围绕财务报告重大错报风险来执行业务，有利于降低审计失败发生的概率，有利于明确审计责任，保证审计质量，提高审计工作水平。

1.3.2 审计风险

审计风险是在存在重大错报风险的情况下，注册会计师发表了不恰当意见的可能性。审计风险主要描述审计过程的相关风险，不包括注册会计师因执行业务而发生的法律后果，比如因发生法律诉讼或者负面宣传等造成损失的可能性。

审计风险由重大错报风险和检查风险组成。

重大错报风险是与被审计单位相关的风险，是指财务报表存在重大错报的可能性。这种风险与是否进行审计没有关系，是在审计前就已存在的风险。重大错报风险可能与财务报告整体相关，并进而影响多项认定。重大错报风险可能源于薄弱的内部控制，比如企业文化没有建立正确的价值观、管理层不重视诚信等，会对企业未来发展产生影响；也可能源于行业背景或者经济环境的变化。面对影响整个财务报告的重大错报风险，注册会计师应当保持职业怀疑，增强审计的不可预见性，并对经验不足的审计人员提供更多的督导。

重大错报风险也可能是认定层次的，只影响到个别事项或某些认定。认定层次的重大错报风险又可以进一步分为固有风险和控制风险。固有风险是在不考虑内部控制的情况下，某一类交易、账户余额或认定易于发生重大错报的可能性。比如，复杂的交易比简单的交易更容易出现风险；技术进步可能导致产品被淘汰进而影响存货的计价认定。控制风险是财务报表中存在认定层次重大错报,但是内部控制不能防止或者发现并纠正的可能性。控制风险主要取决于内部控制的设计以及内部控制是否得到一贯执行。

检查风险是与会计师事务所相关的风险,是指财务报表存在重大错报风险,但是注册会计师没有发现的可能性。检查风险主要取决于审计程序设计是否合理,以及审计工作是否得到有效执行。由于注册会计师对财务报表是否不存在重大错报提供合理保证,不需要对财务报表中所有的交易、事项和余额披露进行审查,所以检查风险不能降为零。检查风险可以通过派遣更有经验的审计人员、扩大审计范围、获得更多的审计证据、保持职业怀疑等方法来降低。

重大错报风险与检查风险呈反向关系。当会计师事务所与委托方签订了审计委托书进行审计的时候,就表示审计风险的上限已经确定;在审计风险既定的情况下,如果重大错报风险水平高,那么检查风险就要降低。

在业务执行过程中,如果通过初步业务活动了解被审计单位的重大错报风险水平较高,那么就需要采取派遣专业胜任能力和职业道德强的注册会计师、在审计过程中进行更多的督导、扩大审计范围等措施来降低检查风险,以有效控制审计风险。

1.3.3 审计过程

风险导向审计模式要求注册会计师在审计过程中,围绕财务报表的重大错报,合理安排重大错报风险的识别、评估和应对。因此,审计过程大致分为以下几个阶段。

1. 初步业务活动

初步业务活动从会计师事务所和被审计单位接触开始,到决定签订委托书为止。如果会计师事务所以前未与委托方签订业务委托书,本次业务属于首次接受委托,那么属于"接受"该业务;如果会计师事务所已经与委托方签订了长期合作的业务委托书,在合作期间内,通过初步业务程序来判断是否继续接受委托、是否需要修改约定条款,如果继续进行委托合作,那么属于"保持"该业务。

会计师事务所应当按照注册会计师执业准则规定,谨慎决策是否接受或者保持客户关系和具体的审计业务。初步业务活动阶段主要通过执行业务程序获得以下信息:被审计单位是否因存在诚信问题而导致重大错报风险水平过高;会计师事务所的注册会计师是否具有执行该业务所需要的专业胜任能力和独立性,是否遵守职业道德守则的规定,是否具有完成该项业务所需要的时间和资源。

在获得以上信息以后,会计师事务所评估被审计单位的重大错报风险。如果重大错报风险很高,不足以将其降低到可接受的低水平,那么会计师事务所可以考虑拒绝接受或保持该项业务。

会计师事务所做的重要决策之一就是接受和保持客户。如果不能合理评估重大错报风险,可能导致在审计过程中耗费过多资源,增加合伙人和审计项目组的压力,甚至有可能导致审计失败,影响事务所的声誉。

2. 计划审计工作

当签订了审计业务约定书以后,就确定了审计目标,接下来就应围绕审计目标制订审计计划。

恰当的审计计划有利于合理地分配审计资源，有效地完成审计工作，达到审计目标，形成审计结论。在形成审计计划的时候，主要工作包括制订总体审计策略和制订具体审计计划。

审计计划制订以后，如果发现了未预期的事项或者审计条件发生了变化或者不能获取充分适当的审计证据，注册会计师应当及时调整总体审计策略和审计计划。调整的目的是更好地完成审计目标。

3. 进行风险评估

制订审计计划以后，注册会计师就应按照审计计划了解被审计单位及其环境，识别和评估重大错报风险。

了解被审计单位及其环境，为注册会计师在后续审计程序的关键环节中做出职业评估奠定了基础。了解被审计单位及其环境，需要了解被审计单位的外部因素与内部因素，在了解过程中不断地收集、讨论、分析信息。在获得信息后，注册会计师需要及时识别风险，如果确定是风险，那么要进一步确定是报表层次风险还是认定层次风险，进而评估风险发生影响的范围和风险发生的概率，考虑如何应对风险。

4. 应对重大错报风险

注册会计师在进行风险评估以后，并不足以获取充分、适当的审计证据以发表审计意见，还需要进一步应对重大错报风险。

应对重大错报风险需要根据风险是报表层次风险还是认定层次风险来加以区分，如果是报表层次风险，就采用总体的应对策略；如果是认定层次风险，就需要采取进一步审计程序，包括控制测试和实质性程序。

在实质性程序中，注册会计师应当合理运用职业判断，采用恰当的审计程序获得充分适当的审计证据，为发表审计意见提供基础。

5. 编制审计报告

注册会计师在完成审计工作后，应当整理获得的审计证据，复核完成的审计工作，在判断获得的充分、适当审计证据的基础上，得出审计结论，发表审计意见。

本章小结

财务报表审计是注册会计师对财务报表是否不存在由于舞弊和错误导致的重大错报提供合理保证，以积极的方式提出意见，增强除管理层之外的财务报告使用者对财务报告的信赖程度。

根据审计主体，审计可以分为政府审计、社会审计和内部审计。审计模式可以分为账项基础审计、制度基础审计和风险导向审计。

审计风险由重大错报风险和检查风险组成。

风险导向审计过程大致分为初步业务活动、计划审计工作、进行风险评估、应对重大错报风险、编制审计报告等阶段。

本章练习题

一、单选题

1. 下列有关财务报表审计的说法中,错误的是( )。

A. 审计的目的是增强财务报表预期使用者对财务报表的信赖程度

B. 审计可以有效满足财务报表预期使用者的需求

C. 审计涉及为财务报表预期使用者如何利用相关信息提供建议

D. 财务报表审计的基础是注册会计师的独立性和专业性

2. 下列有关注册会计师执行的业务及其提供的保证程度的说法中,正确的是( )。

A. 代编财务信息提供合理保证

B. 财务报表审阅提供有限保证

C. 对财务信息执行商定程序提供低水平保证

D. 鉴证业务提供高水平保证

3. 在确定审计业务的三方关系时,下列有关责任方的说法中,注册会计师认为错误的是( )。

A. 责任方可能是预期使用者,但不是唯一的预期使用者

B. 责任方可能是审计业务的委托人,也可能不是委托人

C. 责任方是对财务报表负责的组织或人员

D. 责任方只需对财务报表负责

4. 下列与重大错报风险相关的表述中,正确的是( )。

A. 重大错报风险是因错误使用审计程序产生的

B. 重大错报风险是假定不存在相关内部控制,某一认定发生重大错报的可能性

C. 重大错报风险独立于财务报表审计存在

D. 重大错报风险可以通过合理实施审计程序进行控制

5. 下列关于重大错报风险的说法中,错误的是( )。

A. 重大错报风险是指如果存在某一错报,该错报单独或连同其他错报可能是重大的,注册会计师为将审计风险降至可接受的低水平而实施程序后没有发现这种错报的风险

B. 重大错报风险包括财务报表层次和各类交易、账户余额以及列报和披露认定层次的重大错报风险

C. 财务报表层次的重大错报风险可能影响多项认定,此类风险通常与控制环境有关,但也可能与其他因素有关

D. 认定层次的重大错报风险可以进一步细分为固有风险和控制风险

6. 关于审计风险的各要素,下列说法正确的是( )。

A. 审计风险是预先设定的

B. 重大错报风险是预先设定的

C. 审计风险是注册会计师在审计前就必然面临的

D. 检查风险是管理层没有检查出经营风险的可能性

7. 关于审计业务中的三方关系,下列说法不恰当的是( )。

A. 注册会计师的审计意见将有利于提高财务报告的可靠性，有利于管理层决策

B. 在财务报表审计中，管理层可能是预期使用者之一

C. 在财务报表审计中，被审计单位管理层应当对财务报告的真实性负责

D. 经审计后的财务报告的真实性应当由注册会计师负责

8. 下列属于按照审计主体进行分类的是（　　）。

A. 国家审计、社会审计和内部审计

B. 财政财务审计、财经法纪审计和效益审计

C. 全部审计和范围审计

D. 事前审计、事中审计和事后审计

9. 审计产生于（　　）的需要。

A. 查错防弊　　　　　　　　　　B. 提供审计信息

C. 公证　　　　　　　　　　　　D. 经济监督

10. 审计的主体是指（　　）。

A. 被审计单位　　　　　　　　　B. 被审计单位的财政、财务活动

C. 专职审计机构或人员　　　　　D. 有关的法规和审计标准

二、多选题

1. 以下对审计含义的理解，正确的有（　　）。

A. 审计可以用来有效满足财务报表预期使用者的需求

B. 审计的目的是为如何利用信息提供建议

C. 审计的基础是独立性和客观性

D. 审计的最终产品是审计报告

2. 按照审计目的和技术手段的不同，审计可以分为（　　）阶段。

A. 现代审计　　　　　　　　　　B. 制度基础审计

C. 风险导向审计　　　　　　　　D. 账项基础审计

3. 审计过程中存在的独立三方包括（　　）。

A. 注册会计师　　　　　　　　　B. 被审计单位

C. 审计载体　　　　　　　　　　D. 外部信息使用者

三、分析题

1. 有人认为，审计是会计的分支。你如何理解会计和审计的关系？

2. 假设你到会计师事务所实习，作为助理参与审计工作，审计项目组应该如何安排你的工作才能有效控制审计风险？

第 2 章

计划审计工作

学习目标

1. 了解审计目标的含义,理解审计总体目标和具体目标的概念及关系。
2. 掌握被审计单位管理当局对财务报表的认定及具体审计目标的制订。
3. 了解审计重要性的含义,掌握审计重要性水平的确定。
4. 熟悉制订审计计划所要做的各项工作,掌握如何制订和修改审计计划。
5. 熟悉初步业务活动,掌握初步业务活动工作底稿的填制。

教学要求

注重通过审计案例教学,多角度讲解审计目标的含义、类型和特点;采用启发式、探讨式教学,加强课堂案例讨论,注重对审计计划和初步业务活动的案例进行总结。

导入案例

嘉佳会计师事务所对实业发展有限责任公司进行审计,该公司成立于2002年6月,注册资本1 000万元,业务范围包括物流等。至2008年8月31日,公司资产2 615万元,负债243万元,净资产2 372万元。公司总经理任期为2002年6月至2009年8月,需要对总经理进行任期经济责任审计。

嘉佳会计师事务所的5名从业人员对此项目进行了审计,其中一人负责银行存款审计,审计时间为2009年11月7日至11月12日,审计收费5万元。

嘉佳会计师事务所出具了长式审计报告,列示了经审计确认的2008年8月31日的资产负债表和2002年6月至2009年8月的利润表,并对公司内部控制进行了正面评价,未对货币资金内部控制问题提出疑问。

审计报告出具不久,公司发现,出纳采用伪造银行对账单等手段贪污公款80万元,即银行存款少80万元,并将此情况通报嘉佳会计师事务所。

经审查审计工作底稿，发现审计人员主要进行了四个审计程序：编制了银行存款明细表，"三核对"相符；获取了银行对账单，其余额与明细账调节相符；摘录了40笔会计分录，无审计意见；复印了两张会计凭证及其原始单据，无审计意见。

嘉佳会计师事务所在自查过程中发现，对实业发展有限责任公司银行存款审计的项目组织管理方面存在以下问题：审计计划阶段仅有业务约定书，没有编制审计计划，导致现场审计工作产生了重大失误。

请思考：什么是审计计划？为什么要编制审计计划？如何编制审计计划？什么是审计业务约定书？

2.1 审计目标

2.1.1 审计目标的含义

审计目标是指在一定历史环境下，通过审查和评价审计对象所要达到的目标和要求。社会经济环境在很大程度上影响着审计目标的定位。

随着审计职业的发展，审计目标因审计环境的变化而不断地发展演进。在不同的历史时期，审计的目标是不相同的。比如，最原始的审计目标是查找舞弊，评价受托人是否忠于职守，有无舞弊行为；在资产负债表审计阶段，审计的目标主要是对资产负债表的可靠性、真实性做公证，以评价负责人的偿债能力，查错揭弊则退居次要地位；在财务报表审计阶段，审计的目标是对财务报表的公允性、合法性和一贯性发表意见，以评价被审计单位报表是否公允地反映其财务报表状况和经营成果；在20世纪80年代以后，基本上认为审计的目标是确定财务报表表达的公正性。

2-1 审计目标

目前，社会各国审计主要处于财务报表审计阶段，因此我们所讲的审计目标是指财务报表审计目标。财务报表审计目标分为总体目标和具体目标两个层次，总体目标规范具体目标的范围和内容，具体目标是总体目标的延伸和具体化。

2.1.2 审计的总体目标

关于审计的总体目标，世界各国的表述有所不同。美国注册会计师协会（AICPA）颁布的《审计准则公告第1号》指出："独立审计人员对财务报表的例行审计目标，是对财务报表是否遵守公认会计原则，在所有重大方面，公允地表达其财务状况、经营成果以及现金流量表达意见。"在我国，《中国注册会计师审计准则第1101号——注册会计师的总体目标和审计工作的基本要求》第十八条规定，审计的目的是提高财务报表预期使用者对报表的信赖程度，通过注册会计师对财务报表是否在所有重大方面按照适用的财务报告编制基础编制发表审计意见得以实现。

注册会计师在执行财务报表审计工作时，总体目标有以下几点。

（1）对财务报表整体是否不存在由于舞弊或者错误导致的重大错误获取合理保证，使注册会计师能够对财务报表是否在所有重大方面按照适用的财务报告编制基础编制发表审计意见。

(2) 按照审计准则的规定,根据审计结果对财务报表出具审计报告,并与管理层和治理层沟通。在任何情况下,如果不能获取合理保证,并且在审计报告中发表保留意见也不足以实现向预期使用者报告的目的,注册会计师应当按照审计准则的规定出具无法表示意见的审计报告,或者在法律允许的情况下终止审计业务或者业务约定。

2.1.3 审计的具体目标

审计的具体目标是对审计总体目标的进一步具体化。一般来说,审计具体目标是根据被审计单位管理层的认定和审计总体目标来确定的。注册会计师通过获取适当、充分的审计证据支持管理层认定,从而形成审计意见,实现总体目标。概而言之,注册会计师审计的主要工作就是确定管理层认定是否恰当。

1. 管理层认定的含义

管理层认定,是指管理层在财务报表中作出的明确或隐含的表达,注册会计师将其用于考虑可能发生的不同类型的潜在错报。当管理层声明财务报表已按照适当的财务报告框架进行编制,在所有重大方面作出公允反映时,就意味着管理层对财务报表各组成要素的确认、计量、列报以及相关的披露作出了认定。管理层在财务报表上的认定有些是明确的,有些则是隐含的。例如,管理层在资产负债表中列报存货10万元,意味着作出了下列明确的认定:记录的存货是存在的;存货以恰当的金额包括在财务报表中,与之相关的计价或分摊调整已恰当记录。同时,管理层也作出下列隐含的认定:所有应当记录的存货均已记录;记录的存货都由被审计单位拥有;与存货有关的披露是恰当的。

2. 管理层认定的两个层次

1) 与所审计期间各类交易和事项相关的认定

注册会计师对所审计期间各类交易和事项运用的认定,通常分为下列类别。

(1) 发生。记录的交易或事项已发生,且与被审计单位有关。

(2) 完整性。所有应当记录的交易和事项均已记录。

(3) 准确性。与交易和事项有关的金额及其他数据已恰当记录。

(4) 截止。交易和事项已记录于正确的会计期间。

(5) 分类。交易和事项已记录于恰当的账户。

(6) 列报。交易和事项已被恰当地汇总或分解,且表述清楚。

2) 与期末账户余额相关的认定

注册会计师对期末账户余额运用的认定,通常分为下列类别。

(1) 存在。记录的资产、负债和所有者权益是存在的。

(2) 权利和义务。记录的资产由被审计单位拥有或控制,记录的负债是被审计单位应当履行的偿还义务。

(3) 完整性。所有应当记录的资产、负债和所有者权益均已记录。

(4) 准确性、计价和分摊。资产、负债和所有者权益以恰当的金额包括在财务报表中,与之相关的计价或分摊调整已恰当记录。

(5) 分类。资产、负债和所有者权益已记录于恰当的账户。

（6）列报。资产、负债和所有者权益已被恰当地汇总或分解，且表述清楚。

注册会计师可以按照上述分类运用认定，也可按其他方式表述认定，但应涵盖上述所有方面。例如，注册会计师可以选择将所审计期间有关交易和事项的认定与有关期末账户余额的认定综合运用。又如，当发生和完整性认定包含了对交易是否记录于正确会计期间的恰当考虑时，就可能不存在与交易和事项截止相关的单独认定。

3. 具体审计目标的内容

注册会计师了解认定后，就很容易确定每个项目的具体审计目标，并以此作为评估重大错报风险以及设计和实施进一步审计程序的基础。

1）与各类交易和事项相关的审计目标

（1）发生。记录的交易和事项已发生且与被审计单位有关。例如，如果没有发生销售交易，但在销售日记账中记录了一笔销售，则违反了该目标。

发生认定所要解决的问题是管理层是否把那些不曾发生的项目列入财务报表，它主要与财务报表组成要素的高估有关。

（2）完整性。所有应当记录的交易和事项均已记录。例如，如果发生了销售交易，但没有在销售日记账和总账中记录，则违反了该目标。

发生和完整性两者强调的是相反的关注点：发生目标针对潜在的高估，而完整性目标则针对漏记交易（低估）。

（3）准确性。与交易和事项有关的金额及其他数据已恰当记录。例如，如果在销售交易中，发出商品的数量与账单上的数量不符，或是开账单时使用了错误的销售价格，或是账单中的乘积或加总有误，或是在销售日记账中记录了错误的金额，则违反了该目标。

值得注意的是，准确性与发生、完整性之间存在区别。例如，若已记录的销售交易是不应当记录的（如发生的商品是寄销商品），则即使发票金额是准确计算的，仍违反了发生目标。再如，若已入账的销售交易是正确发出商品的记录，但金额计算错误，则违反了准确性目标，但没有违反发生目标。在完整性与准确性之间也存在同样的关系。

（4）截止。交易和事项已记录于正确的会计期间。例如，如果将本期交易推到下期记录，或将下期交易提到本期记录，就违反了截止目标。

（5）分类。交易和事项已记录于恰当的账户。例如，如果将现销记录为赊销，将出售经营性固定资产所得的收入记录为主营业务收入，则导致交易分类错误，违反了分类目标。

（6）列报。由列报认定推导出的审计目标是，确认被审计单位的交易和事项已被恰当地汇总或分解且表述清楚，相关披露在适用的财务报告编制基础下是相关的、可理解的。

2）与期末账户余额相关的审计目标

（1）存在。记录的资产、负债和所有者权益是存在的。例如，如果不存在某顾客的应收账款，在应收账款试算平衡表中却列入了对该顾客的应收账款，则违反了存在目标。

（2）权利和义务。记录的资产由被审计单位拥有或控制，记录的负债是被审计单位应当履行的偿还义务。例如，将他人寄售商品记入被审计单位的存货中，则违反了权利目标；将不属于被审计单位的债务记入账内，则违反了义务目标。

（3）完整性。所有应当记录的资产、负债和所有者权益均已记录。例如，如果存在某顾客的应收账款，在应收账款试算平衡表中却没有列入对该顾客的应收账款，则违反了完整性目标。

（4）准确性、计价和分摊。资产、负债和所有者权益以恰当的金额包括在财务报表中，与之相关的计价或分摊调整已恰当记录。

（5）分类。资产、负债和所有者权益已记录于恰当的账户。

（6）列报。资产、负债和所有者权益已被恰当地汇总或分解且表述清楚，相关披露在适用的财务报告编制基础下是相关的、可理解的。

被审计单位管理层认定、注册会计师确定的具体审计目标和审计程序之间的关系列举如表2-1所示。

表2-1 管理层认定、具体审计目标和审计程序之间的关系列举

管理层认定	审计目标	审计程序
存在	资产负债表日，已记录的存货均存在	实施存货监盘程序
完整性	销售收入包括了所有已发货的交易	检查发货单和销售发票的编号；检查销售收入明细账
计价和分摊	存货以恰当的金额列报在财务报表中，与之相关的计价或分摊调整已恰当记录	确认计价方法；重新计算存货数量、金额，并与账面记录核对；关注存货可变现净值的确定；关注存货跌价准备的具体情况
权利和义务	公司对所有存货均拥有所有权，且存货未用作抵押	了解存货的内容、性质、存放场所，询问存货有无抵押；检查相关存货购货发票、抵押协议

2.2 审计重要性

2.2.1 重要性的含义

根据《中国注册会计师审计准则第1221号——计划和执行审计工作时的重要性》，重要性取决于在具体环境下对错报金额和性质的判断。在财务报表审计中，如果合理预期错报（包括漏报）单独或者汇总起来可能影响财务报表使用者依据财务报表作出的经济决策，则通常认为错报是重大的。

2-2 审计重要性

错报，是指某一财务报表项目的金额、分类、列报或披露之间存在的差异，或根据注册会计师的判断，为使财务报表在所有重大方面达到公允反映，需要对金额、分类、列报或披露作出的必要调整。错报可能是由错误或者舞弊导致的。重要性水平可视为财务报表中错报、漏报能否影响财务报表使用者决策的"临界点"，超过该"临界点"，就会影响使用者的判断和决策，这种错报和漏报就应被看成"重要的"。

1. 对重要性概念的理解

财务报告编制基础通常从编制和列报财务报表的角度阐释重要性概念。财务报告编制基础可能以不同的术语解释重要性，但通常，重要性概念可从下列几个方面进行理解。

（1）如果合理预期错报（包括漏报）单独或汇总起来可能影响财务报表使用者依据财务报表做出的经济决策，则通常认为错报是重大的。

（2）对重要性的判断是根据具体环境作出的，并受错报金额或性质的影响，或受两者共同作用的影响。

（3）某事项对财务报表使用者是否重大，是在考虑财务报表使用者整体共同的财务信息需求的基础上进行判断的。由于不同的财务报表使用者对财务信息的需求可能差异很大，因此不考虑错报对个别财务报表使用者可能产生的影响。

在审计开始时，就必须对重大错报的规模和性质作出判断，包括对财务报表整体的重要性和特定交易类别、账户余额和披露的重要性水平的判断。当错报金额高于整体重要性水平时，就很可能被合理预期，将对使用者根据财务报表做出的经济决策产生影响。

2. 注册会计师使用整体重要性水平（将财务报表作为整体）的目的

（1）决定风险评估程序的性质、时间安排和范围。

（2）识别和评估重大错报风险。

（3）确定进一步审计程序的性质、时间安排和范围。

在整个业务过程中，随着审计工作的进展，注册会计师应当根据所获得的新信息更新重要性。在形成审计结论阶段，要使用整体重要性水平和为了特定交易类别、账户余额和披露而确定的较低金额的重要性水平，来评价已识别的错报对财务报表的影响和对审计报告中审计意见的影响。

2.2.2 重要性水平的确定

在计划审计工作时，注册会计师应当确定一个可接受的重要性水平，以发现在金额上的重大错报。注册会计师在确定计划的重要性水平时，需要考虑对被审计单位及其环境的了解、审计的目标、财务报表各项目的性质及其相互关系、财务报表项目的金额及其波动幅度。同时，还应从数量和性质两个方面合理确定重要性水平。

1. 从数量方面考虑重要性

重要性的数量即重要性水平，是针对错报的金额大小而言的。确定多大错报会影响到财务报表使用者所做的决策，是注册会计师运用职业判断的结果。很多注册会计师会根据所在会计师事务所的惯例及自己的经验考虑重要性水平。注册会计师通常先选择一个恰当的基准，再选用适当的百分比乘以该基准，从而得出财务报表层次的重要性水平。在实务中，有许多汇总性财务数据可以用作确定财务报表层次重要性水平的基准，例如，总资产、净资产、流动资产、流动负债、销售收入、费用总额、毛利、净利润等。在选择适当的基准时，注册会计师应当考虑以下因素。

（1）财务报表的要素（如资产、负债、所有者权益、收入和费用等）、运用适用的会计准则定义的财务报表指标（如财务状况、经营成果和现金流量），以及运用适用的会计准则提出的其他具体要求。

(2) 对某被审计单位而言,是否存在财务报表使用者特别关注的报表项目,例如,特别关注与评价经营成果相关的信息。

(3) 被审计单位的性质及所在行业。

(4) 被审计单位的规模、所有权性质及融资方式。

注册会计师通常会根据上述因素选择一个相对稳定、可预测而且能够反映被审计单位正常规模的基准。由于销售收入和总资产具有相对稳定性,注册会计师经常将其用作确定计划重要性水平的基准。在确定恰当的基准后,注册会计师通常运用职业判断合理性选择百分比,据此确定重要性水平。实务中通常使用的经验参考数值包括:①对于以营利为目的的企业,来自经常性业务的税前利润的5%或总收入的0.5%;②对于非营利组织,费用总额或总收入的0.5%;③对于共同基金公司,净资产的0.5%。

财务报表层次重要性水平确认方法如图2-1所示。

图2-1 财务报表层次重要性水平确认方法

这些百分比只是一般的经验数值,为了更加有效地实现审计目标,注册会计师在执行具体审计业务时,可以根据被审计单位的具体情况作出职业判断,调高或降低上述百分比。另外,根据不同的基准可能会计算出不同的重要性水平,此时,注册会计师应当本着有效实现审计目标的原则,根据实际情况确定要采用的基准和计算方法,从而确定重要性水平。

当同一时期各个财务报表的重要性水平不相同时,应取最低值作为财务报表层次的重要性水平。认定层次的重要性水平根据注册会计师的职业判断进行确定,通常为财务报表整体重要性的50%~75%。实务中,判断重要性水平的参考数值如表2-2所示。

表2-2 判断重要性水平的参考数值

序号	指标	比例
1	税前净利润	5.0%~10.0%
2	资产总额	0.5%~1.0%
3	净资产	1.0%
4	营业收入	0.5%~1.0%

2. 从性质方面考虑重要性

在某些情况下,金额相对较少的错报可能会对财务报表产生重大影响。注册会计师在判断错报的性质是否重要时,一般要考虑以下方面。

(1) 错报对遵守法律法规要求的影响程度。

(2) 错报对遵守债务契约或其他合同要求的影响程度。

(3) 错报掩盖收益或其他趋势变化的程度(尤其是在联系宏观经济背景和行业状况进行考虑时)。

(4) 错报对评价被审计单位财务状况、经营成果或现金流量的有关比率的影响程度。

(5) 错报对财务报表中列报的部分信息的影响程度。例如,错报事项对分部或被审计单位其他经营部分的重要程度,而这些分部或其他经营部分对被审计单位的经营或盈利有重大影响。

(6) 错报对增加管理层报酬的影响程度。例如,管理层通过错报来达到有关奖金或其他激励政策规定的要求,从而增加其报酬。

(7) 错报对某些账户余额之间错误分类的影响程度,这些错误分类影响到财务报表中应当单独披露的项目。例如,经营收益和非经营收益之间的错误分类,非营利单位的限制资源和非限制资源的错误分类。

(8) 相对于注册会计师所了解的以前向报表使用者传达的信息(如盈利预测)而言,错报的重大程度。

(9) 错报是否与涉及特定方的项目相关。例如,与被审计单位发生交易的外部单位是否与被审计单位管理层的成员有关。

(10) 错报对信息漏报的影响程度。在某些情况下,适用的会计准则并未对该信息作出具体要求,但是注册会计师运用职业判断,认为该信息对财务报表使用者了解被审计单位的财务状况、经营成果或现金流量很重要。

(11) 错报对与已审计财务报表一同披露的其他信息的影响程度。该影响程度能被合理预期,将对财务报表使用者做出经济决策产生影响。

2.3 审计计划

审计人员执行审计业务,应编制审计计划,对审计工作做出合理安排。审计计划是指审计人员为了完成各项审计业务,达到预期的审计目的,在具体执行审计程序之前编制的工作计划。审计计划可以分为总体审计策略和具体审计计划两部分。

2-3 审计计划

2.3.1 总体审计策略

总体审计策略是包括从接受审计委托到执行审计程序、出具审计报告整个过程基本工作内容的综合计划,用以确定审计范围、时间安排和方向,并指导制订具体的审计计划。

总体审计策略的基本内容应当包括以下几方面。

(1) 被审计单位的基本情况,包括被审计单位的业务性质、经营背景、组织结构、经营政策、人事和会计、财务管理情况。

(2) 审计目标,主要说明所接受的是由董事会委托的例行年度报表审计,还是为拟上市公司首次发行股票审计,或者是其他的专项审计。

(3) 重要会计问题及重点审计领域。根据重要会计问题确定重点审计领域,主要是根据被审计单位业务的复杂程度和账户的重要性、对重大错报风险的评价和审计人员以往的审计经验来确定。

(4) 审计工作进度、时间及费用预算,主要明确审计程序何时开始实施、需要的时间、财务报表截止日前后所要完成的工作、现场工作结束日及报告签发日等方面的规划及说明。

（5）审计小组组成及人员分工。

（6）审计重要性的确定及审计风险的评估。

（7）对专家、内部审计人员及其他审计人员工作的利用，主要是根据独立性和专业胜任能力做出合理安排。

（8）其他有关内容。

2.3.2 具体审计计划

注册会计师应当为审计工作制订具体审计计划。具体审计计划比总体审计策略更加详细，其内容包括为获取充分、适当的审计证据，以将审计风险降至可接受的低水平，项目组成员拟实施的审计程序的性质、时间安排和范围。可以说，为获取充分、适当的审计证据而确定审计程序的性质、时间安排和范围的决策，是具体审计计划的核心。

具体审计计划应当包括风险评估程序、计划实施的进一步审计程序和其他审计程序。

1. 风险评估程序

具体审计计划应当包括按照《中国注册会计师审计准则第 1211 号——通过了解被审计单位及其环境识别和评估重大错报风险》的规定，为了充分识别和评估财务报表重大错报风险，注册会计师计划实施的风险评估程序的性质、时间安排和范围。

2. 计划实施的进一步审计程序

具体审计计划应当包括按照《中国注册会计师审计准则第 1231 号——针对评估的重大错报风险采取的应对措施》的规定，针对评估的认定层次的重大错报风险，注册会计师计划实施的进一步审计程序的性质、时间安排和范围。进一步审计程序包括控制测试和实质性程序。

需要强调的是，随着审计工作的推进，对审计程序的计划会一步步深入，并贯穿整个审计过程。例如，风险评估程序通常在审计开始阶段进行，进一步审计程序则需要依据风险评估程序的结果进行。因此，为达到制订具体审计计划的要求，注册会计师需要实施风险评估程序，识别和评估重大错报风险，并针对评估的认定层次的重大错报风险，计划实施进一步审计程序的性质、时间安排和范围。

审计计划的繁简程度取决于被审计单位的经营规模和预定审计工作的复杂程度。具体审计计划应当包括各具体审计项目的以下基本内容。

（1）审计目标。这里所讲的审计目标是具体的审计目标，如记录完整性、计价准确性、所有权归属性、披露充分性等。

（2）审计程序。它包括分析性测试程序、符合性测试程序和实质性测试程序等。

（3）执行人及执行日期。

（4）审计工作底稿的索引号。

（5）其他有关内容。

3. 其他审计程序

具体审计计划应当包括根据审计准则的规定，注册会计师针对审计业务需要实施的其他审计程序。其他审计程序可以包括上述进一步审计程序的计划中没有涵盖的、根据其他审计准则的要求注册会计师应当执行的既定程序。

2.3.3 审计计划的修订

计划审计工作并非审计业务的一个孤立阶段，而是一个持续的、不断修正的过程，贯穿整个审计业务的始终。由于未预期事项、条件的变化或在实施审计程序中获取的审计证据等，在审计过程中，注册会计师应当在必要时对总体审计策略和具体审计计划加以更新和修改。

审计过程可以分为不同阶段，通常前面阶段的工作结果会对后面阶段的工作计划产生一定的影响，而后面阶段的工作过程中又可能发现需要对已制订的相关计划进行相应的更新和修改。通常来讲，这些更新和修改可能涉及比较重要的事项。例如，对重要性水平的修改，对某类交易账户余额和披露的重大错报风险的评估和进一步审计程序（包括总体方案和拟实施的具体审计程序）的更新和修改等。一旦计划被更新和修改，审计工作也应当进行相应的修正。

例如，在制订审计计划时，注册会计师基于对材料采购交易相关控制的设计和执行获取的审计证据，认为相关控制设计合理并得以执行，因此未将其评价为高风险领域并且计划执行控制测试。但是在执行控制测试时获得的审计证据与审计计划阶段获得的审计证据相互矛盾，注册会计师认为该类交易的控制没有得到有效执行，此时，注册会计师可能需要修正交易的风险评估，并基于修正的评估风险修改审计计划的审计方案，如采用实质性测试。

如果注册会计师在审计过程中对总体审计策略或具体审计计划进行重大修改，应当在审计工作底稿中记录做出的重大修改及其理由。

2.4 初步业务活动

2.4.1 初步业务活动的内容

在审计体系中，审计工作是根据被审计单位的委托进行的。审计人员在接受审计委托之前，须了解被审计单位的基本情况，明确审计人员自身的专业胜任能力和独立性，初步评价审计风险，并与委托人就约定事项进行商议，达成一致意见，签订审计业务约定书。也就是说，审计人员在签约之前，须开展相关初步业务活动，其目的在于确

2-4 初步业务活动

保计划审计工作时审计人员已具备执行业务所需要的独立性和专业胜任能力，不存在因管理层诚信问题而影响注册会计师保持该项业务意愿的情况，避免与被审计单位就业务约定条款产生某些误解。

初步业务活动包括以下内容。

1. 了解被审计单位的基本情况，承接或保留客户

审计人员在接受审计业务之前，应对被审计单位的基本情况有所调查和评估。对被审计单位的基本情况进行调查和评估，是为了避免接受不当客户的委托而使注册会计师事务所遭受损失。审计人员应了解的被审计单位的基本情况包括：业务性质、经营规模和组织结构；

经营情况和经营风险；以前年度接受审计的情况；财务会计机构及工作组织；其他与签订审计业务约定书相关的事宜。

审计机构在对被审计单位进行调查和诚信评估时，可以通过向前任审计机构人员询问，了解被审计单位管理层的正直性，前任审计人员与管理层在审计原则、审计程序和审计收费等方面产生的分歧，以及被审计单位更换审计人员的原因。也可以通过询问社会上有关知情人士等途径得到被审计单位的有关资料，如询问银行、律师及其他与审计单位有财务或业务往来的人士，或向当地工商管理部门和税务部门了解，还可以通过查阅报纸杂志上的有关报道、材料来了解。通过对被审计单位基本情况的了解，一方面可以确定是否接受委托人的委托，另一方面可以安排进一步的审计工作。

2. 评价审计机构自身的胜任能力

在接受审计业务之前，审计人员应当评价自身是否有能力按照审计准则的要求完成该项审计业务，评价内容包括执行审计的能力、审计人员的独立性、保持应有的职业谨慎的能力。

审计人员在接受委托之前，要考虑被审计单位的行业状况和经营特点，确定事务所是否具备客户所需的专业胜任能力、素质和资源。如果审计机构对该行业和被审计单位的经营特点缺乏了解，而被审计单位经营又非常复杂、技术要求很高，审计人员就需要请外部专家提供帮助，因为审计人员不可能同时具备各行业的专业知识。同时，审计人员要更加注意审计风险。另外，审计人员在接受委托之前，应评价是否有任何有损独立性的情况存在，如果得出的结论无法达到独立性的要求，审计人员就应拒绝接受委托。

3. 评价审计风险

审计人员在接受委托之前，应对可能带来的审计风险进行初步评价。

（1）应了解被审财务报表的预期使用者。审计人员的法律责任会随着报表使用者的不同而改变。审计人员应考虑所审计的普通财务报表是否能满足所有预期使用者的需要，是否需要特殊报告，因为额外的报告要求可能意味着审计成本的增加和审计责任范围的扩展。

（2）评价被审计单位未来法律及财务的稳定性。如果被审计单位陷入法律困境，审计人员就有可能被卷入诉讼案件。如果被审计单位正处在重大诉讼案件过程中或被有关政府部门调查，而处理结果又可能严重影响被审计单位的生存能力，那么审计人员就要慎重考虑是否接受委托。同时，对于财务状况不稳定的被审计单位，审计人员也要谨慎对待。

2.4.2 审计业务约定书

审计人员在做好以上准备，认为可以接受审计委托后，就要与审计单位签订审计业务约定书。审计业务约定书是指审计单位与被审计单位共同签署的，用以记录和确认审计业务的委托关系、审计目标和范围，以及双方应负责任等事项的书面文件。

审计业务约定书一经双方签字认可，即具有法定约束力。审计机构承接任何审计业务，都应与被审计单位签订审计业务约定书。在审计实践中，审计业务约定书具有十分重要的作用。签订审计业务约定书能够保护双方的利益，明确审计的性质和义务，促进双方共同遵守约定事项并加强合作，也是双方检查审计工作完成情况的依据。

审计业务约定书由审计机构项目负责人起草，一式两份，由双方法人代表或授权代表签字,并加盖双方印章。审计业务约定书如需修改、补充,必须经双方同意。审计业务约定书在审计委托完成之后,归入审计业务档案。

审计业务约定书的具体内容和格式可能因被审计单位的不同而存在差异,但基本上包括签约双方的名称、委托目的、审计范围、审计目标、签约双方的责任和义务、出具审计报告的时间要求、审计报告的使用责任、审计收费、审计业务约定书的有效期间、违约责任、适用法律及解决争议的办法、签约时间以及其他有关事项等。

在确保已具备执行业务所需要的独立性和专业胜任能力,并不存在因管理层诚信问题而影响注册会计师保持该项业务意愿的情况,与被审计单位不存在对业务约定条款的误解后,注册会计师即可填制初步业务活动工作底稿。初步业务活动程序表如表2-3所示。

表2-3 初步业务活动程序表

所属会计师事务所:_____		
被审计单位:_____	索引号:_____A_____	
项目:___初步业务活动___	财务报表截止日/期间:_____	
编制:_____	复核:_____	
日期:_____	日期:_____	
初步业务活动目标: 确定是否接受业务委托; 如接受业务委托,确保在计划审计工作时达到下列要求: (1) 注册会计师已具备执行业务所需要的独立性和专业胜任能力; (2) 不存在因管理层诚信问题而影响注册会计师承接或保持该项业务意愿的情况; (3) 与被审计单位不存在对业务约定条款的误解。		
初步业务活动程序	索引号	执行人
1. 如果首次接受审计委托,实施下列程序: (1) 与被审计单位面谈,讨论下列事项: ①审计的目标; ②审计报告的用途; ③管理层对财务报表的责任; ④审计范围; ⑤执行审计工作的安排,包括出具审计报告的时间要求; ⑥审计报告格式和对审计结果的其他沟通形式; ⑦管理层提供必要的工作条件和协助; ⑧注册会计师不受限制地接触任何与审计有关的记录、文件和所需要的其他信息; ⑨利用被审计单位专家或内部审计人员的程度(必要时); ⑩审计收费 (2) 初步了解被审计单位及其环境,并予以记录; (3) 征得被审计单位书面同意后,与前任注册会计师沟通	DH	
2. 如果是连续审计,实施下列程序: (1) 了解审计的目标,审计报告的用途,审计范围和时间安排等;		

续表

（2）查阅以前年度审计工作底稿，重点关注非标准审计报告涉及的说明事项，管理建议书的具体内容，重大事项概要等； （3）初步了解被审计单位及其环境发生的重大变化，并予以记录； （4）考虑是否需要修改业务约定条款，以及是否需要提醒被审计单位注意现有的业务约定条款	
3. 评价是否具备执行该项审计业务所需要的独立性和专业胜任能力	
4. 完成业务承接评价表或业务保持评价表	AA/AB
5. 签订审计业务约定书（适用于首次接受业务委托，以及连续审计中修改长期审计业务约定书条款的情况）	AC

本章小结

在审计体系中，审计工作是根据被审计单位的委托进行的。审计人员在接受审计委托之前，须了解被审计单位的基本情况，明确审计人员自身的专业胜任能力和独立性，初步评价审计风险，并与委托人就约定事项进行商议，达成一致意见，签订审计业务约定书，确定审计目标（包括审计总体目标和具体目标），与管理层沟通确定管理层对财务报表的认定，确定审计重要性，编制总体审计策略和具体审计计划（程序）。

本章练习题

一、单选题

1. 会计师事务所接受审计委托时，应同委托客户签订（   ）。

   A. 审计准则   B. 审计业务约定书
   C. 审计通知书   D. 审计报告

2. （   ）是指财务报表在审计前存在重大错报的可能性。

   A. 审计风险   B. 检查风险
   C. 重大错报风险   D. 被审计单位经营风险

3. A 注册会计师负责审计甲公司 2015 年度财务报表，在就管理层责任达成一致意见时，甲公司管理层并不认可其责任，则 A 注册会计师的下列做法中，错误的是（   ）。

   A. 拟不承接该审计业务

   B. 如果法律法规要求承接此类审计业务，A 注册会计师可能需要向管理层解释这种情况的重要性及其对审计报告的影响

   C. 如果承接了该业务，A 注册会计师可能发表无法表示意见的审计报告

   D. 解除该审计业务约定

4. 下列各项中，（   ）不属于审计业务约定书的基本内容。

   A. 注册会计师的责任和管理层的责任

   B. 用于编制财务报表所适用的财务报告编制基础

C. 收费的计算基础和收费安排
D. 注册会计师拟出具的审计报告的预期形式和内容

5. 在制订总体审计策略阶段，注册会计师在确定（　　）时，需要考虑重要性方面的问题。

A. 审计范围
B. 报告目标、时间安排及所需沟通的性质
C. 审计方向
D. 审计资源

6. 在制订具体审计计划时，注册会计师应当考虑的内容是（　　）。

A. 计划实施的风险评估程序的性质、时间安排和范围
B. 计划与管理层和治理层沟通的日期
C. 计划向高风险领域分派的项目组成员
D. 计划召开项目组会议的时间

7. 下列有关重要性的说法中，错误的是（　　）。

A. 计划审计工作时，注册会计师应当确定一个合理的重要性水平，以发现金额上的重大错报
B. 注册会计师应当在制订具体审计计划时确定财务报表整体的重要性
C. 确定一项错报是否重大，要从性质和金额两方面进行考虑
D. 注册会计师在确定实际执行的重要性时需要考虑重大错报风险

8. 以下关于在审计中运用实际执行重要性的说法中，不恰当的是（　　）。

A. 对于存在低估风险的项目，不能因为其金额低于实际执行的重要性而不实施进一步审计程序
B. 对于金额低于实际执行重要性的存在舞弊风险的营业收入不实施进一步审计程序
C. 通常选取金额超过实际执行重要性的财务报表项目实施进一步审计程序
D. 实施实质性分析程序时，已记录金额与预期值之间的可接受的差异额通常不超过实际执行的重要性

9. 如果不存在某顾客的应收账款，在应收账款明细表中却列入了对该顾客的应收账款，则属于（　　）认定错误。

A. 存在　　　　B. 完整性　　　　C. 分类　　　　D. 截止

10. H 公司将 2020 年度的主营业务收入列入 2019 年度的财务报表，则说明 H 公司与销货交易相关的（　　）认定存在错误。

A. 权利与义务　　B. 准确性　　C. 发生　　D. 截止

二、多项选择题

1. 下列各项中，与所审计期间各类交易、事项及相关披露的认定相关的有（　　）。

A. 发生
B. 准确性、计价和分摊
C. 权利和义务
D. 截止

2. A 注册会计师负责审计甲公司 2019 年度财务报表，在审计中，发现本年销售商品时产生的运费与营业收入的比值比 2018 年下降很多，而本年与去年的经营环境大致相同，由此，A 注册会计师可能会怀疑被审计单位的（　　）认定存在重大错报风险。

A. 营业收入的发生
B. 销售费用的完整性

C. 管理费用的完整性　　　　　　　D. 营业收入的完整性

3. 下列关于审计计划的说法中，正确的有（　　）。

A. 审计计划中不重要的事项可以更改，但是比较重要的事项不能更改

B. 计划审计工作是一个持续的、不断修正的过程，贯穿整个审计业务的始终

C. 由于条件的变化或在实施审计程序中获取的审计证据等，在审计过程中，注册会计师应当在必要时对总体审计策略和具体审计计划作出更新和修改

D. 审计计划一旦确定就不能更改

4. 下列有关重要性的说法中不正确的有（　　）。

A. 注册会计师在对错报重要性进行考虑时，必须同时考虑数量和性质两个方面。只有数量和性质两方面都重要了，才可以说该错报是重要的

B. 为保证计划审计工作的效果，审计计划应由项目合伙人独立完成

C. 一般而言，财务报表使用者十分关心流动性较高的项目，但是基于成本效益原则，注册会计师应当从宽确定重要性水平

D. 通常而言，实际执行的重要性通常为财务报表整体重要性的70%~90%

5. 有关对财务报表认定的下列表述中，不正确的有（　　）。

A. 存在认定主要与财务报表组成要素的低估有关

B. 完整性认定主要与财务报表组成要素的高估有关

C. 权利与义务认定只与资产负债表组成要素有关

D. 计价和分摊认定只与利润表组成要素有关

三、简答题

1. 注册会计师在本期审计业务开始时应当开展哪些初步业务活动？
2. 注册会计师应当在总体审计策略中清楚地说明哪些内容？
3. 在首次接受审计委托前，注册会计师应当执行哪些程序？
4. 注册会计师在确定计划的重要性水平时，应当考虑哪些主要因素？
5. 在设计进一步审计程序时，注册会计师应当考虑哪些因素？

第 3 章

审计证据、审计程序与审计工作底稿

学习目标

1. 了解审计证据和审计工作底稿的含义。
2. 掌握审计证据的两大特征（充分性和适当性），以及影响审计证据充分性和适当性的因素。
3. 掌握审计程序的类型和内涵。
4. 掌握函证程序的步骤与要点。
5. 理解在审计不同阶段使用分析程序的特点。

教学要求

注重通过互联网案例教学，多视角讲解审计证据和审计工作底稿的内容、特点等相关知识点；采用启发式、探讨式教学，加强课堂案例讨论，注重对案例进行总结。

导入案例

2018年12月31日，助理人员小王经注册会计师小李的安排，前去甲公司验证存货的账面余额。在盘点前，小王在过道上听几个工人闲谈，得知存货中可能存在不少无法出售的变质产品。对此，小王对存货进行实地抽点，并比较库存量与最近销量。抽点结果表明，存货数量合理，收发亦较为有序。由于该产品技术含量较高，小王无法鉴别存货中是否有变质产品，于是，他不得不询问该公司的存货部高级主管。高级主管的答复是，该产品绝无质量问题。

小王在盘点工作结束后，开始编制工作底稿。在备注中，小王将听说有变质产品的事填入其中，并建议在下一阶段的存货审计程序中特别注意是否存在变质产品。小李在复核工作底稿时，再一次向小王详细了解存货盘点情况，特别是有关变质产品的情况。对此，还特别询问了当时议论此事的工人，但这些工人矢口否认了此事。于是，小李与存货部高级主管商计后，认为"存货价值公允且均可出售"。底稿复核后，小李在备注栏后填写了"变质产品问题经核实尚无证据，但下次审计时应加以考虑"。甲公司总经理抱怨小李前几次出具了保留意见的审计报告，使得他们贷款遇到了不少麻烦。审计结束后，注册会计师小李对该年的财务报表出具了标准无保留意见的审计报告。两个月后，甲公司资金周转不灵，主要是存货中存在大量变质产品无法出售，致使到期的银行贷款无法偿还。银行拟向会计师事务所索赔，认为注册会计师在审核存货时具有重大过失。债权人在法庭上出示了小李的工作底稿，认为注册会计师明知存货高估，但迫于甲公司总经理的压力，没有揭示财务报表中存在的问题，因此，应该承担银行的贷款损失。

请思考：

1. 工人在过道上关于变质产品的议论是否应列入工作底稿？
2. 小王是否已尽到了责任？
3. 对于银行的指控，这些工作底稿能否支持或不利于注册会计师的抗辩立场？
4. 银行的指控是否具有充分证据？请说明理由。

3.1 审计证据

3.1.1 审计证据的含义与种类

1. 审计证据的含义

审计证据是指审计人员为了得出审计结论、形成审计意见而使用的所有信息，包括构成财务报表基础的会计记录所含有的信息和其他信息。在理解审计证据的概念时，要注意两点：第一，明确证据的实质，证据就是信息；第二，不是任何信息都能构成审计证据，审计证据应该是审计人员为得出审计结论、形成审计意见而使用到的信息。

3-1 审计证据的含义与种类

2. 审计证据的内容

审计证据可以分为两类：会计记录中含有的信息和其他信息。

1）会计记录中含有的信息

依据会计记录编制财务报表是被审计单位管理层的责任，审计人员应当测试会计记录以获取审计证据。会计记录主要包括原始凭证、记账凭证、总分类账和明细分类账、未在记账凭证中反映的对财务报表的其他调整，以及支持成本分配、计算、调节和披露的手工计算表和电子数据表。除此之外，会计记录还可能包括销售发运单和发票、顾客对账单、顾客汇款通知单、附有验货单的订购单、购货发票、员工考勤卡、人事档案、支票存根、合同记录等。

将这些会计记录作为审计证据时，其来源和被审计单位内部控制的相关强度（对内部生成的证据而言）都会影响审计人员对这些原始凭证的信赖程度。会计记录中含有的信息本身并不足以提供充分的审计证据作为对财务报表发表审计意见的基础，审计人员还应当获取用作审计证据的其他信息。

2）其他信息

其他信息是指会计记录以外的信息。可用作审计证据的其他信息包括以下内容。

（1）审计人员从被审计单位内部或外部获取的会计记录以外的信息，如被审计单位会议记录、内部控制手册、询证函的回函、分析师的报告、与竞争者的比较数据等。

（2）审计人员通过询问、观察和检查等审计程序获取的信息，如通过检查存货获取存货存在的证据等。

（3）审计人员自身编制或获取的可以通过合理推断得出结论的信息，如审计人员编制的各种计算表、分析表等。

3）两者之间的关系

会计记录中包含的信息和其他信息共同构成了审计证据，两者缺一不可。如果没有会计记录，审计工作将无法进行；如果没有其他信息，可能无法识别重大错报风险。只有将两者结合在一起，才能将审计风险降至可接受的低水平，为审计人员发表恰当的审计意见提供合理基础。

3. 审计证据的种类

审计证据的范围很广，不同审计证据的证明力度存在差异，能够证实的认定也有差别。审计证据根据其存在形式可分为以下几类。

1）实物证据

实物证据是指审计人员通过实地观察或参与清查盘点所获得的，用以证明有关实物资产是否存在的证据。因此，在对现金、存货、固定资产等项目进行审计时，审计人员首先考虑通过清查或参与盘点来取得实物证据以证明它们是否真实存在。实物证据的局限性在于，不足以证实实物资产的实际价值和所有权归属。

2）书面证据

书面证据是指审计人员通过实施审计程序和运用不同的方法所获取的以书面形式存在的审计证据。例如，被审计单位的原始凭证、记账凭证、会计账簿、各类合同和协议、会议记录和文件、通知书、报告书、声明书、程序手册等。书面证据是审计人员收集的数量最多、范围最广的一种证据。

3）口头证据

口头证据是指经审计人员询问而由被审计单位有关人员或其他人员进行口头答复形成的审计证据。在审计过程中，审计人员往往要就某些事项向有关人员进行询问，具体包括被审事项发生时的实况、对特别事项的处理过程、采用特别会计政策和方法的理由，以及对舞弊事实的追溯调查等。

通常，口头证据本身不能完全证明事实的真相，因为被询问人可能刻意隐瞒实情或由于对过去事项记忆模糊或遗漏而导致口头证据不准确、不完整。因此，获取口头证据的同时，还应实施其他审计程序以获取其他形式的审计证据。

4）环境证据

环境证据是指影响被审计事项的各种环境事实。环境证据通常不能用于直接证实有关被审事项，但它可以帮助审计人员了解被审事项所处的环境，为审计人员判断被审事项提供依据。环境证据主要包括反映内部控制状况的环境证据、反映管理水平和管理条件的环境证据等。

3.1.2 审计证据的特征

审计人员应当保持职业怀疑态度，运用职业判断，评价审计证据的充分性和适当性。

1. 审计证据的充分性

3-2 审计证据的特征

审计证据的充分性衡量的是审计证据的数量，主要与审计人员确定的样本量有关。例如，对某个审计项目实施某一选定的审计程序，从500个样本项目中获得的证据要比从100个样本项目中获得的证据充分。审计人员获取的审计证据应当充分，足以将审计风险控制在可接受的低水平。

审计人员需要获取的审计证据的数量受以下因素影响。

（1）重大错报风险的高低。评估的重大错报风险越高，需要的审计证据可能越多。

（2）审计证据质量的高低。审计证据质量越高，需要的审计证据可能越少。但是，审计人员仅靠获取更多的审计证据，可能无法弥补其质量上的缺陷。

对于审计证据数量的要求是必须足够和只需足够。必须足够是指审计证据的数量足以支持审计人员发表审计意见，是审计人员形成审计意见所需审计证据的最低数量要求；只需足够是指审计证据的数量并非越多越好，否则，审计人员可能在已经获取充分的审计证据的情况下实施不必要的审计程序，导致审计工作效率低下。

2. 审计证据的适当性

审计证据的适当性衡量的是审计证据的质量，即审计证据在支持审计意见所依据的结论方面具有的相关性和可靠性。相关性和可靠性是审计证据适当性的核心内容，只有相关且可靠的审计证据才是高质量的。

1）审计证据的相关性

相关性，是指用作审计证据的信息与审计程序的目的和所考虑的相关认定之间的逻辑联系。审计人员在判断审计证据的相关性时，通常需要考虑以下问题。

（1）用作审计证据的信息的相关性可能受测试方向的影响。例如，如果某审计程序的目的是测试应付账款的存在认定，则测试已记录的应付账款可能是相关的审计程序；如果某审计程序的目的是测试应付账款的完整性认定，则测试已记录的应付账款很可能不是相关的审计程序，相关的审计程序可能是测试期后支出、供应商结算单等。

（2）特定的审计程序可能只为某些认定提供相关的审计证据，而与其他认定无关。例如，检查期后应收账款收回的记录和文件可以提供有关存在和计价认定的审计证据，但未必能提供与截止认定相关的审计证据。

（3）只与特定认定相关的审计证据并不能替代与其他认定相关的审计证据。例如，有关存货实物存在的审计证据并不能替代与存货计价相关的审计证据。

（4）不同来源或不同性质的审计证据可能与同一认定相关。例如，通过分析应收账款的账龄和期后收款情况，可以获取与应收账款计价认定相关的审计证据。

2）审计证据的可靠性

审计证据的可靠性是指审计证据的可信程度。审计证据的可靠性受其来源和性质的影响，并取决于获取审计证据的具体环境。审计人员在判断审计证据的可靠性时，通常会考虑下列原则。

（1）从外部独立来源获取的审计证据比从其他来源获取的审计证据更可靠。从外部独立来源获取的审计证据（如银行询证函回函、应收账款询证函回函、保险公司等机构出具的证明）未经被审计单位有关职员之手，从而减少了伪造、更改凭证或业务记录的可能性，因而证明力最强。相反，从其他来源获取的审计证据（如被审计单位内部的会计记录、会议记录），由于证据提供者与被审计单位存在经济或行政关系等原因，其可靠性应受到质疑。

（2）内部控制有效时内部生成的审计证据比内部控制薄弱时内部生成的审计证据更可靠。如果被审计单位有着健全的内部控制且在日常管理中得到一贯执行，会计记录的可信赖程度将会增加。

（3）直接获取的审计证据比间接获取或推论得出的审计证据更可靠。间接获取的证据有被涂改及伪造的可能性，降低了可信赖程度。推论得出的审计证据主观性较强，人为因素较多，可信赖程度也受到影响。例如，银行询证函回函比银行对账单更可靠，因为银行询证函回函是审计人员直接获取的，未经被审计单位有关职员之手；银行对账单则是由被审计单位取得后转交给审计人员的，存在涂改、伪造的可能。

（4）以文件、记录形式（无论是纸质、电子或其他介质）存在的审计证据比口头形式的审计证据更可靠。例如，会议的同步书面记录比对讨论事项事后的口头表述更可靠。口头证据本身并不足以证明事实的真相，往往需要得到其他相应证据的支持。

（5）从原件获取的审计证据比从传真件或复印件获取的审计证据更可靠。传真件或复印件可能是篡改或伪造的结果，可靠性较低。

（6）如果都是源于被审计单位内部的审计证据，则经手的部门越多越可靠。例如，工资发放单比工资计算单可靠，因为工资发放单须经财务部门以外的工资领取人签字确认，而工资计算单只在财务部门内部流转。

审计人员在按照上述原则评价审计证据的可靠性时，还应当注意可能出现的重要例外情况。例如，审计证据虽然是从独立的外部来源获得，但如果该证据是由不知情者或不具备资格者提供的，该审计证据也可能是不可靠的。

3. 充分性和适当性之间的关系

充分性和适当性是审计证据的两个重要特征，两者缺一不可，只有充分且适当的审计证据才是有证明力的。

（1）审计证据的数量受审计证据质量的影响。审计证据质量越高，需要的审计证据数量可能越少。也就是说，审计证据的适当性会影响审计证据的充分性。例如，被审计单位内部控制健全时内部生成的审计证据更可靠，审计人员只需获取适量的审计证据就可以为发表审计意见提供合理的基础。

（2）审计证据数量再多也无法弥补其质量上的缺陷。例如，审计人员应当获取与销售收入完整性认定相关的证据，实际取得的是有关销售收入发生认定的证据，则审计证据与完整性目标不相关，质量上存在缺陷，即使获取的证据再多，也无法证明收入的完整性。同样，如果审计人员获取的证据不可靠，那么证据数量再多也难以起到证明作用。

3.2 审计程序

3.2.1 审计程序的含义

审计程序是指审计人员在审计过程中的某个时间，对将要获取的某类审计证据如何进行收集的详细指令。审计人员面临的主要决策之一，就是通过实施审计程序，获取充分、适当的审计证据，对财务报表发表意见。审计人员利用审计程序获取审计证据涉及四个方面的决策，如表3-1所示。

3-3 审计程序的含义及具体审计程序

表3-1 利用审计程序获取审计证据的决策流程

决策	举例
1. 选用何种审计程序	审计人员为了验证A公司2018年12月31日应收账款的存在，取得A公司编制的应收账款明细账，对应收账款进行函证
2. 对选定的审计程序，应当选取多大的样本规模	A公司应收账款明细账中合计有500个客户，审计人员对其中300个客户进行函证
3. 应当从总体中选取哪些项目	审计人员对A公司应收账款明细账中余额较大的前200个客户进行函证，其余客户按一定规律抽取函证，抽取方法是从第10个客户开始，每隔20个抽取1个，与选取的大额客户重复的则顺序递延
4. 何时执行这些程序	审计人员对A公司应收账款执行函证的时间是2019年3月1日

3.2.2 审计程序的种类

在审计过程中，审计人员可根据需要单独或综合运用以下类型的审计程序，以获取充分、适当的审计证据。

1. 检查

检查是指审计人员对被审计单位内部或外部生成的，以纸质、电子或其他介质形式存在的记录和文件进行审查，或对资产进行实物审查。

检查记录或文件可以提供可靠程度不同的审计证据。审计证据的可靠性取决于记录或文件的性质和来源，而在检查内部记录或文件时，其可靠性则取决于生成该记录或文件的内部控制的有效性。某些文件是表明一项资产存在的直接审计证据，如构成金融工具的股票或债券，但检查此类文件并不一定能提供有关所有权或计价的审计证据。

检查有形资产可为其存在提供可靠的审计证据，但不一定能够为权利或义务或计价等认定提供可靠的审计证据。例如，审计人员检查被审计单位存放在仓库中的存货，可为存货的存在认定提供可靠的审计证据，但该批存货的所有权是否属于被审计单位（权利和义务认定）以及该批存货的实际价值（计价认定），仅通过检查存货的程序并无法确定。

2. 观察

观察是指审计人员查看相关人员正在从事的活动或实施的程序以获取审计证据。例如，审计人员对被审计单位人员执行的存货盘点或控制活动进行观察。观察可以提供执行有关过程或程序的审计证据，但观察所提供的审计证据仅限于观察发生的时点，而且被观察人员的行为可能因被观察而受到影响，审计人员要考虑其所观察到的控制活动在审计人员不在场时可能未被执行的情况。

3. 询问

询问是指审计人员以书面或口头方式，向被审计单位内部或外部的知情人员获取财务信息和非财务信息，并对答复进行评价的过程。作为其他审计程序的补充，询问广泛应用于整个审计过程中。

一方面，知情人员对询问的答复可能为审计人员提供尚未获悉的信息或佐证证据；另一方面，对询问的答复也可能提供与审计人员已获取的其他信息存在重大差异的信息。在某些情况下，对询问的答复为审计人员修改审计程序或实施追加的审计程序提供了基础。

需要注意的是，通过询问获取的审计证据证明力较弱，询问本身并不足以发现认定层次的重大错报，也不足以测试内部控制运行的有效性。因此，审计人员还应实施其他审计程序，以获取充分、适当的审计证据。

4. 函证

函证是指审计人员为了获取影响财务报表或相关披露认定的项目的信息，通过直接来自第三方的对有关信息和现存状况的声明，获取和评价审计证据的过程。因为函证源于外部独立的第三方，并且由审计人员亲自获取，所以获取的审计证据可靠性较高，函证因此成为审计过程中被广泛使用的一种审计程序。

1）函证的决策

审计人员应当确定是否有必要实施函证来获取认定层次的充分、适当的审计证据。在做出决策时，审计人员应当考虑以下三个因素。

（1）评估的认定层次重大错报风险水平。评估的认定层次重大错报风险水平越高，审计人员对通过实质性程序获取的审计证据的相关性和可靠性要求越高。在这种情况下，函证程序的运用对于提供充分、适当的审计证据可能是有效的。

评估的认定层次重大错报风险水平越低，审计人员对需要从实质性程序中获取的审计证据的相关性和可靠性要求越低。例如，被审计单位可能有一笔正在按照商定还款计划时间表偿还的银行借款，假设审计人员在以前年度已对其条款进行了函证。如果审计人员实施的其他工作（包括必要时进行的控制测试）表明借款的条款没有改变，并且这些工作使得未偿还借款余额发生重大错报风险被评估为低水平时，审计人员实施的实质性程序可能只限于测试还款的情况，而不必再次向债权人直接函证这笔借款的余额和条款。

（2）函证程序针对的认定。函证可以为某些认定提供审计证据，但是对不同的认定，函证的证明力度是不同的。在函证应收账款时，函证可能为存在、权利和义务认定提供可靠的审计证据，但是不能为计价和分摊认定（应收账款涉及的计提坏账准备）提供证据。

对特定认定，函证的相关性受审计人员选择函证信息的影响。例如，在审计应付账款完整性认定时,审计人员需要获取被审计单位不存在重大未记录负债的证据。那么,在向主要供应商函证时,在零余额的应付账款和大金额的应付账款中,选择前者通常更有效。

(3) 实施除函证以外的其他审计程序。针对同一项认定,可以从不同来源获取审计证据或获取不同性质的审计证据。如果审计人员通过实施函证以外的审计程序获取了证明力较强的审计证据,那么对于函证的范围、时间、方式等可进行相应调整。例如,如果被审计单位与应收账款存在认定有关的内部控制设计良好且有效运行,审计人员可适当减少函证的样本量。

除上述三个因素外,审计人员还可以考虑下列因素,以确定是否选择函证程序作为实质性程序。

第一,被询证者对函证事项的了解。如果被询证者对所函证的信息有必要的了解,其提供的回复可靠性更高。

第二,预期被询证者回复询证函的能力或意愿。

第三,预期被询证者的客观性。如果被询证者是被审计单位的关联方,则其回复的可靠性会降低。

2) 函证的对象

(1) 银行存款、借款及与金融机构往来的其他重要信息。

(2) 应收账款。

(3) 其他内容。审计人员可以根据实际需要对下列内容实施函证:①交易性金融资产;②应收票据;③其他应收款;④预付账款;⑤由其他单位代为保管、加工或销售的存货;⑥长期股权投资;⑦应付账款;⑧预收账款;⑨保证、抵押或质押;⑩或有事项。

3) 函证的时间

审计人员通常以资产负债表日为截止日,在资产负债表日后适当时间内实施函证。如果重大错报风险评估为低水平,审计人员可选资产负债表日前适当日期为截止日实施函证,并对所函证项目自该截止日起至资产负债表日止发生的变动实施实质性程序。

4) 管理层要求不实施函证时的处理

当被审计单位管理层要求对拟函证的某些账户余额或其他信息不实施函证时,审计人员应当考虑该要求是否合理,并获取审计证据予以支持。如果认为管理层的要求合理,审计人员应当实施替代审计程序,以获取与这些账户余额或其他信息相关的充分、适当的审计证据;如果认为管理层的要求不合理,且被其阻挠而无法实施函证,审计人员应当视为审计范围受到限制,并考虑对审计报告可能产生的影响。

分析管理层要求不实施函证的原因时,审计人员应当保持职业怀疑态度,并考虑以下问题。

(1) 管理层是否诚信。

(2) 是否可能存在重大的舞弊或错误。

(3) 替代审计程序能否提供与这些账户余额或其他信息相关的充分、适当的审计证据。

5) 设计询证函需要考虑的因素

审计人员应当根据特定审计目标设计询证函,询证函的设计服从于审计目标的需要。在设计询证函时,审计人员应当考虑所审计的认定以及可能影响函证可靠性的因素。可能影响函证可靠性的因素主要包括以下几种。

（1）函证的方式。函证的方式有积极式函证和消极式函证两种，不同的函证方式提供审计证据的可靠性不同。

（2）以往审计或类似业务的经验。在判断实施函证程序的可靠性时，审计人员通常会考虑以前年度审计中发现的错报、回函率以及回函所提供信息的准确程度。当审计人员根据以往经验认为，即使询证函设计恰当，回函率仍很低，应考虑从其他途径获取审计证据。

（3）拟函证信息的性质。审计人员应当了解被审计单位与第三方之间交易的实质，以确定需要函证哪些信息。例如，对非常规合同和交易，审计人员不仅应对账户余额或交易金额进行函证，还应当考虑对交易或合同的条款实施函证，进一步确定付款方式有无特殊安排、是否存在重大口头协议、客户是否有自由退货的权利等。

（4）选择被询证者的适当性。审计人员应当向对所询证信息知情的第三方发询证函。例如，对预付账款、应付账款，通常向供货单位发询证函；对短期投资和长期投资，通常向股票、债券专门保管或登记机构发询证函或向接受投资的一方发询证函；对委托贷款和保证、抵押或质押，通常向有关金融机构发询证函；对或有事项，通常向律师等发询证函；对重大或异常的交易，通常向有关的交易方发询证函。

（5）被询证者易于回函的信息类型。询证函所函证信息是否便于被询证者回答，影响到回函率和所获取审计证据的性质。例如，某些被询证者的信息系统可能便于对形成账户余额的每笔交易进行函证，而不是对账户余额本身进行函证。

关于函证程序的更多内容，将分别在第6章和第9章结合应收账款函证和银行存款函证的内容进行详细介绍。

5. 重新计算

重新计算是指审计人员通过手工方式或电子方式，对记录或文件中的数据计算的准确性进行核对。重新计算侧重于核实相关金额（如折旧费用、存货成本、应纳税额等）是否准确，因此，更多地用于证实和准确性、计价和分摊等与金额相关的认定。

6. 重新执行

重新执行是指审计人员独立执行原本作为被审计单位内部控制组成部分的程序或控制。和重新计算相比，重新执行侧重于政策、制度和程序，应用于控制测试中，以测试内部控制运行的有效性。

7. 分析程序

分析程序是指审计人员通过分析不同财务数据之间以及财务数据与非财务数据之间的内在关系，对财务信息做出评价。分析程序还包括在必要时对识别出的、与其他相关信息不一致或与预期值差异较大的波动或关系进行调查。例如，被审计单位2018年产品毛利率为30%，审计人员根据行业报告获知被审计单位所处行业的平均毛利率为20%，即被审计单位毛利率远高于行业平均毛利率，如管理层无法给出合理解释，或审计人员无法取得相关的支持性证据，审计人员应当考虑其是否表明财务报表存在重大错报风险。

分析程序可用作风险评估程序、实质性程序和总体复核，如表3-2所示。

表3-2 分析程序的应用环节

应用环节	总体要求	是否必须使用分析程序
风险评估程序	实施风险评估程序时,应当运用分析程序,但了解内部控制时,一般不运用分析程序	是
实质性程序	当使用分析程序比细节测试能更有效地将认定层次的检查风险降至可接受的低水平时,可以单独或结合细节测试运用实质性分析程序	否
总体复核	为了确定财务报表整体是否与对被审计单位的了解一致,总体复核时应当运用分析程序	是

上述七类审计程序根据审计的不同阶段和目的单独或组合起来,可用作风险评估程序、控制测试和实质性程序。表3-3总结了七类审计程序的主要特点和应用环节。

表3-3 七类审计程序的主要特点和应用环节

审计程序	主要特点	应用环节
检查	检查的对象是记录、文件、有形资产。取得的审计证据的可靠性取决于相关内部控制的有效性	风险评估程序、控制测试、实质性程序
观察	观察的对象是相关人员正在从事的活动或正在实施的程序。观察所提供的审计证据仅限于观察发生的时点	风险评估程序、控制测试、实质性程序
询问	询问的对象是被审计单位内部或外部的知情人员。询问本身不足以提供充分、适当的审计证据	风险评估程序、控制测试、实质性程序
函证	函证的对象是外部独立的第三方	实质性程序
重新计算	侧重于核实数据计算的准确性	实质性程序
重新执行	侧重于政策、制度和程序,以测试内部控制运行的有效性	控制测试
分析程序	分析程序的对象是不同财务数据之间以及财务数据与非财务数据之间的内在关系	风险评估程序、实质性程序

3.3 审计工作底稿

3.3.1 审计工作底稿的含义

审计工作底稿,是指审计人员对制订的审计计划、实施的审计程序、获取的相关审计证据,以及得出的审计结论进行的记录。审计工作底稿是审计证据的载体,是审计人员形成审计结论、发表审计意见的直接依据。它形成于审计工作的全过程,也反映整个审计过程。

3-4 审计工作底稿

审计工作底稿形成方式有两种:一是由审计人员直接编制,例如各种计算表格;二是由被审计单位或其他第三方提供,例如被审计单位提供的账簿、记账凭证和原始凭证,以及银行或客户提供的询证函回函。

3.3.2 编制审计工作底稿的目的

审计人员应当及时编制审计工作底稿，以实现两个目的。

第一，提供充分、适当的记录，作为出具审计报告的基础。

第二，提供证据，证明审计人员已按照审计准则和相关法律法规的规定计划和执行了审计工作。

除上述目的外，编制审计工作底稿还可以实现下列目的。

（1）有助于项目组计划和执行审计工作。

（2）有助于负责督导的项目组成员履行指导、监督与复核审计工作的责任。

（3）便于项目组说明其执行审计工作的情况。

（4）保留对未来审计工作持续产生重大影响的事项的记录。

（5）便于会计师事务所实施质量控制复核与检查。

（6）便于监管机构和注册会计师协会根据相关法律法规或其他相关要求，对会计师事务所实施执业质量检查。

3.3.3 审计工作底稿的编制要求

审计人员编制的审计工作底稿，应当使未曾接触该项审计工作的有经验的专业人士清楚地了解以下内容。

（1）按照审计准则和相关法律法规的规定实施的审计程序的性质、时间安排和范围。

（2）实施审计程序的结果和获取的审计证据。

（3）审计中遇到的重大事项和得出的结论，以及在得出结论时作出的重大职业判断。

3.3.4 审计工作底稿的形式和内容

1. 审计工作底稿的存在形式

审计工作底稿可以以纸质、电子或其他介质形式存在。为便于复核，审计人员可以将以电子或其他介质形式存在的审计工作底稿通过打印等方式，转换成纸质形式的审计工作底稿，并与其他纸质形式的审计工作底稿一并归档，同时单独保存这些以电子或其他介质形式存在的审计工作底稿。

2. 审计工作底稿的内容

审计工作底稿通常包括总体审计策略、具体审计计划、分析表、问题备忘录、重大事项概要、询证函回函和声明、核对表、有关重大事项的往来函件（包括电子邮件）。审计人员还可以将被审计单位文件记录的摘要或复印件（如重大的或特定的合同和协议）作为审计工作底稿的一部分。此外，审计工作底稿通常还包括业务约定书、管理建议书、项目组内部或项目组与被审计单位举行的会议记录、与其他人士（如其他注册会计师、律师、专家等）的沟通文件及错报汇总表等。

审计工作底稿通常不包括已被取代的审计工作底稿的草稿或财务报表的草稿、反映不全面或初步思考的记录、存在印刷错误或其他错误而作废的文本，以及重复的文件记录等。由于这些草稿、错误的文本或重复的文件记录不直接构成审计结论和审计意见的支持性证据，因此，审计人员通常无须保留这些记录。

3.3.5 审计工作底稿的要素

通常，审计工作底稿包括下列全部或部分要素：审计工作底稿的标题；审计过程记录；审计结论；审计标识及其说明；索引号及编号；编制者姓名及编制日期；复核者姓名及复核日期；其他应说明事项。

1. 审计工作底稿的标题

每张底稿应当包括被审计单位的名称、审计项目的名称，以及资产负债表日或底稿覆盖的会计期间。

2. 审计过程记录

在记录审计过程时，应当特别注意以下方面。

1）具体项目或事项的识别特征

在记录实施审计程序的性质、时间安排和范围时，审计人员应当记录测试的具体项目或事项的识别特征。识别特征是指被测试的项目或事项表现出的征象或标志。对于某一个具体项目或事项而言，其识别特征通常具有唯一性，这种特性可以使其他人员根据识别特征在总体中识别该项目或事项并重新执行该测试。

例如，在对被审计单位生成的订购单进行细节测试时，审计人员可以以订购单的日期和唯一编号作为测试订购单的识别特征。对于需要询问被审计单位中特定人员的审计程序，审计人员可能会以询问的时间、被询问人的姓名及职位作为识别特征。

2）重大事项及相关重大职业判断

审计人员应当根据具体情况判断某一事项是否属于重大事项。重大事项通常包括以下内容。

（1）引起特别风险的事项。

（2）实施审计程序的结果，该结果表明财务信息可能存在重大错报，或需要修正以前对重大错报风险的评估和针对这些风险拟采取的应对措施。

（3）导致审计人员难以实施必要审计程序的情形。

（4）导致出具非无保留意见或带强调事项段落或与持续经营相关的重大不确定性等段落的审计报告的事项。

审计人员应当在审计工作底稿中记录与管理层、治理层和其他人员对重大事项的讨论，包括所讨论的重大事项的性质以及讨论的时间、地点和参加人员。审计人员在执行审计工作和评价审计结果时运用职业判断的程度，是决定记录重大事项的审计工作底稿的格式、内容和范围的一项重要因素。在审计工作底稿中对重大职业判断进行记录，能够解释审计人员得出的结论并提高职业判断的质量。

3. 审计结论

审计工作的每一部分都应包含与已实施审计程序的结果及其是否实现既定审计目标相关的结论，还应包括审计程序识别出的例外情况和重大事项如何得到解决的结论。审计人员需要根据所实施的审计程序及获取的审计证据得出结论，并以此作为对财务报表发表审计意见的基础。在记录审计结论时，需确定在审计工作底稿中记录的审计程序和审计证据是否足以支持所得出的审计结论。

4. 审计标识及其说明

每张底稿都应包含对已实施程序的性质和范围所作的解释。审计工作底稿中可使用各种审计标识，但应说明其含义，并保持前后一致。表3-4是审计人员在审计工作底稿中列明的审计标识及其含义示例。

表3-4 审计标识及其含义示例

符号	标识含义	符号	标识含义
∧	纵加核对	<	横加核对
B	与上年结转数核对一致	T	与原始凭证核对一致
G	与总分类账核对一致	S	与明细账核对一致
T/B	与试算平衡表核对一致	C	已发询证函
C\	已收回询证函		

5. 索引号及编号

审计工作底稿需要注明索引号及顺序编号，以确保相关审计工作底稿之间保持清晰的勾稽关系，便于交叉索引和复核。这类似于在图书馆查找书籍，通过书籍上的编号可以快速查找到对应书架和图书。每张表或记录都有一个索引号，例如A3、H5等，以说明其在审计工作底稿中的放置位置。

在实务中，审计人员可以按照所记录的审计工作的内容层次进行编号。例如，某生产企业原材料汇总表的编号为B1，按类别列示的钢材的编号为B1-1，型材的编号为B1-1-1，板材的编号为B1-1-2，管材的编号为B1-1-3，金属制品的编号为B1-1-4。相互引用时，需要在审计工作底稿中交叉注明索引号。

6. 编制者姓名及编制日期、复核者姓名及复核日期

为了明确责任，在各自完成与特定工作底稿相关的任务之后，编制者和复核者都应在工作底稿上签名并注明编制日期和复核日期。通常，需要在每一张审计工作底稿上注明执行审计工作的人员和复核人员、完成该项审计工作的日期以及完成复核的日期。

表3-5以存货抽盘核对表为例，说明审计工作底稿的各项要素。

表3-5 存货抽盘核对表

单位名称：A公司				索引号：E-5-7		
项目：存货抽盘				截止日期：2017年12月31日		
编制人：王×				复核人：陈×		
编制日期：2018年3月5日				复核日期：2018年3月15日		
盘点标签号码	存货编码	存货名称	被审计单位盘点数量		审计人员盘点数量	差异
123	1-25	a	100 kg		150 kg	50 kg

续表

224	1-90	b	50 kg	50 kg	
367	2-30	c	2 000 kg	2 000 kg	
485	3-20	d	1 200 kg	1 500 kg	300 kg
497	4-5	e	60 kg	60 kg	

审计说明：

  以上差异已由客户纠正，纠正差异后使被审计单位存货账户增加500元。抽查盘点存货总价值为50 000元，占全部存货的20%。

审计结论：

  经追查至存货汇总表，没有发现其他例外，我们认为错误并不重要。

3.3.6 审计工作底稿的复核

  由于一张单独的审计工作底稿往往由一位审计人员编制，难免在资料引用、专业判断和计算分类方面有所误差。因此，对编制完成的审计工作底稿必须安排有关专业人员进行复核，以保证审计意见的正确性和审计工作底稿的规范性。

  根据独立审计准则的要求，会计师事务所应该对审计工作底稿进行复核的人员级别、复核程序与要点、复核人职责作出明文规定，形成一项制度。通常，根据会计师事务所的组织规模和业务范围，可以对审计工作底稿实行三级复核制度。审计工作底稿三级复核制度是指以主任会计师、部门经理（或签字注册会计师）和项目负责人（或项目经理）为复核人，依照规定的程序和要点对审计工作底稿进行逐级复核的制度。三级复核制度目前已成为普遍采用的形式，对于提高审计工作质量、加强质量控制起到了重要作用。

  三级复核制度的第一级复核称为详细复核，由项目经理（或项目负责人）负责，对下属审计人员编制或取得的审计工作底稿逐张进行复核。其目的在于按照准则的规范要求，发现并指出问题，及时加以修正和完善。

  三级复核制度的第二级复核称为一般复核，由部门经理（或签字注册会计师）负责，在详细复核的基础上，对审计工作底稿中重要会计账项的审计程序实施情况、审计调整事项和审计结论进行复核。一般复核实质上是对详细复核的再监督。其目的在于按照有关准则的要求对重要审计事项进行把关、监督。

  三级复核制度的第三级复核也称重点复核，由主任会计师或指定代理人负责，在一般复核的基础上对审计过程中的重大会计问题、重大审计调整事项和重要的审计工作底稿进行复核。重点复核是对详细复核结果的二次监督，也是对一般复核的再监督。重点复核的目的在于使整个审计工作的计划、进度、实施、结论和质量全面达到审计准则的要求。通过重点复核后的审计工作底稿方可作为发表审计意见的基础，然后归类管理。

3.3.7 审计工作底稿的归档

1. 审计工作底稿归档工作的性质

  在出具审计报告前，审计人员应完成所有必要的审计程序，取得充分、适当的审计证据并得出适当的审计结论。因此，在审计报告日后将审计工作底稿归整为最终审计档案是一项事务性的工作，不涉及实施新的审计程序或得出新的结论。

在归档期间，对审计工作底稿作出的变动属于事务性的，审计人员可以作出变动，主要包括：删除或废弃被取代的审计工作底稿，对审计工作底稿进行分类、整理和交叉索引，对审计档案归整工作的完成核对表签字认可，记录在审计报告日前获取的、与项目组相关成员进行讨论并达成一致意见的审计证据。

2. 审计工作底稿的归档期限

审计工作底稿的归档期限为审计报告日后 60 天内。如果审计人员未能完成审计业务，审计工作底稿的归档期限为审计业务中止后的 60 天内。如果针对客户的同一财务信息执行不同的委托业务，出具两个或多个不同的报告，会计师事务所应当将其视为不同的业务，在规定的归档期限内分别将审计工作底稿归整为最终审计档案。

3. 审计工作底稿归档后的变动

在完成最终审计档案的归整工作后，审计人员不应在规定的保存期限届满前删除或废弃任何性质的审计工作底稿，但可以视情形修改或增加新的审计工作底稿。

1) 需要变动审计工作底稿的情形

审计人员发现的有必要修改现有审计工作底稿或增加新的审计工作底稿的情形，主要有以下两种。

(1) 审计人员已实施了必要的审计程序，取得了充分、适当的审计证据并得出了恰当的审计结论，但审计工作底稿的记录不够充分。

(2) 审计报告日后发现例外情况，要求审计人员实施新的审计程序或追加审计程序，或导致审计人员得出新的结论。例外情况主要是指审计报告日后发现与已审计财务信息相关，且在审计报告日已经存在的事实，如果被审计人员在审计报告日前获知该事实，可能影响审计报告。例如，审计人员在审计报告日后才获知法院在审计报告日前已对被审计单位的诉讼、索赔事项作出最终判决。

2) 变动审计工作底稿时的记录要求

审计工作底稿归档后，如果发现有必要修改现有审计工作底稿或增加新的审计工作底稿，无论修改或增加的性质如何，审计人员均应当记录下列事项。

(1) 修改或增加审计工作底稿的理由。

(2) 修改或增加审计工作底稿的时间和人员，以及复核的时间和人员。

4. 审计工作底稿的保存期限

会计师事务所应当自审计报告日起，对审计工作底稿至少保存 10 年。如果审计人员未能完成审计业务，会计师事务所应当自审计业务中止日起，对审计工作底稿至少保存 10 年。

本章小结

本章介绍了审计证据、审计程序和审计工作底稿的相关内容，属于审计基础理论。审计证据根据存在形式可分为实物证据、书面证据、口头证据和环境证据。充分性和适当性是审计证据的两个重要特征，两者缺一不可，只有充分且适当的审计证据才是有证明力的。审计人员获取审计证据需要实施相应的审计程序：检查、观察、询问、函证、重新执行、重新计算和分析程序。审计工作底稿是审计证据的载体,是审计人员形成审计结论、发表审计意见的直接依据,它形成于审计工作的全过程,也反映整个审计过程。

本章练习题

一、单选题

1. 在确定审计证据的数量时,下列表述中错误的是（   ）。
   A. 错报风险越大,需要的审计证据可能越多
   B. 审计证据质量越高,需要的审计证据可能越少
   C. 审计证据的质量存在缺陷,可能无法通过获取更多的审计证据予以弥补
   D. 通过调高重要性水平,可以降低所需获取的审计证据的数量

2. 在确定审计证据的相关性时,下列表述中错误的是（   ）。
   A. 特定的审计程序可能只为某些认定提供相关的审计证据,而与其他认定无关
   B. 针对某项认定,从不同来源获取的审计证据存在矛盾,表明审计证据不存在说服力
   C. 只与特定认定相关的审计证据并不能替代与其他认定相关的审计证据
   D. 针对同一项认定,可以从不同来源获取审计证据或获取不同性质的审计证据

3. 在确定审计证据的可靠性时,下列表述中错误的是（   ）。
   A. 以电子形式存在的审计证据比口头形式的审计证据更可靠
   B. 从外部独立来源获取的审计证据比从其他来源获取的审计证据更可靠
   C. 从复印件获取的审计证据比从传真件获取的审计证据更可靠
   D. 直接获取的审计证据比推论得出的审计证据更可靠

4. 下列关于审计程序的说法中,不正确的是（   ）。
   A. 检查有形资产可为权利或义务认定提供可靠的审计证据
   B. 观察提供的审计证据仅限于观察发生的时点
   C. 对于询问的答复,审计人员应当通过获取其他证据予以佐证
   D. 分析程序包括调查识别出的、与其他相关信息不一致或与预期数据严重偏离的波动和关系

5. 以下关于审计人员运用审计程序的表述中,不正确的是（   ）。
   A. 观察程序获取的审计证据仅限于观察发生的时点
   B. 询问程序广泛运用于整个审计过程,但仅作为其他审计程序的补充
   C. 重新计算可以通过手工方式和电子方式进行
   D. 分析程序可以用于风险评估程序、控制测试和实质性程序中

6. 下列各项因素中,通常不会影响审计人员决定是否实施函证的是（   ）。
   A. 被询证者的客观性   B. 被审计单位管理层的配合程度
   C. 评估的认定层次重大错报风险   D. 函证程序针对的认定

7. 下列关于函证的说法中,错误的是（   ）。
   A. 询证函的设计应服从于审计目标的需要
   B. 不同的函证方式,其提供审计证据的可靠性不同

C. 如果被审计单位管理层要求不实施函证，并且审计人员认为管理层的要求合理，则可不实施其他审计程序，认可有关项目的金额

D. 对非常规合同和交易，审计人员不仅应对账户余额或交易金额进行函证，还应当考虑对交易或合同的条款实施函证

8. 以下各项中，通常不属于审计工作底稿内容的是（　　）。

A. 分析表
B. 问题备忘录
C. 财务报表的草稿
D. 重大事项概要

9. 以下关于审计工作底稿存在形式的说法中，错误的是（　　）。

A. 可以以纸质、电子或其他介质形式存在

B. 审计人员可以将以电子或其他介质形式存在的审计工作底稿通过打印等方式，转换成纸质形式的审计工作底稿

C. 审计人员只需要对纸质的工作底稿进行归档

D. 审计人员要单独保存以电子或其他介质形式存在的审计工作底稿

10. 在对采购存货进行细节测试时，审计人员对连续编号的入库单进行检查，审计人员记录的识别特征是（　　）。

A. 入库单的编号
B. 入库单上存货的种类
C. 入库单上验收货物人员的签名
D. 入库单的日期

二、多选题

1. 下列有关审计证据适当性的说法中，正确的有（　　）。

A. 审计证据的适当性不受审计证据的充分性的影响
B. 审计证据的适当性包括相关性和可靠性
C. 审计证据的适当性影响审计证据的充分性
D. 审计证据的适当性是对审计证据质量和数量的衡量

2. 下列关于审计证据充分性的说法中，正确的有（　　）。

A. 审计证据的充分性是对审计证据数量的衡量，主要与确定的样本量有关
B. 获取更多的审计证据可以弥补这些审计证据质量上的缺陷
C. 审计人员需获取审计证据的数量受其对重大错报风险评估的影响
D. 需要获取的审计证据的数量受审计证据质量的影响

3. 实施分析程序的目的有（　　）。

A. 用作风险评估程序
B. 用作实质性程序
C. 用于控制测试
D. 用作审计结束或临近结束时对财务报表进行总体复核

4. 下面有关分析程序的表述中，恰当的有（　　）。

A. 在了解被审计单位及其环境的过程中，分析程序是必须执行的程序

B. 实质性分析程序是细节测试的一种补充，审计人员仅仅依靠实质性分析程序难以获取充分、适当的审计证据

C. 在对同一认定实施细节测试的同时，可以结合实质性分析程序

D. 分析程序的资料主要涉及财务信息，但审计人员视需要也可以利用非财务信息

5. 甲公司 2018 年度的借款规模、存款规模分别与 2017 年度基本持平，但财务费用与 2017 年度相比有所下降。甲公司提供的以下理由中，能解释财务费用变动趋势的是（　　）。

A. 甲公司于 2017 年 1 月初借入 3 年期的工程项目专门借款 1 000 万元，该工程项目于 2018 年 1 月开工建设，预计在 2018 年 6 月完工

B. 甲公司在 2018 年度以美元结算的货币性负债的金额一直大于以美元结算的货币性资产的金额。人民币对美元的汇率在 2018 年上半年保持稳定，从 2018 年下半年开始有较大上升

C. 为了缓解流动资金紧张的压力，甲公司从 2018 年 4 月起增加了银行承兑汇票的贴现规模

D. 根据甲公司与开户银行签订的存款协议，从 2018 年 7 月 1 日起，甲公司在开户银行的存款余额超过 100 万元的部分所适用的银行存款利率上浮 0.5%

6. 以下关于审计工作底稿的表述中，正确的有（　　）。

A. 审计工作底稿是指审计人员对制订的审计计划、实施的审计程序、获取的相关审计证据，以及得出的审计结论作出的记录

B. 审计证据是审计工作底稿的载体

C. 审计工作底稿是出具审计报告的基础

D. 审计工作底稿形成于审计过程，也反映整个审计过程

7. 根据审计准则的规定，在记录实施审计程序的性质、时间和范围时，应当记录测试的特定项目或事项的识别特征。在记录识别特征时，下列做法正确的有（　　）。

A. 对乙公司生成的订购单进行测试，将供货商作为主要识别特征

B. 对需要选取既定总体内一定金额以上的所有项目进行测试，将该金额以上的所有项目作为主要识别特征

C. 对运用系统抽样的审计程序，将样本来源作为主要识别特征

D. 对询问程序，将询问时间作为主要识别特征

8. 以下关于审计工作底稿归档及保存期限的说法中，正确的有（　　）。

A. 审计工作底稿的归档期限为审计业务中止后的 90 天内

B. 审计工作底稿的归档期限为审计报告日后 60 天内

C. 应当自审计报告日起，对审计工作底稿至少保存 10 年

D. 应当自审计业务中止日起，对审计工作底稿保存 10 年

三、简答题

ABC 会计师事务所的 A 注册会计师负责对甲公司 2018 年度财务报表进行审计。2019 年 2 月 10 日，A 注册会计师完成审计业务，出具审计报告。审计工作底稿大部分是以电子形式存在，归档前，A 注册会计师将电子形式的工作底稿打印成纸质，同时为了保密，将电子工作底稿销毁，并于 2019 年 4 月 15 日归整为最终审计档案。由于 ABC 会计师事务所的审计工作底稿过多无处存放，因此将 2013 年以前的审计工作底稿销毁。

要求：

根据审计工作底稿准则和会计师事务所质量控制准则，指出 ABC 会计师事务所关于审计工作底稿的归档及保存过程中是否存在不当之处，并说明理由。

第 4 章

风险评估

学习目标

1. 了解风险评估的总体要求、风险评估程序和信息来源。
2. 熟悉如何了解被审计单位及其环境（包括内部控制）。
3. 掌握识别和评估重大错报风险的方法和流程。

教学要求

注重案例教学，多视角讲解风险评估的流程及相关活动程序，通过课堂案例讨论，让学生掌握如何从整体上评估财务报表层次和认定层次的重大错报风险。

导入案例

甲公司主要从事医疗器械设备的生产和销售。A 类产品为大中型医疗器械设备，主要销往医院；B 类产品为小型医疗器械设备，主要通过经销商销往药店。注册会计师小李在审计中了解到，甲公司情况及其环境部分内容如下。

（1）2018 年年初，甲公司在 5 个城市增设了销售服务处，使销售服务处的数量增加到 11 个，销售服务人员数量比上年末增加 50%。

（2）2018 年 12 月，一名已离职员工向甲公司董事会举报，称销售总监有虚报销售费用的行为。甲公司已对此事展开调查，目前尚无结论。

（3）甲公司生产设备使用备件的购买和领用不频繁，但备件的种类繁多。为减轻年末存货盘点的工作量，甲公司管理层决定于 2018 年 11 月 30 日对备件进行盘点，其余存货在 2018 年 12 月 31 日进行盘点。

2017 年度财务报表整体的重要性为利润总额的 5%。考虑到本项目属于连续审计业务，以往年度审计调整少，风险较低，因此，小李将 2018 年度财务报表整体的重要性确定为利润总额的 10%。

请思考：在审计过程中如何控制风险？

4.1 风险评估概述

4.1.1 风险识别和评估的概念

1. 风险识别和评估的含义

风险识别和评估，是指审计人员通过实施风险评估程序，识别和评估财务报表层次和认定层次的重大错报风险。其中，风险识别是指找出财务报表层次和认定层次的重大错报风险；风险评估是指对重大错报风险发生的可能性和后果严重程度进行评估。

4-1 风险评估概述

2. 风险导向审计的基本步骤

风险导向审计是当今主流的审计方法，它要求审计人员识别和评估重大错报风险，设计和实施进一步审计程序以应对评估的错报风险，并根据审计结果出具恰当的审计报告。本章针对财务报表层次和认定层次重大错报风险确定应对措施，并设计和实施进一步审计程序，将审计风险降至可接受的低水平。风险导向审计的基本步骤如表4-1所示。

表4-1 风险导向审计的基本步骤

步骤	目的	必要性	类别
1. 了解被审计单位及其环境	评估财务报表层次和认定层次重大错报风险	必要	风险评估程序
2. 控制测试	为了测试内部控制在防止、发现和纠正认定层次重大错报方面的有效性，并据此重新评估认定层次重大错报风险	非必要	进一步审计程序
3. 实质性程序	发现认定层次重大错报，降低检查风险	必要	进一步审计程序

4.1.2 风险识别和评估的作用

《中国注册会计师审计准则第1211号——通过了解被审计单位及其环境识别和评估重大错报风险》作为专门规范风险评估的准则，规定审计人员应当了解被审计单位及其环境，以充分识别和评估财务报表重大错报风险，设计和实施进一步审计程序。

了解被审计单位及其环境是必要程序，为审计人员在下列关键环节作出职业判断提供重要基础。

（1）确定重要性水平，并随着审计工作的进程评估对重要性水平的判断是否仍然适当。

（2）考虑会计政策的选择和运用是否恰当，以及财务报表的列报是否适当。

（3）识别需要特别考虑的领域，包括关联方交易、管理层运用持续经营假设的合理性，或交易是否具有合理的商业目的等。

（4）确定在实施分析程序时所使用的预期值。

(5) 设计和实施进一步审计程序，以将审计风险降至可接受的低水平。

(6) 评价所获审计证据的充分性和适当性。

了解被审计单位及其环境是一个连续和动态地收集、更新与分析信息的过程，贯穿整个审计过程的始终。审计人员应当运用职业判断确定了解被审计单位及其环境的程度。

4.1.3 风险评估流程

总体而言，风险评估要经历以下步骤，如图 4-1 所示。首先，审计人员应当实施必要的审计程序，了解被审计单位及其环境、内部控制（即风险评估程序）。接着，审计项目组根据了解到的被审计单位的情况进行风险评估，并讨论是否需要对原审计计划做出修改和调整。最后，评估重大错报风险。审计人员应当确定识别的重大错报风险属于财务报表层次还是认定层次，考虑财务报表的可审计性。以上各步骤的审计工作具体如何执行，见本章后续内容。

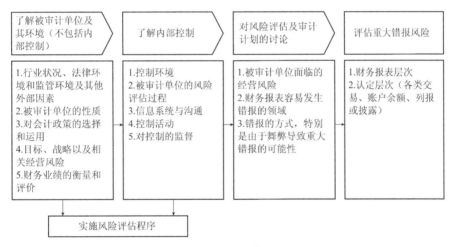

图 4-1 风险评估流程

4.1.4 风险评估程序

审计人员了解被审计单位及其环境，是为了识别和评估财务报表重大错报风险。为了解被审计单位及其环境而实施的程序称为"风险评估程序"。审计人员应当依据实施下列程序所获取的信息，评估重大错报风险。

1. 询问管理层和被审计单位内部其他人员

询问管理层和被审计单位内部其他人员是审计人员了解被审计单位及其环境的一个重要信息来源。审计人员可以考虑向管理层和财务负责人询问下列事项。

(1) 管理层所关注的主要问题。如新的竞争对手、主要客户、新的税收法规等。

(2) 被审计单位最近的财务状况、经营成果和现金流量。

(3) 可能影响财务报告的交易和事项，或者目前发生的重大会计处理问题。如重大的购并事宜等。

(4) 被审计单位发生的其他重要变化。如所有权结构、组织结构的变化，以及内部控制的变化等。

审计人员通过询问获取的大部分信息来自管理层和负责财务报告的人员。

审计人员也可以通过询问被审计单位内部其他不同层级的人员，如治理层、内部审计人员、内部法律顾问、参与处理或记录复杂或异常交易的员工、销售人员等，获取不同信息，或为识别重大错报风险提供不同的视角。

2. 实施分析程序

分析程序是指审计人员通过研究不同财务数据之间以及财务数据与非财务数据之间的内在关系，对财务信息作出评价。分析程序还包括调查识别出的、与其他相关信息不一致或与预期数据严重偏离的波动和关系。

分析程序既可用于风险评估程序和实质性程序，也可用于对财务报表的总体复核。实施分析程序有助于识别异常的交易或事项，以及对财务报表和审计产生影响的金额、比率和趋势。在实施分析程序时，审计人员应当预期可能存在的合理关系，并与被审计单位记录的金额、依据记录金额计算的比率或趋势相比较，如果发现异常或未预期到的关系，审计人员应当在识别重大错报风险时考虑这些比较结果。

3. 观察和检查

观察和检查程序可以支持对管理层和其他相关人员的询问结果，并提供有关被审计单位及其环境的信息。审计人员应当实施下列观察和检查程序。

1）观察被审计单位的经营活动

例如，观察被审计单位人员正在从事的生产活动和内部控制活动，增加审计人员对被审计单位人员如何进行生产经营活动及实施内部控制的了解。

2）检查文件、记录和内部控制手册

例如，检查被审计单位的经营计划、章程、与其他单位签订的合同和协议、各业务流程操作指引和内部控制手册等，了解被审计单位组织结构和内部控制制度的建立健全情况。

3）阅读由管理层和治理层编制的报告

例如，阅读被审计单位年度和中期财务报告，股东大会、董事会会议、高级管理层会议的会议记录或纪要，管理层的讨论和分析资料，被审计单位内部管理报告，以及其他特殊目的的报告（如新投资项目的可行性分析报告）等，了解自上一期审计结束至本期审计期间被审计单位发生的重大事项。

4）实地察看被审计单位的生产经营场所和厂房设备

现场访问和实地察看被审计单位的生产经营场所和设备，能帮助审计人员了解被审计单位的性质及经营活动。

5）追踪交易在财务报告信息系统中的处理过程（穿行测试）

通过追踪某笔或某几笔交易在业务流程中如何生成、记录、处理和报告，以及相关内部控制如何执行，审计人员可以确定被审计单位的交易流程和相关控制是否与之前通过其他程序所获得的了解一致，并确定相关控制是否得到执行。

审计人员在审计过程中应当实施上述观察和检查程序，但是在了解被审计单位及其环境的每一方面时无须实施上述所有程序。除了采用上述程序从被审计单位内部获取信息以外，如果根据职业判断认为从被审计单位外部获取的信息有助于识别重大错报风险，审计人员应当实施其他审计程序以获取这些信息，如询问被审计单位聘请的外部法律顾问、专业评估师、投资顾问和财务顾问等。

4.1.5 项目组内部的讨论

项目组内部的讨论在所有业务阶段都非常必要，可以保证所有事项得到恰当的考虑。《中国注册会计师审计准则第1211号——通过了解被审计单位及其环境识别和评估重大错报风险》要求，项目合伙人和项目组其他关键成员应当讨论被审计单位财务报表存在重大错报的可能性，以及如何根据被审计单位的具体情况运用适用的财务报告编制基础。项目合伙人应当确定讨论的目标、讨论的内容、参与讨论的人员以及讨论的时间和方式，项目组还可以根据实际情况讨论其他重要事项。表4-2列示了讨论的三个主要内容和可能涉及的信息。

表4-2 项目组讨论内容

讨论的目的	讨论内容
分享了解的信息	1. 被审计单位的性质，管理层对内部控制的态度，从以往审计业务中获得的经验，重大经营风险因素 2. 已了解的影响被审计单位的外部和内部舞弊因素，可能为管理层或其他人员实施下列行为提供动机或压力： （1）舞弊； （2）为实施构成犯罪的舞弊提供机会； （3）利用企业文化或环境，寻找使舞弊行为合理化的理由； （4）侵占资产（考虑管理层对接触现金或其他易被侵占资产的员工实施监督的情况） 3. 财务报表哪些项目易于发生重大错报，表明管理层倾向于高估或低估收入的迹象
分享审计思路和方法	1. 管理层可能如何编报和隐藏虚假财务报告，例如，管理层凌驾于内部控制之上。根据对识别的舞弊风险因素的评估，设想可能的舞弊场景对审计很有帮助。例如，销售经理可能通过高估收入实现达到某种奖励水平的目的。这可能通过修改收入确认政策或进行不恰当的收入截止来实现 2. 出于个人目的侵占或挪用被审计单位的资产行为如何发生 3. 考虑： （1）管理层进行高估或低估账目的方法，包括对准备和估计进行操纵以及变更会计政策等； （2）用于应对评估风险可能的审计程序/方法
为项目组指明审计方向	1. 强调在审计过程中保持职业怀疑态度的重要性。不应将管理层当成完全诚实的人，也不应将其作为罪犯对待 2. 列示表明可能存在舞弊可能性的迹象。例如： （1）识别警示信号（红旗），并予以追踪； （2）一个不重要的金额（例如增长的费用）可能表明存在很大的问题，例如管理层诚信 3. 决定如何增加拟实施审计程序的性质、时间安排和范围的不可预见性 4. 总体考虑每个项目组成员拟执行的审计工作部分、需要的审计方法、特殊考虑、时间、记录要求，如果出现问题应联系的人员，审计工作底稿复核，以及其他预期事项 5. 强调对表明管理层不诚实的迹象保持警觉的重要性

4.2 了解被审计单位及其环境

4.2.1 了解被审计单位及其环境的总体要求

了解被审计单位及其环境是为了识别和评估重大错报风险,以及设计和实施进一步审计程序。但了解被审计单位及其环境不仅仅是风险评估阶段的工作,而是一个连续和动态地收集、更新与分析信息的过程,贯穿整个审计过程。至于具体了解被审计单位及其环境哪些事项,了解到何种程度,审计人员应当运用职业判断来确定。

4-2 了解被审计单位及其环境

审计人员应当从下列方面了解被审计单位及其环境。

第一,相关行业状况、法律环境和监管环境及其他外部因素。

第二,被审计单位的性质。

第三,被审计单位对会计政策的选择和运用。

第四,被审计单位的目标、战略以及可能导致重大错报风险的相关经营风险。

第五,对被审计单位财务业绩的衡量和评价。

第六,被审计单位的内部控制。

审计人员针对上述六个方面实施的风险评估程序的性质、时间安排和范围取决于审计业务的具体情况,如被审计单位的规模和复杂程度,以及审计人员的相关审计经验,包括以前对被审计单位提供审计和相关服务的经验以及对类似行业、类似企业的审计经验。此外,识别被审计单位及其环境在上述各方面与以前期间相比发生的重大变化,对于充分了解被审计单位及其环境进而识别和评估重大错报风险尤为重要。由于被审计单位内部控制尤为重要,将在下一节中重点阐述。

1. 行业状况、法律环境与监管环境及其他外部因素

1) 行业状况

审计人员应当了解被审计单位的行业状况,主要包括五个方面。

(1) 所处行业的市场与竞争,包括市场需求、生产能力和价格竞争。

(2) 生产经营的季节性和周期性。

(3) 与被审计单位产品相关的生产技术。

(4) 能源供应与成本。

(5) 行业的关键指标和统计数据。

2) 法律环境与监管环境

审计人员应当了解被审计单位所处的法律环境与监管环境,主要包括六个方面。

(1) 会计原则和行业特定惯例。

(2) 受管制行业的法规框架。

(3) 对被审计单位经营活动产生重大影响的法律法规,包括直接的监管活动。

(4) 税收政策(关于企业所得税和其他税种的政策)。

(5) 目前对被审计单位开展经营活动产生影响的政府政策,如货币政策(包括外汇管

制)、财政政策、财政刺激措施（如政府援助项目）、关税或贸易限制政策等。

(6) 影响行业和被审计单位经营活动的环保要求。

3) 其他外部因素

审计人员应当了解影响被审计单位经营的其他外部因素，主要包括总体经济情况、利率、融资的可获得性、通货膨胀水平或币值变动等。

审计人员对行业状况、法律环境与监管环境及其他外部因素了解的范围和程度，会因被审计单位所处行业、规模以及其他因素（如在市场中的地位）的不同而不同。例如，对于从事计算机硬件制造的被审计单位，审计人员可能更关心市场、竞争及技术进步的情况；对于金融机构，审计人员可能更关心宏观经济走势以及货币、财政等方面的宏观经济政策；对于化工等产生污染的行业，审计人员可能更关心相关环保法规。

2. 被审计单位的性质

1) 所有权结构

对被审计单位所有权结构的了解有助于审计人员识别关联方关系并了解被审计单位的决策过程。审计人员应当了解所有权结构以及所有者与其他人员或实体之间的关系，考虑关联方关系是否已经得到识别，以及关联方交易是否得到恰当核算。例如，审计人员应当了解被审计单位是属于国有企业、外商投资企业、民营企业，还是其他类型的企业，还应当了解其直接控股母公司、间接控股母公司、最终控股母公司和其他股东的构成，以及所有者与其他人员或实体（如控股母公司控制的其他企业）之间的关系。

2) 治理结构

良好的治理结构可以对被审计单位的经营和财务运作实施有效的监督，从而降低财务报表发生重大错报的风险。审计人员应当了解被审计单位的治理结构。例如，董事会的构成情况、董事会内部是否有独立董事；治理结构中是否设有审计委员会或监事会及其运作情况。审计人员应当考虑治理层是否能够在独立于管理层的情况下对被审计单位事务（包括财务报告）进行客观判断。

3) 组织结构

复杂的组织结构可能导致某些特定的重大错报风险。审计人员应当了解被审计单位的组织结构，考虑复杂组织结构可能导致的重大错报风险，包括财务报表合并、商誉减值以及长期股权投资核算等问题。例如，对于在多个地区拥有子公司、合营企业、联营企业或其他成员机构，或者存在多个业务分部和地区分部的被审计单位，不仅编制合并财务报表的难度增加，还存在其他可能导致重大错报风险的复杂事项，包括对子公司、合营企业、联营企业和其他股权投资类别的判断及其会计处理等。

4) 经营活动

了解被审计单位经营活动有助于审计人员识别预期在财务报表中反映的主要交易类别、重要账户余额和列报。审计人员应当了解被审计单位的经营活动，主要包括主营业务的性质、与生产产品或提供劳务相关的市场信息、业务的开展情况、从事电子商务的情况、地区分布与行业细分、关键客户、货物和服务的重要供应商、劳动用工安排、关联方交易等。

5）投资活动

了解被审计单位投资活动有助于审计人员关注被审计单位在经营策略和方向上的重大变化。审计人员应当了解被审计单位的投资活动，主要包括：近期拟实施或已实施的并购活动与资产处置情况；证券投资、委托贷款的发生与处置；资本性投资活动，包括固定资产和无形资产投资、重大的资本承诺等；不纳入合并范围的投资，如联营、合营或其他投资。

6）筹资活动

了解被审计单位筹资活动有助于审计人员评估被审计单位在融资方面的压力，并进一步考虑被审计单位在可预见未来的持续经营能力。审计人员应当了解被审计单位的筹资活动，主要包括：债务结构和相关条款，包括资产负债表外融资和租赁安排；主要子公司和联营企业的重要融资安排；实际受益方及关联方；衍生金融工具的使用。

7）财务报告

了解影响财务报告的重要政策、交易或事项，例如，会计政策和行业特定惯例；收入确认惯例；公允价值会计核算；外币资产、负债与交易；异常或复杂交易（包括在有争议的或新兴领域的交易）的会计处理。

3. 被审计单位对会计政策的选择和运用

在了解被审计单位对会计政策的选择和运用是否恰当时，审计人员应当关注下列事项。

1）重大和异常交易的会计处理方法

例如，本期发生的企业合并的会计处理方法。某些被审计单位可能存在与其所处行业相关的重大交易，如银行向客户发放贷款、证券公司对外投资、医药企业的研究与开发活动等。审计人员应当考虑被审计单位对重大的和不经常发生的交易的会计处理方法是否适当。

2）在缺乏权威性标准或共识、有争议的或新兴领域采用重要会计政策产生的影响

审计人员应当关注被审计单位选用了哪些会计政策，为什么选用这些会计政策，以及选用这些会计政策产生的影响。

3）会计政策的变更

审计人员应当考虑被审计单位会计政策变更的原因及其适当性，主要包括三个方面。

（1）会计政策变更是否符合法律、行政法规或者适用的会计准则和相关会计制度的变更要求。

（2）会计政策变更是否能够提供更可靠、更相关的会计信息。

（3）会计政策的变更是否得到恰当处理和充分披露。

4）新颁布的财务报告准则、法律法规，以及被审计单位何时采用、如何采用这些规定

例如，当新的企业会计准则颁布施行时，审计人员应考虑被审计单位是否应采用新颁布的会计准则，如果采用，是否已按照新会计准则的要求做好衔接调整工作，并收集执行新会计准则需要的信息资料。

4. 被审计单位的目标、战略以及相关经营风险

目标是企业经营活动的指针。战略是管理层为实现经营目标采用的方法。经营风险是指可能对被审计单位实现目标和实施战略的能力产生不利影响的重要状况、事项、情况、作为（或不作为）而导致的风险，或由于制定不恰当的目标和战略而导致的风险。

审计人员应当从下列方面了解被审计单位的目标和战略，并考虑相应的经营风险。

（1）行业发展。例如，潜在的相关经营风险可能是被审计单位不具备足以应对行业变化的人力资源和业务专长。

（2）开发新产品或提供新服务。例如，潜在的相关经营风险可能是被审计单位产品责任增加。

（3）业务扩张。例如，潜在的相关经营风险可能是被审计单位对市场需求的估计不准确。

（4）新的会计要求。例如，潜在的相关经营风险可能是被审计单位不当执行相关会计要求，或会计处理成本增加。

（5）监管要求。例如，潜在的相关经营风险可能是被审计单位法律责任增加。

（6）本期及未来的融资条件。例如，潜在的相关经营风险可能是被审计单位由于无法满足融资条件而失去融资机会。

（7）信息技术的运用。例如，潜在的相关经营风险可能是被审计单位信息系统与业务流程难以融合。

（8）实施战略的影响，特别是由此产生的需要运用新的会计要求的影响。

5. 被审计单位财务业绩的衡量和评价

在了解被审计单位财务业绩的衡量和评价情况时，审计人员应当关注下列信息。

（1）关键业绩指标（财务的或非财务的）、关键比率、趋势和经营统计数据。

（2）同期财务业绩比较分析。

（3）预测、预算、差异分析，分部信息与分部、部门或其他不同层次的业绩报告。

（4）员工业绩考核与激励性报酬政策。

（5）被审计单位与竞争对手的业绩比较。

4.2.2　了解被审计单位及其环境（不包括内部控制）工作底稿填制

了解被审计单位及其环境（不包括内部控制）工作底稿具体内容如模板4-1所示。

[模板4-1]　**了解被审计单位及其环境（不包括内部控制）工作底稿**

了解被审计单位及其环境（不包括内部控制）	
被审计单位：＿＿＿＿＿＿＿＿＿＿ 项目：<u>了解被审计单位及其环境（不包括内部控制）</u> 编制：＿＿＿＿＿＿＿＿＿＿ 日期：＿＿＿＿＿＿＿＿＿＿	索引号：＿＿＿＿＿＿＿＿＿＿ 财务报表截止日/期间：＿＿＿＿＿＿＿＿＿＿ 复核：＿＿＿＿＿＿＿＿＿＿ 日期：＿＿＿＿＿＿＿＿＿＿
一、审计目标 从以下方面了解被审计单位及其环境，并评估相应重大错报风险。 （1）行业状况、法律环境与监管环境及其他外部因素。 （2）被审计单位的性质。	

(3) 被审计单位对会计政策的选择和运用。
(4) 被审计单位的目标、战略以及相关经营风险。
(5) 被审计单位财务业绩的衡量和评价。
二、行业状况、法律环境与监管环境及其他外部因素
(一) 实施的风险评估程序

风险评估程序	执行人	执行时间	索引号

(二) 了解的内容和评估出的风险

1. 行业状况

(1) 所在行业的市场供求与竞争

(2) 生产经营的季节性和周期性

(3) 产品生产技术的变化

(4) 能源供应与成本

(5) 行业的关键指标和统计数据

2. 法律环境与监管环境

(1) 适用的会计准则、会计制度和行业特定惯例

(2) 对经营活动产生重大影响的法律法规及监管活动

(3) 对开展业务产生重大影响的政府政策，包括货币、财政、税收和贸易等政策

(4) 与被审计单位所处行业和所从事经营活动相关的环保要求

3. 其他外部因素
(1) 宏观经济的景气度
(2) 利率和资金供求状况
(3) 通货膨胀水平及币值变动
(4) 国际经济环境和汇率变动

三、被审计单位的性质

(一) 实施的风险评估程序

风险评估程序	执行人	执行时间	索引号

(二) 了解的内容和评估出的风险

1. 所有权结构
(1) 所有权性质（属于国有企业、外商投资企业、民营企业还是其他类型）

(2) 所有者和其他人员或单位的名称，以及与被审计单位之间的关系

所有者	主要描述（法人/自然人，企业类型，自然人的主要社会职务，企业所属地区、规模等）	与被审计单位之间的关系

（3）控股母公司

2. 治理结构
（1）获取或编制被审计单位治理结构图

（2）对图示内容作出详细解释说明

3. 组织结构
（1）获取或编制被审计单位组织结构图

（2）对图示内容作出详细解释说明

4. 经营活动
（1）主营业务的性质：＿＿＿＿＿＿＿＿＿＿＿＿＿＿＿＿＿＿＿
（2）主要产品及描述

（3）与生产产品或提供劳务相关的市场信息

（4）业务的开展情况

（5）联盟、合营与外包情况

（6）从事电子商务的情况

　

（7）地区与行业分布

　

（8）生产设施、仓库的地理位置及办公地点

　

（9）关键客户

　

（10）重要供应商

　

（11）劳动用工情况

　

（12）研究与开发活动及其支出

　

（13）关联方交易

　

5. 投资活动
(1) 近期拟实施或已实施的并购活动与资产处置情况

（2）证券投资、委托贷款的发生与处置

（3）资本性投资活动

（4）不纳入合并范围的投资

6. 筹资活动

（1）债务结构和相关条款，包括担保情况及表外融资

（2）固定资产的租赁

（3）关联方融资

（4）实际受益股东

（5）衍生金融工具的运用

四、被审计单位对会计政策的选择和运用
（一）实施的风险评估程序

风险评估程序	执行人	执行时间	索引号

(二) 了解的内容和评估出的风险
1. 被审计单位选择和运用的会计政策

重要的会计政策	被审计单位选择和运用的会计政策	对会计政策选择和运用的评价
发出存货成本的计量		
长期股权投资的后续计量		
固定资产的初始计量		
无形资产的确定		
非货币性资产交换的计量		
收入的确认		
借款费用的处理		
合并政策		
……		

2. 会计政策变更的情况

原会计政策	变更后会计政策	变更日期	变更原因	对变更的处理（调整、列报等）	对变更的评价

3. 披露

五、被审计单位的目标、战略以及相关经营风险
(一) 实施的风险评估程序

风险评估程序	执行人	执行时间	索引号

(二) 了解的内容和评估出的风险
1. 目标、战略

2. 相关经营风险

3. 被审计单位的风险评估过程

六、被审计单位财务业绩的衡量和评价
（一）实施的风险评估程序

风险评估程序	执行人	执行时间	索引号

（二）了解的内容和评估出的风险
1. 关键业绩指标、关键比率、趋势和经营统计数据

2. 同期财务业绩比较分析

3. 预测、预算和差异分析

4. 分部信息与其他不同层次部门的业绩报告

5. 员工业绩考核与激励性报酬政策

6. 被审计单位与竞争对手的业绩比较

4.3 了解被审计单位内部控制

4.3.1 内部控制的含义和要素

1. 内部控制的含义

内部控制是被审计单位为了合理保证财务报告的可靠性、经营的效率和效果以及对法律法规的遵守,由治理层、管理层和其他人员设计与执行的政策及程序。

4-3 了解被审计单位内部控制

内部控制可以从以下几方面理解。

(1) 内部控制的目标是合理保证:①财务报告的可靠性,这一目标与管理层履行财务报告编制责任密切相关;②经营的效率和效果,即经济有效地使用企业资源,以最优方式实现企业的目标;③遵守适用的法律法规的要求,即在法律法规的框架下从事经营活动。

(2) 设计和实施内部控制的责任主体是治理层、管理层和其他人员,组织中的每一个人都对内部控制负有责任。

(3) 实现内部控制目标的手段是设计和执行控制政策及程序。审计人员审计的目标是对财务报表是否存在重大错报发表审计意见,尽管要求审计人员在财务报表审计中考虑与审计相关的内部控制,但目的并不是对被审计单位内部控制的有效性发表意见。因此,审计人员需要了解和评价的只是与财务报表审计相关的内部控制,并不是被审计单位所有的内部控制。

2. 内部控制的要素

按照美国反虚假委员会下属的发起人委员会(The Committee of Sponsoring Organizations of the Treadway Commission,COSO)发布的内部控制框架,内部控制包括下列要素。

1) 控制环境

控制环境是影响、制约企业内部控制建立与执行各种内部因素的总称,是实施内部控制的基础。控制环境主要包括治理结构、组织机构设置与权责分配、企业文化、人力资源政策、内部审计机构设置、反舞弊机制等。

2) 风险评估

风险评估是被审计单位及时识别、科学分析和评价影响企业内部控制目标实现的各种不正确因素并采取应对策略的过程,是实施内部控制的重要环节。风险评估主要包括目标设定、风险识别、风险分析和风险应对。

3) 控制活动

控制活动是根据风险评估结果、结合风险应对策略采取的确保企业内部控制目标得以实现的方法和手段,是实施内部控制的具体方式。控制活动结合企业具体业务和事项的特点与要求制定,主要包括职责分工控制、授权控制、审核批准控制、预算控制、财产保护控制、会计系统控制、内部报告控制、经济活动分析控制、绩效考评控制、信息技术控制等。

4) 信息与沟通

信息与沟通是及时、准确、完整地收集与企业经营管理相关的各种信息,并使这些信息以适当的方式在企业有关层级之间进行及时传递、有效沟通和正确应用的过程,是实施内部控制的重要条件。信息与沟通主要包括信息的收集机制及在企业内部和与企业外部有关的沟通机制等。

5) 监督检查

监督检查是企业对其内部控制的健全性、合理性有效进行监督检查与评估,形成书面报告并作出相应处理的过程,是实施内部控制的重要保证。监督检查主要包括对建立并执行内部控制的整体情况进行连续性监督检查,对内部控制的某一方面或者某些方面进行专项监督检查,以及提交相应的检查报告、提出有针对性的改进措施等。企业内部控制自我评估是内部控制监督检查的一项重要内容。

在了解和评价内部控制时,采用的具体分析框架及控制要素的分类可能不是唯一的。但无论对内部控制要素如何分类,审计人员都应当重点考虑被审计单位某项控制是否能够以及如何防止或发现并纠正各类交易、账户余额、列报存在的重大错报。

4.3.2 对内部控制的了解

1. 对内部控制了解的深度

对内部控制了解的深度,是指在了解被审计单位及其环境时对内部控制了解的程度,包括评价控制的设计,并确定其是否得到执行,但不包括对控制是否得到一贯执行的测试。

1) 评价控制的设计

审计人员在了解内部控制时,应当评价控制的设计,并确定其是否得到执行。评价控制的设计,涉及考虑该控制单独或连同其他控制是否能够有效防止或发现并纠正重大错报。控制得到执行是指某项控制存在且正在被审计单位使用。评估一项无效控制的运行没有什么意义,因此,需要首先考虑控制的设计。设计不当的控制可能表明存在值得关注的内部控制缺陷。

2) 获取控制设计和执行的审计证据

审计人员通常实施下列风险评估程序,以获取有关控制设计和执行的审计证据。

(1) 询问被审计单位人员。

(2) 观察特定控制的运用。

(3) 检查文件和报告。

(4) 追踪交易在财务报告信息系统中的处理过程(穿行测试)。

这些程序是风险评估程序在了解被审计单位内部控制方面的具体运用。询问本身并不足以评价控制的设计以及确定其是否得到执行,审计人员应当将询问与其他风险评估程序结合使用。

3）了解内部控制与测试控制运行有效性的关系

除非存在某些可以使控制得到一贯运行的自动化控制，否则审计人员对控制的了解并不足以测试控制运行的有效性。例如，获取某一人工控制在某一时点得到执行的审计证据，并不能证明该控制在所审计期间内的其他时点也有效运行。由于信息技术处理流程的内在一贯性，实施审计程序确定某项自动控制是否得到执行，也可能实现对控制运行有效性测试的目标，这取决于审计人员对控制（如针对程序变更的控制）的评估和测试。

2. 在整体层面和业务流程层面了解内部控制

内部控制的某些要素（如控制环境）更多地对被审计单位整体层面产生影响，而其他要素（如信息与沟通、控制活动）则可能更多地与特定业务流程相关。在实务中，审计人员应当从被审计单位整体层面和业务流程层面分别了解和评价被审计单位的内部控制。

整体层面的控制对内部控制在所有业务流程中得到严格的设计和执行具有重要影响。整体层面的控制较差甚至可能使最好的业务流程层面的控制失效。例如，被审计单位可能有一个有效的采购系统，但如果会计人员不能胜任，仍然会发生大量错误，且其中一些错误可能导致财务报表存在重大错报。而且，管理层凌驾于内部控制之上（他们经常在企业整体层面出现）也是普遍的不好的公司行为。

了解和评价业务流程层面的内部控制，更多倾向于对控制活动的了解和评价，以发现认定层次的重大错报风险。在业务流程层面了解和评估内部控制的一般步骤如下。

（1）确定被审计单位的重要业务流程和重要交易类别。例如，某公司业务流程分为采购与付款、工薪与人事、生产与仓储、销售与收款、筹资与投资、固定资产六个业务循环。

（2）了解重要业务流程，并记录获得的了解。

（3）确定可能发生错报的环节。

（4）识别和了解相关控制。

（5）执行穿行测试，证实对业务流程和相关控制的了解。

（6）进行初步评价和风险评估。

内部控制两个层面的了解同等重要，缺一不可，两者共同构成内部控制了解与评价的核心内容。

4.3.3 内部控制的局限性

内部控制无论如何有效，都只能为被审计单位实现财务报告目标提供合理保证。内部控制实现目标的可能性受其固有限制的影响，这些限制包括以下两个方面。

1. 在决策时人为判断可能出现错误和因人为失误而导致内部控制失效

例如，控制的设计和修改可能存在失误。同样地，控制的运行可能无效。例如，由于负责复核信息的人员不了解复核的目的或没有采取适当的措施，内部控制生成的信息（如例外报告）没有得到有效使用。

2. 控制可能由于两个或更多的人员串通或管理层不当地凌驾于内部控制之上而被规避

例如，管理层可能与客户签订"背后协议"，修改标准的销售合同条款和条件，从而导致不适当的收入确认。再如，软件中的编辑控制旨在识别和报告超过赊销信用额度的交易，但这一控制可能被凌驾或不能得到执行。

此外，如果被审计单位内部行使控制职能的人员素质不适应岗位要求，也会影响内部控制功能的正常发挥。被审计单位实施内部控制的成本效益问题也会影响其效能，当实施某项控制成本大于控制效果而发生损失时，就没有必要设置该控制环节或控制措施。内部控制一般针对经常而重复发生的业务设置，如果出现不经常发生或未预计到的业务，原有控制就可能不适用。

4.3.4 初步评价风险

1. 对控制的初步评价

在识别和了解控制后，根据执行上述程序及获取的审计证据，审计人员需要评价控制设计的合理性并确定其是否得到执行。

审计人员对控制的评价结论可能有以下三种情况。

（1）所设计的控制单独或连同其他控制能够防止或发现并纠正重大错报，并得到执行。

（2）控制本身的设计是合理的，但没有得到执行。

（3）控制本身的设计就是无效的或缺乏必要的控制。

对控制的了解和评价是在穿行测试完成后但又在测试控制运行有效性之前进行的，因此，上述评价结论只是初步结论，仍可能随控制测试后实施实质性程序的结果而发生变化。

2. 风险评估需考虑的因素

审计人员对控制进行评价，进而对重大错报风险进行评估，需考虑以下因素。

（1）账户特征及已识别的重大错报风险。如果已识别的重大错报风险水平为高（例如，复杂的发票计算或计价过程增加了开票错报的风险；经营的季节性特征增加了在旺季发生错报的风险），相关的控制应有较高的敏感度，即在错报率较低的情况下也能防止或发现并纠正错报。

（2）对被审计单位整体层面控制的评价。审计人员应将对整体层面获得的了解和结论，同在业务流程层面获得的有关重大交易流程及其控制的证据结合起来考虑。

4.3.5 了解被审计单位内部控制工作底稿的填制

1. 在整体层面了解被审计单位内部控制工作底稿的填制

在被审计单位整体层面了解内部控制工作底稿如模板4-2所示。

模板4-2　　　　在被审计单位整体层面了解内部控制工作底稿

被审计单位：_____	索引号：_____
项目：<u>在整体层面了解内部控制</u>	财务报表截止日/期间：_____
编制：_____	复核：_____
日期：_____	日期：_____

1. 在被审计单位整体层面了解和评价内部控制的工作包括：

（1）了解被审计单位整体层面内部控制的设计，并记录所获得的了解；

(2) 针对被审计单位整体层面内部控制的控制目标，记录相关的控制活动；

(3) 执行询问、观察和检查程序，评价控制的执行情况；

(4) 记录在了解和评价整体层面内部控制的设计和执行过程中存在的缺陷以及拟采取的应对措施。

2. 了解被审计单位整体层面内部控制形成下列审计工作底稿。

(1) _____：了解整体层面内部控制汇总表。

(2) _____：了解和评价控制环境。

(3) _____：了解和评价被审计单位的风险评估过程。

(4) _____：了解和评价信息系统与沟通。

(5) _____：了解和评价被审计单位对控制的监督。

编制说明：

1. 在了解和评价控制的设计并确定其是否得到执行时，应当使用询问、观察、检查程序，并记录所获取的信息和审计证据来源。

2. 如果使用以前审计获取的信息，应当考虑被审计单位的相关控制自上次测试后是否发生重大变动。

3. 本部分包括的工作底稿所记录的主要内容如下。

(1) _____：汇总对整体层面内部控制了解的主要内容和结论。

(2) _____：记录通过询问、观察和检查程序对控制环境的了解和评价结果。

(3) _____：记录通过询问、观察和检查程序对被审计单位的风险评估过程的了解和评价结果。

(4) _____：记录通过询问、观察和检查程序对信息系统与沟通的了解和评价结果。

(5) _____：记录通过询问、观察和检查程序对被审计单位对控制的监督的了解和评价结果。

2. 在业务层面了解被审计单位内部控制工作底稿的填制

在业务层面了解被审计单位内部控制涉及的工作底稿非常多，下面以销售与收款循环为例说明工作底稿的填制，如模板4-3所示。

[模板4-3] **在业务层面了解内部控制（以销售与收款循环为例）工作底稿**

被审计单位：_____ 索引号：_____
项目：<u>在业务层面了解内部控制</u> 财务报表截止日/期间：_____
编制：_____ 复核：_____
日期：_____ 日期：_____

1. 了解本循环内部控制的工作包括：

（1）了解被审计单位销售与收款循环中与财务报告相关的业务流程，并记录获得的了解；

（2）了解被审计单位与审计相关的内部控制，并记录相关控制活动及控制目标，以及受该控制活动影响的交易类别、账户余额和披露及其认定；

（3）执行穿行测试等程序，证实对业务流程和相关控制活动的了解，并确定相关控制是否得到执行；

（4）记录在了解和评价销售与收款循环的控制设计和执行过程中识别的风险，以及拟采取的应对措施。

2. 了解本循环内部控制，形成下列审计工作底稿。

（1）_____：了解内部控制汇总表。

（2）_____：了解业务流程。

（3）_____：评价控制设计并确定控制是否得到执行。

编制说明：

1. 在了解控制的设计并确定其是否得到执行时，通常通过询问被审计单位人员、观察特定控制的运用、检查文件和报告或追踪交易在财务报告信息系统中的处理（穿行测试），并记录所获取的信息和审计证据来源。

2. 如果拟利用以前审计获取的有关控制运行有效性的审计证据，应当考虑被审计单位的业务流程和相关控制自上次测试后是否发生重大变化，以及这些变化是否会影响从以前审计获取的审计证据的持续相关性。

3. 审计工作底稿用以记录下列内容。

（1）_____：汇总对本循环业务流程和控制活动了解的主要内容和结论。

（2）_____：记录通过询问、观察和检查程序了解到的本循环涉及的重要交易的业务流程。

（3）_____：评价控制的设计并确定控制是否得到执行。

4.4 评估财务报表层次和认定层次的重大错报风险

评估重大错报风险是风险评估阶段的最后一个步骤。获取的关于风险因素和控制相关风险的抵销信息（通过实施风险评估程序），通常将全部用于对财务报表层次以及各类交易、账户余额和披露认定层次评估重大错报风险。评估将作为确定进一步审计程序的性质、时间安排和范围的基础，以应对识别的风险。

4-4 评估重大错报风险

4.4.1 评估重大错报风险的审计程序

在评估重大错报风险时，审计人员应当实施下列审计程序。

（1）在了解被审计单位及其环境（包括与风险相关的控制）的整个过程中，结合对财务报表中各类交易、账户余额和披露的考虑，识别风险。例如，被审计单位因相关环境法规的实施需要更新设备，可能面临原有设备闲置或贬值的风险；宏观经济的低迷可能预示应收账款的回收存在问题；竞争者开发的新产品上市，可能导致被审计单位的主要产品在短期内过时，预示将出现存货跌价和长期资产（如固定资产等）的减值。

（2）结合对拟测试的相关控制的考虑，将识别出的风险与认定层次可能发生错报的领域相联系。例如，销售困难使产品的市场价格下降，可能导致年末存货成本高于其可变现净值而需要计提存货跌价准备，这显示存货的计价认定可能发生错报。

（3）评估识别出的风险，并评价其是否更广泛地与财务报表整体相关，进而潜在地影响多项认定。

（4）考虑发生错报的可能性（包括发生多项错报的可能性），以及潜在错报的重大程度是否足以导致重大错报。

审计人员应当利用实施风险评估程序获取的信息，包括在评价控制设计和确定其是否得到执行时获取的审计证据，作为支持风险评估结果的审计证据。审计人员应当根据风险评估结果，确定实施进一步审计程序的性质、时间安排和范围。

4.4.2　识别两个层次的重大错报风险

在对重大错报风险进行识别和评估后，审计人员应当确定识别的重大错报风险是与财务报表整体广泛相关，还是与特定的某类交易、账户余额和披露的认定相关，进而影响多项认定。

1. 与财务报表层次相关的重大错报风险

某些重大错报风险可能与财务报表整体广泛相关，进而影响多项认定。例如，在经济不稳定的国家和地区开展业务、资产的流动性出现问题、重要客户流失、融资能力受到限制等，可能导致审计人员对被审计单位的持续经营能力产生重大疑虑。又如，管理层缺乏诚信或承受异常的压力可能引发舞弊风险，这些风险与财务报表整体相关。

2. 与认定层次相关的重大错报风险

某些重大错报风险可能与特定的某类交易、账户余额和披露的认定相关。例如，被审计单位存在复杂的联营或合资，这一事项表明长期股权投资账户的认定可能存在重大错报风险。又如，被审计单位存在重大的关联方交易，该事项表明关联方及关联方交易的披露认定可能存在重大错报风险。

4.4.3　需要特别考虑的重大错报风险

1. 特别风险的含义

特别风险，是指审计人员识别和评估的、根据判断认为需要特别考虑的重大错报风险。

2. 确定特别风险时的考虑事项

在判断哪些风险是特别风险时，审计人员应当至少考虑下列事项。

（1）风险是否属于舞弊风险。

（2）风险是否与近期经济环境、会计处理方法或其他方面的重大变化相关，因而需要特别关注。

(3) 交易的复杂程度。

(4) 风险是否涉及重大的关联方交易。

(5) 财务信息计量的主观程度,特别是计量结果是否具有高度不确定性。

(6) 风险是否涉及异常或超出正常经营过程的重大交易。

在判断哪些风险是特别风险时,审计人员不应考虑识别出的控制对相关风险的抵销效果。

3. 非常规交易或判断事项导致的特别风险

日常的、不复杂的、经正规处理的交易不太可能产生特别风险。特别风险通常与重大的非常规交易或判断事项有关。

非常规交易是指由于金额或性质异常而不经常发生的交易。例如,企业购并、债务重组、重大或有事项等。由于非常规交易具有下列特征,与重大非常规交易相关的特别风险可能导致更高的重大错报风险。

(1) 管理层更多地干预会计处理。

(2) 对数据收集和处理进行更多的人工干预。

(3) 复杂的计算或会计处理方法。

(4) 非常规交易的性质可能使被审计单位难以对由此产生的特别风险实施有效控制。

判断事项通常包括作出的会计估计(具有计量的重大不确定性),如资产减值准备金额的估计、需要运用复杂估值技术确定的公允价值计量等。由于下列原因,与重大判断事项相关的特别风险可能导致更高的重大错报风险:①对涉及会计估计、收入确认等方面的会计原则存在不同的理解;②所要求的判断可能是主观和复杂的,或需要对未来事项作出假设。

4. 考虑与特别风险相关的控制

了解与特别风险相关的控制,有助于审计人员制定有效的审计方案予以应对。对于特别风险,审计人员应当评价相关控制的设计情况,并确定其是否已经得到执行。由于与重大非常规交易或判断事项相关的风险很少受到日常控制的约束,审计人员应当了解被审计单位是否针对该特别风险设计和实施了控制。

例如,作出会计估计所依据的假设是否由管理层或专家进行复核,是否建立作出会计估计的正规程序,重大会计估计结果是否由治理层批准等。再如,管理层在收到重大诉讼事项的通知时采取的措施,包括这类事项是否提交适当的专家(如内部或外部的法律顾问)处理,是否对该事项的潜在影响作出评估,是否确定该事项在财务报表中的披露问题以及如何确定等。如果管理层未能实施控制以恰当应对特别风险,审计人员应当认为内部控制存在重大缺陷,并考虑其对风险评估的影响。在此情况下,审计人员应当就此类事项与治理层沟通。

本章小结

审计人员通过实施询问、分析程序、观察和检查等审计程序,了解被审计单位及其环境(包括内部控制),目的是识别和评估财务报表重大错报风险,并确定识别的重大错报风险是与财务报表整体广泛相关,还是与特定的某类交易、账户余额和披露的认定相关。风险评估的结果将作为确定进一步审计程序的性质、时间安排和范围的基础,以应对识别的风险。

本章练习题

一、单项选择题

1. 下列有关了解被审计单位及其环境的说法中,正确的是（　　）。
A. 审计人员无须在审计完成阶段了解被审计单位及其环境
B. 审计人员对被审计单位及其环境了解的程度,低于管理层为经营管理企业而对被审计单位及其环境需要了解的程度
C. 对于小型被审计单位,审计人员可以不了解被审计单位及其环境
D. 了解被审计单位及其环境只是风险评估阶段的工作

2. （　　）是通过追踪交易在财务报告信息系统中的处理过程,来证实审计人员对控制的了解、评价控制设计的有效性以及确定控制是否得到有效执行的方法。
A. 穿行测试　　　B. 观察　　　C. 重新执行　　　D. 检查

3. 在了解内部控制时,审计人员通常不实施的审计程序是（　　）。
A. 了解控制活动是否得到执行　　　B. 了解内部控制的设计
C. 记录了解的内部控制　　　D. 寻找内部控制运行中的所有缺陷

4. 下列审计程序中,审计人员在了解被审计单位内部控制时通常不采用的是（　　）。
A. 询问　　　B. 观察　　　C. 分析程序　　　D. 检查

5. 下列各项中,不属于控制环境要素的是（　　）。
A. 被审计单位的人力资源政策与实务　　　B. 被审计单位的治理结构
C. 被审计单位的企业文化　　　D. 被审计单位的职责分工控制

6. 在了解被审计单位的性质时,下列各项中,审计人员可以考虑的信息是（　　）。
A. 被审计单位的所有权结构
B. 被审计单位的业务扩张计划
C. 被审计单位各部门的预算分析
D. 被审计单位所在行业生产经营的季节性

7. 下列各项中,属于认定层次重大错报风险的是（　　）。
A. 被审计单位管理层缺乏诚信
B. 被审计单位管理层凌驾于内部控制之上
C. 被审计单位大额应收账款可收回性具有高度不确定性
D. 被审计单位所处行业陷入严重衰退

8. 下列各项中,审计人员在确定特别风险时不需要考虑的是（　　）。
A. 潜在错报的重大程度　　　B. 控制对相关风险的抵销效果
C. 错报发生的可能性　　　D. 风险的性质

二、多选题

1. 在了解被审计单位财务业绩的衡量和评价时,下列各项中,审计人员可以考虑的信

息有（　　）。

  A. 经营统计数据

  B. 信用评级机构报告

  C. 新颁布的财务报告准则、法律法规的影响

  D. 员工业绩考核与激励性报酬政策

  2. 内部控制的要素包括（　　）。

  A. 控制环境 B. 风险评估 C. 信息与沟通 D. 控制活动

  3. 下列有关审计人员了解内部控制的说法中，正确的有（　　）。

  A. 审计人员在了解被审计单位内部控制时，应当确定其是否得到一贯执行

  B. 审计人员不需要了解被审计单位所有的内部控制

  C. 审计人员对内部控制的了解通常不足以测试控制运行的有效性

  D. 审计人员询问被审计单位人员不足以评价内部控制设计的有效性

  4. 审计人员通常实施（　　）风险评估程序，以了解被审计单位的内部控制。

  A. 询问 B. 观察 C. 检查 D. 穿行测试

  5. 下列各项中，通常可能导致财务报表层次重大错报风险的有（　　）。

  A. 被审计单位新聘任的财务总监缺乏必要的胜任能力

  B. 被审计单位的投资性房地产减值准备存在高度的估计不确定性

  C. 被审计单位管理层承受异常的压力

  D. 被审计单位的某项销售交易涉及复杂的安排

三、简答题

  ABC会计师事务所接受委托，负责审计甲上市公司2018年度财务报表，并委派A注册会计师担任审计项目合伙人。在制订审计计划时，A注册会计师根据其审计甲公司的多年经验，认为甲公司2018年度财务报表不存在重大错报风险，应当直接实施进一步审计程序。

  要求：针对上述情形，指出其中存在哪些可能违反审计准则和质量控制准则的情况，并简要说明理由。

第 5 章

风险应对

学习目标

1. 了解风险应对总流程。
2. 掌握针对财务报表层次重大错报风险的总体应对措施。
3. 掌握针对认定层次重大错报风险进一步审计程序的设计和实施。

教学要求

结合案例教学，让学生熟悉控制测试的性质、时间和范围，以及实质性程序的性质、时间和范围。

导入案例

2001年8月，《财经》记者通过对"中国第一蓝筹股"长达一年多的追踪调查，揭开了一个由高深的"萃取技术"和陌生的"德国客户"组成的造假故事。天津广夏1999年、2000年获得"暴利"的萃取产品出口，纯属子虚乌有。整个事件是一场经过精心设计的骗局，同时，中天勤会计师事务所对广夏（银川）实业股份有限公司（简称"银广夏"）的审计过程也存在以下重大瑕疵。

（1）未能有效执行应收账款函证，将所有询证函交由公司发出，而并未要求公司债务人将回函直接寄达注册会计师处。

（2）对于无法执行函证的应收账款，审计人员在运用替代程序时，未取得海关报关单、运单、提单等外部证据，仅根据公司内部证据便确认公司应收账款。

（3）涉案注册会计师存在重大过失，未能发现或对外披露银广夏财务报表中的重大虚假问题。

（4）注册会计师未能保持职业谨慎，对审计证据的真伪未给予应有的关注。

5.1 针对财务报表层次重大错报风险的总体应对措施

《中国注册会计师审计准则第1231号——针对评估的重大错报风险采取的应对措施》规定了审计人员针对评估的重大错报风险确定总体应对措施,设计和实施进一步审计程序。因此,审计人员应当针对评估的重大错报风险实施程序,即针对评估的财务报表层次重大错报风险确定总体应对措施,并针对评估的认定层次重大错报风险设计和实施进一步审计程序,以将审计风险降至可接受的低水平。风险应对流程如图5-1所示。

5-1 针对财务报表层次重大错报风险的总体应对措施

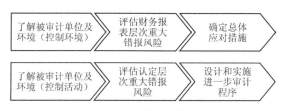

图5-1 风险应对流程

5.1.1 财务报表层次重大错报风险与总体应对措施

在财务报表重大错报风险的评估过程中,审计人员应当确定识别的重大错报风险是与特定的某类交易、账户余额和披露的认定相关,还是与财务报表整体广泛相关,进而影响多项认定。如果是后者,则属于财务报表层次的重大错报风险。

审计人员应当针对评估的财务报表层次重大错报风险确定下列总体应对措施。

1. 向项目组强调保持职业怀疑的必要性

保持职业怀疑是审计人员进行审计工作应具备的基本职业素养。

2. 指派更有经验或具有特殊技能的审计人员,或利用专家的工作

由于各行业在经营业务、经营风险、财务报告、法规要求等方面具有特殊性,审计人员的专业分工细化成为一种趋势。审计项目组成员中应有一定比例的人员参与过被审计单位以前年度的审计,或具有被审计单位所处特定行业的相关审计经验。必要时,要考虑利用信息技术、税务、评估、精算等方面的专家的工作。

3. 提供更多的督导

对于财务报表层次重大错报风险较高的审计项目,审计项目组的高级别成员,如项目合伙人、项目经理等经验较丰富的人员,要对其他成员提供更详细、更经常、更及时的指导和监督,并加强项目质量复核。

4. 在选择拟实施的进一步审计程序时融入更多的不可预见的因素

被审计单位人员,尤其是管理层,如果熟悉审计人员的审计套路,就可能采取种种规避手段,掩盖财务报告中的舞弊行为。因此,在设计拟实施审计程序的性质、时间安排和范围时,为了避免既定思维对审计方案的限制,避免对审计效果的人为干涉,从而使针对重大错报风险的进一步审计程序更加有效,审计人员要考虑使某些程序不被被审计单位管理层预见

或事先了解。

在实务中，审计人员可以通过以下方式提高审计程序的不可预见性。

（1）对某些未测试过的低于设定的重要性水平或风险较小的账户余额和认定实施实质性程序。

（2）调整实施审计程序的时间，使被审计单位不可预期。

（3）采取不同的审计抽样方法，使当期抽取的测试样本与以前有所不同。

（4）选取不同的地点实施审计程序，或预先不告知被审计单位所选定的测试地点。

5. 对拟实施审计程序的性质、时间安排和范围进行总体修改

财务报表层次的重大错报风险很可能源于薄弱的控制环境。薄弱的控制环境带来的风险可能对财务报表产生广泛影响，难以限于某类交易、账户余额和披露，审计人员应当采取总体应对措施。相应地，审计人员对控制环境的了解也影响其对财务报表层次重大错报风险的评估。有效的控制环境可以使审计人员增强对内部控制和被审计单位内部产生的证据的信赖程度。如果控制环境存在缺陷，审计人员在对拟实施审计程序的性质、时间安排和范围作出总体修改时应当考虑以下几点。

（1）在期末而非期中实施更多的审计程序。控制环境的缺陷通常会削弱期中获得的审计证据的可信赖程度。

（2）通过实施实质性程序获取更广泛的审计证据。良好的控制环境是其他控制要素发挥作用的基础。控制环境存在缺陷通常会削弱其他控制要素的作用，导致审计人员可能无法信赖内部控制，而主要依赖实施实质性程序获取审计证据。

（3）增加拟纳入审计范围的经营地点的数量。

5.1.2 总体应对措施对拟实施进一步审计程序的总体审计方案的影响

财务报表层次重大错报风险难以限于某类交易、账户余额和披露的特点，意味着此类风险可能对财务报表的多项认定产生广泛影响，并相应增加审计人员对认定层次重大错报风险的评估难度。因此，审计人员评估的财务报表层次重大错报风险以及采取的总体应对措施，对拟实施进一步审计程序的总体审计方案具有重大影响。

拟实施进一步审计程序的总体审计方案包括实质性方案和综合性方案。实质性方案是指审计人员实施的进一步审计程序以实质性程序为主；综合性方案是指审计人员在实施进一步审计程序时，将控制测试与实质性程序结合使用。当评估的财务报表层次重大错报风险属于高风险水平（并相应采取更强调审计程序不可预见性以及重视调整审计程序的性质、时间安排和范围等总体应对措施）时，拟实施进一步审计程序的总体方案往往更倾向于实质性方案。

5.2 针对认定层次重大错报风险的进一步审计程序

5.2.1 进一步审计程序概述

1. 进一步审计程序的含义

进一步审计程序是相对于风险评估程序而言的，是指审计人员针对评估的各类交易、账

户余额和披露认定层次重大错报风险实施的审计程序，包括控制测试和实质性程序。

审计人员应当针对评估的认定层次重大错报风险设计和实施进一步审计程序，包括审计程序的性质、时间安排和范围。审计人员设计和实施的进一步审计程序的性质、时间安排和范围，应当与评估的认定层次重大错报风险具备明确的对应关系。审计人员实施的审计程序应具有目的性和针对性，有的放矢地配置审计资源，以提高审计效率和效果。

5-2 针对认定层次重大错报风险的进一步审计程序

2. 设计进一步审计程序时的考虑因素

在设计进一步审计程序时，审计人员应当考虑下列因素。

1）风险的重要性

风险的重要性是指风险造成的后果的严重程度。风险造成的后果越严重，就越需要审计人员关注和重视，越需要精心设计有针对性的进一步审计程序。

2）重大错报发生的可能性

重大错报发生的可能性越大，同样越需要审计人员精心设计进一步审计程序。

3）涉及的各类交易、账户余额和披露的特征

不同的交易、账户余额和披露，产生的认定层次的重大错报风险也会存在差异，适用的审计程序也有差别，需要审计人员区别对待，并设计有针对性的进一步审计程序予以应对。

4）被审计单位采用的特定控制的性质

不同性质的控制（人工控制还是自动化控制）对审计人员设计进一步审计程序具有重要影响。

5）审计人员是否拟获取审计证据，以确定内部控制在防止或发现并纠正重大错报方面的有效性

如果审计人员在风险评估时预期内部控制运行有效，随后拟实施的进一步审计程序就必须包括控制测试，且实质性程序自然会受到之前控制测试结果的影响。

综合上述几方面因素，审计人员对认定层次重大错报风险的评估为确定进一步审计程序的总体审计方案奠定了基础。因此，审计人员应当根据对认定层次重大错报风险的评估结果，恰当选用实质性方案或综合性方案。通常情况下，审计人员出于成本效益的考虑可以采用综合性方案设计进一步审计程序，即将测试控制运行的有效性与实质性程序结合使用。但在某些情况下（如仅通过实质性程序无法应对重大错报风险），审计人员必须实施控制测试，才可能有效应对评估出的某一认定的重大错报风险；而在另一些情况下（如审计人员的风险评估程序未能识别出与认定相关的任何控制，或审计人员认为控制测试很可能不符合成本效益原则），审计人员可能认为仅实施实质性程序是适当的。

需要注意的是，审计人员对重大错报风险的评估毕竟是一种主观判断，可能无法充分识别所有的重大错报风险，同时，内部控制存在固有局限性（特别是存在管理层凌驾于内部控制之上的可能性），因此，无论选择何种方案，审计人员都应当对所有重大类别的交易、账户余额和披露设计和实施实质性程序。

5.2.2 进一步审计程序的性质

1. 进一步审计程序的性质的含义

进一步审计程序的性质是指进一步审计程序的目的和类型。其中,进一步审计程序的目的包括通过实施控制测试以确定内部控制运行的有效性,通过实施实质性程序以发现认定层次的重大错报。进一步审计程序的类型包括检查、观察、询问、函证、重新计算、重新执行和分析程序,如表 5-1 所示。

表 5-1 进一步审计程序的目的和类型

类型	目的	采用的审计程序
控制测试	确定内部控制运行的有效性	观察、询问、检查、重新执行
实质性程序	发现认定层次的重大错报	检查、询问、函证、观察、重新计算和分析程序

在应对评估的风险时,合理确定审计程序的性质是最重要的,因为不同的审计程序应对特定认定错报风险的效力不同。例如,对于与收入完整性认定相关的重大错报风险,控制测试通常更能有效应对;对于与收入发生认定相关的重大错报风险,实质性程序通常更能有效应对。再如,实施应收账款的函证程序可以为应收账款在某一时点的存在认定提供审计证据,但通常不能为应收账款的计价认定提供审计证据。对于应收账款的计价认定,审计人员通常需要实施其他更为有效的审计程序,如检查应收账款账龄和期后收款情况,了解欠款客户的信用情况等。

2. 进一步审计程序的性质的选择

在确定进一步审计程序的性质时,审计人员首先需要考虑认定层次重大错报风险的评估结果。因此,审计人员应当根据认定层次重大错报风险的评估结果选择审计程序。评估的认定层次重大错报风险越高,对通过实质性程序获取的审计证据的相关性和可靠性的要求越高,从而可能影响进一步审计程序的类型及其综合运用。例如,当审计人员判断某类交易协议的完整性存在更高的重大错报风险时,除了检查文件以外,还可能决定向第三方询问或函证协议条款的完整性。

除了从总体上把握认定层次重大错报风险的评估结果对选择进一步审计程序的影响外,在确定拟实施的审计程序时,审计人员还应当考虑评估的认定层次重大错报风险产生的原因,包括考虑各类交易、账户余额和披露的具体特征以及内部控制。例如,审计人员可能判断某特定类别的交易即使在不存在相关控制的情况下发生重大错报的风险仍较低,此时审计人员可能认为仅实施实质性程序就可以获取充分、适当的审计证据。再如,对于经由被审计单位信息系统日常处理和控制的某类交易,如果审计人员预期此类交易在内部控制运行有效的情况下发生重大错报的风险较低,且拟在控制运行有效的基础上设计实质性程序,审计人员就会决定先实施控制测试。

需要说明的是,如果在实施进一步审计程序时拟利用被审计单位信息系统生成的信息,审计人员应当就信息的准确性和完整性获取审计证据。例如,审计人员在实施实质性分析程序时,使用了被审计单位生成的非财务信息或预算数据。再如,审计人员在对被审计单位的存货期末余额实施实质性程序时，拟利用被审计单位信息系统生成的各个存货存放地点及其余额清单，审计人员应当获取关于这些信息的准确性和完整性的审计证据。

5.2.3 进一步审计程序的时间

1. 进一步审计程序的时间的含义

进一步审计程序的时间是指审计人员何时实施进一步审计程序，或审计证据适用的期间或时点。当提及进一步审计程序的时间时，在某些情况下指的是审计程序的实施时间，在另一些情况下是指需要获取的审计证据适用的期间或时点。

2. 进一步审计程序的时间的选择

进一步审计程序的时间的选择问题，第一个层面是指审计人员选择在何时实施进一步审计程序的问题，第二个层面是指选择获取什么期间或时点的审计证据的问题。第一个层面的选择问题主要集中在如何权衡期中与期末实施审计程序的关系；第二个层面的选择问题分别集中在如何权衡期中审计证据与期末审计证据的关系、如何权衡以前审计获取的审计证据与本期审计获取的审计证据的关系。这两个层面的最终落脚点都是如何确保获取审计证据的效率和效果。

审计人员可以在期中或期末实施控制测试或实质性程序，这就引出了审计人员应当如何选择实施审计程序的时间的问题。一项基本的考虑因素应当是审计人员评估的重大错报风险。当重大错报风险较高时，审计人员应当考虑在期末或接近期末实施实质性程序，或采用不通知的方式，或在管理层不能预见的时间实施审计程序。

虽然在期末实施审计程序在很多情况下是非常必要的，但仍然不排除审计人员在期中实施审计程序发挥积极作用的可能性。在期中实施进一步审计程序，可能有助于审计人员在审计工作初期识别重大事项，并在管理层的协助下及时解决这些事项；或针对这些事项制定有效的实质性方案或综合性方案。当然，在期中实施进一步审计程序也存在很大的局限。

（1）审计人员往往难以仅凭在期中实施的进一步审计程序获取有关期中以前的充分、适当的审计证据。例如，某些期中以前发生的交易或事项在期中审计结束时尚未完结。

（2）从期中到期末这段剩余期间往往会发生重大的交易或事项，从而对所审计期间的财务报表认定产生重大影响。

（3）被审计单位有可能在审计人员于期中实施了进一步审计程序之后对期中以前的相关会计记录作出调整甚至篡改。

因此，如果在期中实施了进一步审计程序，审计人员还应当针对剩余期间获取审计证据。

3. 确定进一步审计程序的时间的考虑因素

审计人员在确定何时实施审计程序时，应当考虑以下几项重要因素。

1）控制环境

良好的控制环境可以抵销在期中实施进一步审计程序的一些局限性。

2）何时能得到相关信息

例如，某些控制活动可能仅在期中（或期中以前）发生，而之后可能难以再被观察到。

再如，某些电子化的交易和账户文档未能及时取得，或可能被覆盖。

3）错报风险的性质

例如，被审计单位可能为了保证盈利目标的实现，在会计期末以后伪造销售合同以虚增收入。

4）审计证据适用的期间或时点

例如，为了获取资产负债表日的存货余额证据，不宜在与资产负债表日间隔过长的期中时点或期末以后时点实施存货监盘等相关审计程序。

需要说明的是，虽然审计人员在很多情况下可以根据具体情况选择实施进一步审计程序的时间，但也存在一些限制选择的情况。某些审计程序只能在期末或期末以后实施，包括将财务报表与会计记录进行核对，检查财务报表编制过程中所作的会计调整等。

5.2.4 进一步审计程序的范围

1. 进一步审计程序的范围的含义

进一步审计程序的范围是指实施进一步审计程序的数量，包括抽取的样本量、对某项控制活动的观察次数等。

2. 确定进一步审计程序的范围时考虑的因素

在确定进一步审计程序的范围时，审计人员应当考虑下列因素。

1）确定的重要性水平

确定的重要性水平越低，审计人员实施进一步审计程序的范围越广。

2）评估的重大错报风险

评估的重大错报风险越高，对拟获取审计证据的相关性、可靠性的要求越高，因此，审计人员实施的进一步审计程序的范围也就越广。

3）计划获取的保证程度

计划获取的保证程度，是指审计人员计划通过所实施的审计程序对测试结果可靠性所获取的信心。计划获取的保证程度越高，对测试结果可靠性的要求越高，审计人员实施的进一步审计程序的范围越广。

需要说明的是，随着重大错报风险的增加，审计人员应当考虑扩大审计程序的范围。但是，只有当审计程序本身与特定风险相关时，扩大审计程序的范围才是有效的。

5.3 控制测试

控制测试是为了获取关于控制防止或发现并纠正认定层次重大错报的有效性而实施的测试。审计人员应当选择为相关认定提供证据的控制进行测试。

5-3 控制测试

5.3.1 控制测试的含义和要求

1. 控制测试的含义

控制测试是指用于评价内部控制在防止或发现并纠正认定层次重大错报方面的运行有效

性的审计程序。这一概念需要与"了解内部控制"进行区分。了解内部控制包含两层含义：一是评价控制的设计；二是确定控制是否得到执行。测试控制运行的有效性与确定控制是否得到执行所需获取的审计证据是不同的。

在实施风险评估程序以获取控制是否得到执行的审计证据时，审计人员应当确定某项控制是否存在，被审计单位是否正在使用。在测试控制运行的有效性时，审计人员应当从下列方面获取关于控制是否有效运行的审计证据。

(1) 控制在所审计期间的相关时点是如何运行的。

(2) 控制是否得到一贯执行。

(3) 控制由谁执行或以何种方式执行。

2. 控制测试的要求

作为进一步审计程序的类型之一，控制测试并非在任何情况下都需要实施。当存在下列情形之一时，审计人员应当实施控制测试。

1) 在评估认定层次重大错报风险时，预期控制的运行是有效的

审计人员通过实施风险评估程序，可能发现某项控制的设计是存在的，也是合理的，同时得到了执行。在这种情况下，出于成本效益的考虑，审计人员可能预期：如果相关控制在不同时点都得到了一贯执行，与该项控制有关的财务报表认定发生重大错报的可能性就不会很大，也就不需要实施很多的实质性程序。因此，只有认为控制设计合理、能够防止或发现并纠正认定层次的重大错报，审计人员才有必要实施控制测试。

2) 仅实施实质性程序并不能够提供认定层次充分、适当的审计证据

对于有些重大错报风险，审计人员仅实施实质性程序无法应对。例如，在被审计单位对日常交易或与财务报表相关的其他数据采用高度自动化处理的情况下，审计证据可能仅以电子形式存在，此时审计证据是否充分和适当通常取决于自动化信息系统相关控制的有效性。如果信息的生成、记录、处理和报告均通过电子格式进行而没有适当有效的控制，则生成不正确信息或信息被不恰当修改的可能性就会大大增加。在这种情况下，审计人员必须实施控制测试，且这种测试已经不再是单纯出于成本效益的考虑，而是必须获取的一类审计证据。

5.3.2 控制测试的性质

控制测试的性质是指控制测试所使用的审计程序的类型及其组合。控制测试采用的审计程序有询问、观察、检查和重新执行，具体如表5-2所示。

表5-2 控制测试的性质

控制测试采用的审计程序	含义	注意事项
询问	审计人员可以向被审计单位适当员工询问，获取与内部控制运行情况相关的信息	询问本身并不足以为控制运行的有效性提供充分的证据，审计人员需要将询问和其他审计程序结合使用

续表

控制测试采用的审计程序	含义	注意事项
观察	观察是测试不留下书面记录的控制（如职责分离）的运行情况的有效方法	观察提供的证据仅限于观察发生的时点，审计人员要考虑其所观察到的控制在其他时点可能未被执行的情况
检查	检查适用于测试运行情况留有书面证据的控制	无轨迹不适用
重新执行	审计人员重新独立执行作为被审计单位内部控制组成部分的程序或控制	通常在询问、观察和检查程序结合在一起仍无法获得充分的证据时使用

5.3.3 控制测试的时间

1. 控制测试的时间的含义

控制测试的时间包含两层含义：一是何时实施控制测试；二是测试所针对的控制适用的时点或期间。一个基本的原理是，如果仅需要测试控制在特定时点的运行有效性（如对被审计单位期末存货盘点进行控制测试），审计人员只需要获取该时点的审计证据。如果需要获取控制在某一期间有效运行的审计证据，仅获取与时点相关的审计证据是不充分的，审计人员应当辅以其他控制测试，包括测试被审计单位对控制的监督。因此，审计人员应当根据控制测试的目的确定控制测试的时间，并确定拟信赖的相关控制的时点或期间。

2. 对期中审计证据的考虑

审计人员可能在期中实施进一步审计程序。对于控制测试，审计人员在期中实施此类程序具有更积极的作用。但需要说明的是，即使审计人员已获取有关控制在期中运行有效性的审计证据，仍然需要考虑如何将控制在期中运行有效性的审计证据合理延伸至期末。一个基本的考虑是，针对期中至期末这段剩余期间获取充分、适当的审计证据。因此，如果已获取有关控制在期中运行有效性的审计证据，并拟利用该证据，审计人员应当实施下列审计程序。

（1）获取这些控制在剩余期间发生重大变化的审计证据。

（2）确定针对剩余期间还需获取的补充审计证据。

3. 对以前审计获取的审计证据的考虑

审计人员考虑以前审计获取的有关控制运行有效性的审计证据，其意义在于：一方面，内部控制中的诸多要素对于被审计单位往往是相对稳定的（相对于具体的交易、账户余额和披露），因此，审计人员在本期审计时还是可以适当考虑利用以前审计获取的有关控制运行有效性的审计证据；另一方面，内部控制在不同期间可能发生重大变化，审计人员在利用以前审计获取的有关控制运行有效性的审计证据时需要格外慎重，充分考虑各种因素。关于如何考虑以前审计获取的有关控制运行有效性的审计证据，基本思路是考虑拟信赖的以前审计中测试的控制在本期是否发生变化。

1）拟信赖以前审计获取的审计证据的考虑

如果拟信赖以前审计获取的某些控制运行有效性的审计证据，审计人员应当在每次审计时从中选取足够数量的控制，测试其运行有效性，不应将所有拟信赖控制的测试集中于某一次审计，而在之后的审计中不进行任何测试。

2）不得依赖以前审计所获取证据的情形

鉴于特别风险的特殊性，对于旨在减轻特别风险的控制，不论该控制在本期是否发生变化，审计人员都不应依赖以前审计获取的证据。因此，如果确定评估的认定层次重大错报风险是特别风险，并拟信赖旨在减轻特别风险的控制，审计人员不应依赖以前审计获取的审计证据，而应在本期审计中测试这些控制的运行有效性。也就是说，如果审计人员拟信赖针对特别风险的控制，那么，所有关于该控制运行有效性的审计证据必须来自当年的控制测试。相应地，审计人员应当在每次审计中都测试这类控制。图 5-2 概括了审计人员是否需要在本期测试某项控制的决策过程。

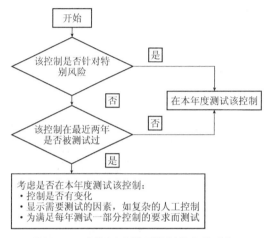

图 5-2 本期测试某项控制的决策过程

5.3.4 控制测试的范围

控制测试的范围，主要是指某项控制活动的测试次数。审计人员应当设计控制测试，以获取控制在整个拟信赖的期间有效运行的充分、适当的审计证据。

1. 确定控制测试范围的考虑因素

当针对控制运行的有效性需要获取更具说服力的审计证据时，可能需要扩大控制测试的范围。在确定控制测试的范围时，除考虑对控制的信赖程度外，审计人员还可能考虑以下因素。

（1）在拟信赖期间，被审计单位执行控制的频率。控制执行的频率越高，控制测试的范围越大。

（2）在所审计期间，审计人员拟信赖控制运行有效性的时间长度。拟信赖控制运行有效性的时间长度不同，在该时间长度内发生的控制活动次数也不同。审计人员需要根据拟信赖控制的时间长度确定控制测试的范围。拟信赖期间越长，控制测试的范围越大。

（3）控制的预期偏差。预期偏差可以用控制未得到执行的预期次数占控制应当得到执行次数的比率（也可称为预期偏差率）加以衡量。考虑该因素，是因为在考虑测试结果是否可以得出控制运行有效性的结论时，不可能只要出现任何控制执行偏差就认定控制运行无效,所以需要确定一个合理水平的预期偏差率。控制的预期偏差率越高,需要实施控制测试的范围越大。如果控制的预期偏差率过高,审计人员应当考虑控制可能不足以将认定层次的重大错报风险降至可接受的低水平,从而针对某一认定实施的控制测试可能是无效的。

(4) 通过测试与认定相关的其他控制获取的审计证据的范围。针对同一认定,可能存在不同的控制。当针对其他控制获取审计证据的充分性和适当性较高时,测试该控制的范围可适当缩小。

(5) 拟获取的有关认定层次控制运行有效性的审计证据的相关性和可靠性。

2. 对控制测试范围的特殊考虑

(1) 信息技术处理具有内在一贯性,除非系统发生变动,一项自动化应用控制应当一贯运行,审计人员通常无须扩大控制测试的范围。

(2) 控制测试可用于被审计单位每个层次的内部控制。整体层次控制测试通常更加主观(如管理层对胜任能力的重视),对整体层次控制进行测试,通常比业务流程层次控制(如检查付款是否得到授权)更难以记录。审计人员最好在审计的早期测试整体层次控制,因为其测试的结果会影响其他计划审计程序的性质和范围。

5.4 实质性程序

5.4.1 实质性程序概述

1. 实质性程序的含义

实质性程序是指用于发现认定层次重大错报的审计程序,包括对各类交易、账户余额和披露的细节测试以及实质性分析程序。

审计人员实施的实质性程序应当包括下列审计程序。

5-4 实质性程序

(1) 将财务报表与其所依据的会计记录进行核对或调节。

(2) 检查财务报表编制过程中作出的重大会计分录和其他调整。

由于审计人员对重大错报风险的评估是一种判断,可能无法充分识别所有的重大错报风险,并且由于内部控制存在固有局限性,无论评估的重大错报风险结果如何,审计人员都应当针对所有重大类别的交易、账户余额和披露实施实质性程序。

2. 针对特别风险实施的实质性程序

如果认为评估的认定层次重大错报风险是特别风险,审计人员应当专门针对该风险实施实质性程序。例如,如果认为管理层面临实现盈利指标的压力而可能提前确认收入,审计人员在设计询证函时不仅应当考虑函证应收账款的账户余额,还应当考虑询证销售协议的细节条款(如交货、结算及退货条款),还可考虑在实施函证的基础上针对销售协议及其变动情况询问被审计单位的非财务人员。如果针对特别风险实施的程序仅为实质性程序,这些程序应当包括细节测试,或将细节测试和实质性分析程序结合使用,以获取充分、适当的审计证据。为应对特别风险需要获取具有高度相关性和可靠性的审计证据,仅实施实质性分析程序不足以获取有关特别风险的充分、适当的审计证据。

5.4.2 实质性程序的性质

1. 实质性程序的性质的含义

实质性程序的性质,是指实质性程序的类型及组合。实质性程序的两种基本类型包括细节测试和实质性分析程序,具体分类及适用范围如表5-3所示。

表5-3 实质性程序的分类及适用范围

类型	含义	适用范围
细节测试	对各类交易、账户余额和披露的具体细节进行测试,目的在于直接识别财务报表认定是否存在错报	适用于对各类交易、账户余额和披露认定的测试,尤其是对存在或发生、计价认定的测试
实质性分析程序	通过研究数据间关系评价信息,识别各类交易、账户余额和披露及相关认定是否存在错报	更适用于在一段时期内存在可预期关系的大量交易

2. 细节测试的方向

审计人员应当针对评估的风险设计细节测试,获取充分、适当的审计证据,以达到认定层次所计划的保证水平。简单来说,就是审计人员需要根据不同的认定层次的重大错报风险设计有针对性的细节测试。细节测试的方向如表5-4所示。

表5-4 细节测试的方向

认定	目标	细节测试的方向
存在或发生	真实性(是否多计/高估)	财务报表项目→原始凭证
完整性	完整(是否少记/低估)	原始凭证→财务报表项目

3. 设计实质性分析程序时的考虑因素

审计人员在设计实质性分析程序时应当考虑的因素如下。

(1)对特定认定使用实质性分析程序的适当性。

(2)对已记录的金额或比率作出预期时,所依据的内部或外部数据的可靠性。

(3)作出预期的准确程度是否足以在计划的保证水平上识别重大错报。

(4)已记录金额与预期值之间可接受的差异额。

考虑到数据及分析的可靠性,当实施实质性分析程序时,如果使用被审计单位编制的信息,审计人员应当考虑测试与信息编制相关的控制,以及这些信息是否在本期或前期经过审计。

5.4.3 实质性程序的时间

实质性程序的时间选择与控制测试的时间选择有共同点,也有很大差异。两者的共同点在于,都面临着对期中审计证据和对以前审计获取的审计证据的考虑。两者的差异有以下两点。

第一,在控制测试中,期中实施控制测试并获取期中关于控制运行有效性审计证据的做法更具"常态";而由于实质性程序的目的在于更直接地发现重大错报,在期中实施实质性程序时更需要考虑其成本效益的权衡。

第二,在本期控制测试中拟信赖以前审计获取的有关控制运行有效性的审计证据,已经受到了很大的限制;而对于以前审计中通过实质性程序获取的审计证据,则采取了更加慎重的态度和更严格的限制。

1. 如何考虑是否在期中实施实质性程序

审计人员应当考虑以下因素,以确定是否在期中实施实质性程序。

(1) 控制环境和其他相关的控制。控制环境和其他相关的控制越薄弱,审计人员越不宜在期中实施实质性程序。

(2) 实施审计程序所需信息在期中之后的可获得性。如果实施实质性程序所需信息在期中之后难以获取(如系统变动导致某类交易记录难以获取),审计人员应考虑在期中实施实质性程序;但如果实施实质性程序所需信息在期中之后并不难获取,则该因素不应成为审计人员在期中实施实质性程序的重要影响因素。

(3) 实施实质性程序的目的。如果针对某项认定实施实质性程序的目的包括获取该认定的期中审计证据(从而与期末比较),审计人员就应在期中实施实质性程序。

(4) 评估的重大错报风险。审计人员评估的某项认定的重大错报风险越高,针对该认定所需获取的审计证据的相关性和可靠性要求也就越高,审计人员越应当考虑将实质性程序集中于期末(或接近期末)实施。

(5) 特定类别交易或账户余额以及相关认定的性质。例如,某些交易或账户余额以及相关认定的特殊性质(如收入截止认定、未决诉讼)决定了审计人员必须在期末(或接近期末)实施实质性程序。

(6) 针对剩余期间,能否通过实施实质性程序或将实质性程序与控制测试相结合,降低期末存在错报而未被发现的风险。

2. 如何考虑期中审计证据

如果在期中实施了实质性程序,审计人员应当针对剩余期间实施进一步的实质性程序,或将实质性程序和控制测试结合使用,以将期中测试得出的结论合理延伸至期末。如果拟将期中测试得出的结论延伸至期末,审计人员应当考虑针对剩余期间仅实施实质性程序是否足够,如果认为实施实质性程序本身不充分,审计人员还应测试剩余期间相关控制运行的有效性或针对期末实施实质性程序。

需要注意的是,如果已识别出由于舞弊导致的重大错报风险(作为一类重要的特别风险),为将期中得出的结论延伸至期末而实施的审计程序通常是无效的,审计人员应当考虑在期末或者接近期末实施实质性程序。

5.4.4 实质性程序的范围

评估的认定层次重大错报风险和实施控制测试的结果是审计人员在确定实质性程序的范围时的重要考虑因素。因此,在确定实质性程序的范围时,审计人员应当考虑评估的认定层次重大错报风险和实施控制测试的结果。审计人员评估的认定层次的重大错报风险越高,需要实施实质性程序的范围越广。如果对控制测试结果不满意,审计人员应当考虑扩大实质性程序的范围。

在设计细节测试时，审计人员除了从样本量的角度考虑测试范围外，还要考虑选样方法的有效性等因素。例如，从总体中选取大额或异常项目，而不是进行代表性抽样或分层抽样。

实质性分析程序的范围有两层含义。第一层含义是对什么层次的数据进行分析。审计人员可以选择在高度汇总的财务数据层次进行分析，也可以根据重大错报风险的性质和水平调整分析层次。例如，按照不同产品线、不同季节或月份、不同经营地点或存货存放地点等实施实质性分析程序。第二层含义是需要对什么幅度或性质的差异展开进一步调查。实施分析程序可能发现差异，但并非所有的差异都值得展开进一步调查。可容忍或可接受的差异额（即预期差异额）越大，作为实质性分析程序一部分的进一步调查的范围就越小。于是，确定适当的预期差异额同样属于实质性分析程序的范畴。因此，在设计实质性分析程序时，审计人员应当确定已记录金额与预期值之间可接受的差异额。在确定该差异额时，审计人员应当主要考虑各类交易、账户余额和披露及相关认定的重要性和计划的保证水平。

由于控制测试和实质性程序是针对认定层次重大错报风险设计和实施的进一步审计程序，相关的审计工作底稿将结合具体审计业务在第6章到第9章中阐述。

本章小结

审计人员应针对评估的财务报表层次重大错报风险确定总体应对措施，并针对评估的认定层次重大错报风险设计和实施进一步审计程序（即控制测试和实质性程序），包括审计程序的性质、时间安排和范围。

本章练习题

一、单选题

1. 以下说法不正确的是（   ）。

   A. 设计实施进一步审计程序的性质、时间安排和范围的依据是审计人员识别的风险是否重大

   B. 财务报表层次的重大错报风险很可能源于薄弱的控制环境

   C. 如果多项控制活动能够实现同一目标，审计人员不必了解与该目标相关的每项控制活动

   D. 被审计单位通常有一些与审计无关的控制，审计人员无须对其加以考虑

2. 关于控制测试的性质，下列描述不正确的是（   ）。

   A. 将询问与检查或重新执行结合使用，通常能够比仅实施询问和观察获取的保证更高

   B. 观察提供的证据仅限于观察发生的时点，但其也可以测试控制运行的有效性

   C. 被审计单位针对处理收到的邮政汇款单设计和执行了相关的内部控制，审计人员通过询问和观察程序往往不足以测试此类控制运行的有效性，还需要检查能够证明此类控制在所审计期间的其他时段有效运行的文件和凭证，以获取充分、适当的审计证据

D. 询问本身无法获取控制有效运行的充分、适当的审计证据，需要与其他测试手段结合使用

3. 审计人员在确定进一步审计程序的时间时应当考虑的因素不包括（　　）。

A. 审计意见的类型　　　　　　　B. 控制环境

C. 错报风险的性质　　　　　　　D. 审计证据适用的期间或时点

4. 以下说法中不正确的是（　　）。

A. 财务报表层次的重大错报风险很可能源于薄弱的控制环境

B. 当控制环境存在缺陷时，审计人员通常会选择在期中实施更多的审计程序

C. 采用不同的审计抽样方法，使当期抽取的测试样本与以前有所不同，可以提高审计程序的不可预见性

D. 控制环境存在缺陷通常会削弱其他控制要素的作用，导致审计人员可能无法信赖内部控制，而主要依赖实施实质性程序获取审计证据

5. 审计人员执行的下列审计程序中，属于细节测试的是（　　）。

A. 分析各个月份销售费用总额及主要项目金额占主营业务收入的比率，并与上一年度进行比较，判断变动的合理性

B. 观察被审计单位验收入库流程，重点观察验收程序是否规范、验收标准是否明确

C. 检查被审计单位的大额费用支出是否经过具有恰当权限的人员审批

D. 根据审定的当期应纳营业税的主营业务收入，按规定的税率，分项计算、复核本期应纳增值税税额

6. 下列方式无助于提高审计程序不可预见性的是（　　）。

A. 对余额低于重要性水平的银行账户执行函证程序

B. 调整实施审计程序的时间，使被审计单位不可预期

C. 本期采用不同于上期的抽样方法，使当期选取的测试样本与以前有所不同

D. 预先不告知被审计单位选定的测试地点

7. 当评估的财务报表层次重大错报风险属于高风险水平（并相应采取更强调审计程序不可预见性，重视调整审计程序的性质、时间安排和范围等总体应对措施）时，审计人员通常拟实施进一步审计程序的总体方案更倾向于（　　）。

A. 综合性方案　　　　　　　　　B. 实质性方案

C. 风险评估程序　　　　　　　　D. 控制测试方案

8. 下列各项程序，非必须执行的是（　　）。

A. 了解被审计单位及其环境　　　B. 控制测试

C. 实质性程序　　　　　　　　　D. 出具审计报告

9. 下列关于实质性程序的说法中，错误的是（　　）。

A. 审计人员实施的实质性程序应当包括检查财务报表编制过程中作出的重大会计分录和其他调整

B. 审计人员实施的实质性程序应当包括将财务报表与其所依据的会计记录进行核对或调节

C. 由于内部控制存在局限性，无论评估的重大错报风险结果如何，审计人员都应当针

对所有类别的交易、账户余额和披露实施实质性程序

　　D. 实质性程序包括实质性分析程序和细节测试

　　10. 如果被审计单位的控制环境存在缺陷，审计人员在对拟实施审计程序的性质、时间安排和范围作出总体修改时，不应考虑的是（　　）。

　　A. 增加拟纳入审计范围的经营地点的数量

　　B. 在期末而非期中实施更多的审计程序

　　C. 通过实施实质性程序获取更广泛的审计证据

　　D. 主要依赖控制测试获取审计证据

　　11. 下列有关实质性程序时间安排的说法中，错误的是（　　）。

　　A. 控制环境和其他相关的控制越薄弱，审计人员越不宜在期中实施实质性程序

　　B. 审计人员评估的某项认定的重大错报风险越高，越应当考虑将实质性程序集中在期末或接近期末实施

　　C. 如果实施实质性程序所需信息在期中之后难以获取，审计人员应考虑在期中实施实质性程序

　　D. 如在期中实施了实质性程序，应针对剩余期间实施控制测试，以将期中测试得出的结论合理延伸至期末

　　12. 下列有关实质性程序范围的说法中，不正确的是（　　）。

　　A. 只有当审计程序与特定风险相关时，扩大审计程序的范围才是有效的

　　B. 应对评估的风险时，合理确定审计程序的性质是最重要的

　　C. 确定的重要性水平越高，实施进一步审计程序的范围越广

　　D. 评估的重大错报风险越高，实施进一步审计程序的范围越广

二、多选题

　　1. 下列关于审计人员风险应对的相关说法中，正确的有（　　）。

　　A. 对计划获取控制运行的保证程度越高，则需要实施的控制测试的范围越广

　　B. 如果评估的重大错报风险比较低，则可以不实施实质性程序

　　C. 针对评估的财务报表层次重大错报风险确定总体应对措施

　　D. 针对评估的财务报表层次重大错报风险设计和实施进一步审计程序

　　2. 在对与虚假销售有关的舞弊风险进行评估后，审计人员决定增加审计程序的不可预见性。下列审计程序中，通常能够达到这一目的的有（　　）。

　　A. 以往通常是对收入总体进行分析，现决定对收入按细类进行分析

　　B. 对大额应收账款进行函证

　　C. 对销售交易的具体条款进行函证

　　D. 在监盘时对账面金额较小的存货实施检查程序

　　3. 控制测试的时间的含义包括（　　）。

　　A. 控制测试所花费的时间　　　　B. 控制测试在审计程序中所处的时间

　　C. 何时实施控制测试　　　　　　D. 测试所针对的控制适用的时点或期间

　　4. 下列关于控制测试的提法中，恰当的有（　　）。

　　A. 如果审计人员预期内部控制的设计能够防止或发现并纠正财务报表认定层次的重大

错报且得到了执行，则应当对控制运行的有效性实施测试

B. 审计人员应当对被审计单位的所有内部控制测试其有效性

C. 如果被审计单位在所审计期间内不同时期使用了不同的控制，审计人员应当考虑不同时期控制运行的有效性

D. 审计人员可以考虑在评价控制设计和获取其得到执行的审计证据的同时测试控制运行的有效性，以提高审计效率

5. 下列属于控制测试采用的审计程序的有（　　）。

A. 重新计算　　　B. 重新执行　　　C. 分析程序　　　D. 观察

6. 下列属于审计人员应当在审计中实施控制测试的情形有（　　）。

A. 在评估认定层次重大错报风险时，预期控制的运行是有效的

B. 在评估认定层次重大错报风险时，预期控制的运行是无效的

C. 每次进行财务报表审计均需要执行控制测试

D. 仅实施实质性程序并不能提供认定层次的充分、适当的审计证据

7. 在测试控制运行的有效性时，审计人员应当获取关于控制是否有效运行的审计证据包括（　　）。

A. 控制在所审计期间的不同时点是如何运行的

B. 控制是否得到一贯执行

C. 控制由谁执行

D. 控制以何种方式执行

8. 如果审计人员针对特别风险仅实施实质性程序，则应当采取的进一步审计程序有（　　）。

A. 细节测试

B. 实质性分析程序

C. 将细节测试和实质性分析程序结合使用

D. 穿行测试

三、简答题

W会计师事务所负责审计甲公司2018年度财务报表，审计工作底稿中与内部控制相关的部分内容摘录如下。

（1）审计项目组对银行存款实施了实质性程序，未发现错报，因此认为甲公司与银行存款相关的内部控制运行有效。

（2）甲公司内部控制制度规定，财务经理每月应复核销售返利计算表，检查销售收入金额和返利比例是否准确，如有异常，则进行调查并处理，复核完成后签字存档。审计项目组选取了3个月的销售返利计算表，检查了财务经理的签字，认为该控制运行有效。

要求：判断审计项目组的做法是否恰当。如不恰当，简要说明理由。

第6章

销售与收款循环的审计

学习目标

1. 了解销售与收款循环涉及的主要业务活动及其主要凭证、记录。
2. 理解销售与收款循环内部控制的关键环节,并了解该循环的控制测试。
3. 明确应收账款的审计目标,并掌握其实质性测试。
4. 明确营业收入的审计目标,并掌握其实质性测试。

教学要求

注重案例教学,通过实务练习让学生掌握应收账款、营业收入审计。

导入案例

东方电子虚构收入案例

1. 东方电子的神话

东方电子股份有限公司(简称"东方电子",股票代码:000682)是由烟台东方电子信息产业集团公司作为独家发起人,于1993年3月采用定向募集方式设立的股份有限公司。公司于1994年2月正式创立,总股本5 800万元,每股面值1元,发行价1.60元。其中,国家股2 200万股,社会法人股150万股,1月8日至10日三天向内部职工定向募集内部职工股3 450万股。1996年12月17日,经中国证监会批准,东方电子向社会公开发行1 030万股,发行价7.88元,总股本变为6 830万股,其中国家股2 200万股,社会法人股150万股,社会公众股1 720万股(包括原内部职工股690万股),内部职工股2 760万股。1997年1月21日,公司1 720万股社会公众股在深圳证券交易所(简称"深交所")挂牌上市,其余的内部职工股2 760万股,三年后上市交易。

东方电子公告的数字显示,自1997年1月21日上市以来,东方电子股本连年高速扩张,1996年度每10股送4股转增6股,1997年度每10股配1.667股,1998年中期每10股送 8 股，1999 年中期和年终连续推出每 10 股送 6 股转增 4 股和每 10 股送 2.5 股转增 3.5 股。而在股本大比例扩张的基础上，公司业绩与股本扩张保持了同步增长，其业绩表现如表 6-1 所示，创造了东方电子神话。

表 6-1　1997—2000 年东方电子的业绩表现

项目	1997 年	1998 年	1999 年	2000 年
主营业务收入/亿元	2.37	4.50	8.56	13.75
主营业务毛利率/%	47.30	47.30	52.90	47.10
每股收益/元	0.51	0.56	0.53	0.52

2. 对优良业绩的质疑

伴随着东方电子的高速增长，出现了许多质疑声。

1）不现实的收入与利润增长

东方电子对外称公司涉足电力、通信、计算机行业，但真正能够给东方电子带来丰厚利润的却是其主业——电网调度自动化。对于电网调度自动化，清华大学、电科院、南端、东方电子等几十家企业从事此项业务，东方电子根本不可能占有半壁江山。1998 年以后，中国高压电网自动化改造业务的一般利润率在 10%~30%，而农村电网自动化改造业务的一般利润率在 8%~10%，但东方电子 1997—2000 年电网自动化改造业务的利润率在 48.65%。

2）惊人的存款数额

东方电子从 1999 年配股完成后，存款数额一直很惊人，1999 年为 6 亿多元，2000 年为 8 亿多元，2001 年上半年存款余额还有 5.5 亿元。同时，其贷款和融资需求也很旺盛。

3. 查证的事实

2001 年 7 月，中国证监会对东方电子展开调查；9 月 7 日，东方电子披露正在接受证监会检查；11 月 8 日，东方电子发布因重大会计差错可能导致经营业绩下滑的风险预警公告。

经查证，1997 年 4 月至 2001 年 6 月，东方电子先后利用公司购买的 1 044 万股内部职工股的股票收益和投入资金 6.8 亿元炒股票的收益，共计 17.08 亿元，通过虚开销售发票、伪造销售合同等手段，将其中的 15.95 亿元记入"主营业务收入"，虚构业绩。

东方电子是如何虚构收入的？

东方电子上市后，每年初都制订了一个年增长速度在 50% 以上的发展计划和利润目标，而按公司的实际生产情况，是不可能完成的，于是在每年年中和年底，东方电子都会根据实际完成情况与计划目标的差异，通过抛售股票来弥补收入。

（1）证券部负责抛售股票提供资金。公司从 1998 年开始抛售持有的内部职工股，一直到 2001 年 8 月份，每年抛售的时间大约都集中在中期报告和年度报告披露前，每次抛售的数量视公司业绩的需要而定。同时，证券公司抛售股票，并将所得收入转入公司在银行的账户。

（2）公司经营销售部门负责伪造合同与发票。销售部门人员采取修改客户合同、私刻客户印章、向客户索要空白合同、粘贴复印伪造合同等手段，从 1997 年开始，先后伪造销售合同 1 242 份，合同金额 17.296 8 亿元；虚开销售发票 2 079 张，金额 17.082 3 亿元。同时，为了应付审计，销售部门还伪造客户的函证。

（3）公司财务部负责拆分资金和做假账。为掩盖资金的真实来源，公司通过在烟台某银行南大街分理处设立的东方电子户头、账户，在该行工作人员配合下，中转、拆分由证券公司所得的收入，并根据伪造的客户合同、发票，伪造了 1 509 份银行进账单，以及相应的对账单，金额共计 17.047 5 亿元。

（4）销售部门人员与个别客户串通，通过向客户汇款，再由客户汇回的方式，虚增销售收入。

4. 审计情况

1997—2000 年，东方电子的年报审计均为山东烟台乾聚会计师事务所（烟台市唯一一家具有证券期货审计资格的会计师事务所）出具的均为无保留意见的审计报告。

2001 年，山东烟台乾聚会计师事务所对东方电子出具了保留意见的审计报告。该报告称，"贵公司于 2001 年 9 月开始接受中国证监会的调查，调查结果尚未公布。公司将近几年出售股票收入作为重大会计差错更正，将全部收入扣除税收以外的其他部分暂挂'其他应付款'科目，待证监会的处理决定下达后再行调整。对上述收入的取得及其涉及的金额，我们无法核实"。

请思考：

1. 东方电子为什么要虚构收入？
2. 东方电子虚构收入的手段与其他收入造假手段的不同及其隐蔽性。
3. 有人认为东方电子把出售初始股票收益转为收入，既有现金流入，又有销售发票、销售合同等，可谓账证齐全、账钱相符，利用检查原始凭证等常规审计程序很难查出，如何查证？并以此讨论风险审计的特征。

6.1　销售与收款循环审计概述

销售与收款循环是由从企业向客户提供商品或劳务直到收回货款的有关活动组成的业务循环。

6.1.1　销售与收款循环涉及的主要凭证与会计记录

在内部控制比较健全的企业，处理销售与收款业务通常需要使用很多凭证与会计记录。典型的销售与收款循环所涉及的主要凭证与会计记录有以下几种。

6-1　销售与收款循环审计概述

1. 客户订购单

客户订购单即客户提出的书面购货要求。企业可以通过销售人员或其他途径，如采用电话、信函或向现有的及潜在的客户发送订购单等方式接受订货，取得客户订购单。

2. 销售单

销售单是列示客户所订商品的名称、规格、数量以及其他与客户订购单有关信息的凭证，是销售方内部处理客户订购单的凭据。

3. 发运凭证

发运凭证是在发运货物时编制的，用以反映发出商品的规格、数量和其他有关内容的凭据。发运凭证的一联留给客户，其余联（一联或数联）由企业保留。该凭证可用作向客户开具账单的依据。

4. 销售发票

销售发票是一种用来表明已销售商品的名称、规格、数量、价格、销售金额、运费和保险费、开票日期、付款条件等内容的凭证。以增值税发票为例，销售发票的两联（抵扣联和记账联）寄送给客户，一联由企业保留。销售发票也是在会计账簿中登记销售交易的基本凭据之一。

5. 商品价目表

商品价目表是列示已经授权批准的、可供销售的各种商品的价格清单。

6. 贷项通知单

贷项通知单是一种用来表示由于销售退回或经批准的折让而引起的应收销货款减少的凭证。这种凭证的格式通常与销售发票的格式相同，只不过它不是用来证明应收账款的增加，而是用来证明应收账款的减少。

7. 应收账款账龄分析表

通常，应收账款账龄分析表按月编制，反映月末尚未收回的应收账款总额的账龄，并详细反映每个客户月末尚未偿还的应收账款数额和账龄。

8. 应收账款明细账

应收账款明细账是用来记录每个客户各项赊销、还款、销售退回及折让的明细账。各应收账款明细账的余额合计数应与应收账款总账的余额相等。

9. 主营业务收入明细账

主营业务收入明细账是一种用来记录销售交易的明细账。它通常记载和反映不同类别商品或服务的营业收入的明细发生情况和总额。

10. 折扣与折让明细账

折扣与折让明细账是一种用来核算企业在销售商品时，按销售合同的规定，为了及早收回货款而给予客户的销售折扣和因商品品种、质量等原因而给予客户的销售折让情况的明细账。当然，企业也可以不设置折扣与折让明细账，而将该类业务直接记录于主营业务收入明细账。

11. 汇款通知书

汇款通知书是一种与销售发票一起寄给客户，由客户在付款时再寄回销售单位的凭证。这种凭证注明了客户的姓名、销售发票号码、销售单位开户银行账号以及金额等内容。

12. 库存现金日记账和银行存款日记账

库存现金日记账和银行存款日记账是用来记录应收账款的收回或现销收入以及其他各种现金、银行存款收入和支出的日记账。

13. 坏账审批表

坏账审批表是一种用来批准将某些应收款项注销为坏账，仅在企业内部使用的凭证。

14. 客户月末对账单

客户月末对账单是一种按月定期寄送给客户的用于购销双方定期核对账目的凭证。客户月末对账单上应注明应收账款的月初余额、本月各项销售交易的金额、本月已收到的货款、各贷项通知单的数额以及月末余额等内容。

15. 转账凭证

转账凭证是指记录转账业务的记账凭证，它是根据有关转账业务（即不涉及现金、银行存款收付的各项业务）的原始凭证编制的。

16. 现金和银行凭证

现金和银行凭证是指分别用来记录现金和银行存款收入业务和支付业务的记账凭证。

6.1.2 销售与收款循环的主要业务活动（以制造业为例）

制造业被审计单位的销售与收款循环通常涉及的主要业务活动与常见的主要单据及会计记录如表6-2所示。

表6-2 销售与收款循环的主要业务活动与相关凭证记录（制造业）

业务活动	内容	涉及的凭证记录	相关部门	相关认定
（一）接受客户订购单	1. 客户提出订货要求是整个销售与收款循环的起点，客户的订购单只有在符合企业管理层的授权标准时，才能被接受 2. 企业在批准了客户订购单之后，下一步就应编制一式多联的销售单。销售单是证明销售交易的发生认定的凭据之一，也是此笔销售交易轨迹的起点之一	顾客订购单、销售单	销售单管理部门	销售交易发生
（二）批准赊销信用	1. 赊销批准是由信用管理部门根据管理层的赊销政策在每个客户已授权的信用额度内进行的 2. 企业的信用管理部门通常应对每个新客户进行信用调查，包括获取信用评审机构对客户信用等级的评定报告 3. 无论是否批准赊销，都要求被授权的信用管理部门人员在销售单上签署意见，然后再将已签署意见的销售单送回销售单管理部门	销售单	信用管理部门	应收账款账面余额的计价和分摊
（三）根据销售单编制发运凭证并发货	企业管理层通常要求商品仓库管理人员只有在收到经过批准的销售单时才能编制发运凭证并供货，其目的是防止仓库在未经授权的情况下擅自发货。因此，已批准销售单的一联通常应送达仓库，作为仓库按销售单供货和发货给装运部门的授权依据	销售单	仓库	发生
（四）按销售单装运货物	1. 将按经批准的销售单供货与按销售单装运货物职责相分离，有助于避免负责装运货物的职员在未经授权的情况下装运产品			

续表

业务活动	内容	涉及的凭证记录	相关部门	相关认定
（四）按销售单装运货物	2. 装运部门职员在装运之前，还必须进行独立性验证，以确定从仓库提取的商品都附有经批准的销售单，并且，所提取商品的内容与销售单一致	销售单、发运凭证	装运部门	销售交易的发生、完整性
（五）向客户开具账单	1. 针对的主要问题（认定）是：①是否对所有装运的货物都开具了账单（完整性）；②是否只对实际装运的货物开具账单，有无重复开具账单或虚构交易（发生）；③是否按已授权批准的商品价目表所列价格开具账单（准确性） 2. 为了降低开具账单过程中出现遗漏、重复、错误计价或其他差错的风险，应设立的控制程序有：①开具账单部门职员在开具每张销售发票之前，独立检查是否存在发运凭证和相应的经批准的销售单；②依据已授权批准的商品价目表开具销售发票；③独立检查销售发票计价和计算的正确性；④将发运凭证上的商品总数与相对应的销售发票上的商品总数进行比较	销售单、发运凭证、商品价目表、销售发票	开具账单部门	销售交易的发生、完整性、准确性
（六）记录销售	记录销售的控制程序包括以下内容： 1. 只依据有效发运凭证和销售单的销售发票记录 2. 控制所有事项连续编号的销售发票 3. 独立检查已处理销售发票上的销售金额同会计记录金额的一致性 4. 记录销售的职责应与处理销售交易的其他功能相分离 5. 对记录过程中所涉及的有关记录的接触予以限制，以减少未经授权批准的记录发生 6. 定期独立检查应收账款的明细账与总账的一致性 7. 定期向客户寄送对账单，并要求客户将任何例外情况直接向指定的未执行或记录销售交易的会计主管报告	销售发票、转账凭证、库存现金及银行存款收款凭证、应收账款明细账、库存现金及银行存款日记账、客户月末对账单	会计部门	发生、完整性、准确性
（七）办理和记录现金、银行存款收入	在办理和记录现金、银行存款收入时，最应关心的是货币资金失窃的可能性	汇款通知书、收款凭证、库存现金及银行存款日记账	会计部门	发生、完整性、准确性

续表

业务活动	内容	涉及的凭证记录	相关部门	相关认定
（八）办理和记录销售退回、销售折扣与折让	如果发生退货、提前支付货款，必须经授权批准，并应确保与办理此事有关的部门和职员各司其职，分别控制实物流和会计处理	贷项通知书	会计部门、仓库	发生、完整性、准确性
（九）核销坏账	销售企业若认为某项货款再也无法收回，就必须注销这笔货款。对于这些坏账，正确的处理方法应该是获取货款无法收回的确凿证据，经适当的审批后及时作会计调整	坏账审批表	赊销部门、会计部门	准确性
（十）提取坏账准备	企业一般定期对应收账款的信用风险进行评估，并根据预期信用损失计提坏账准备	坏账审批表、总账	会计部门	发生、完整性、准确性

6.2 销售与收款循环的内部控制与控制测试

6.2.1 销售交易的内部控制与控制测试

企业通常从以下方面设计和执行内部控制及其测试。

1. 适当的职责分离

适当的职责分离有助于防止各种有意或无意的错误。例如，主营业务收入如果由记录应收账款之外的职员独立登记，并由另一位不负责账簿记录的职员定期调整总账和明细账，就构成了一项交互牵制。

其基本要求通常包括以下五点。

6-2 销售与收款循环的内部控制与控制测试

（1）企业应当分别设立办理销售、发货、收款三项业务的部门（或岗位）。

（2）企业在销售合同订立前，应当指定专门人员就销售价格、信用政策、发货及收款方式等具体事项与客户进行谈判，谈判人员至少应有两人，并与订立合同的人员相分离。

（3）编制销售发票通知单的人员与开具销售发票的人员应相互分离。

（4）销售人员应当避免接触销货现款。

（5）企业应收票据的取得和贴现必须经由保管票据以外的主管人员的书面批准。

主要控制测试为观察有关人员的活动，与相关人讨论。

2. 恰当的授权审批

注册会计师应当关注以下四个关键点上的审批程序。

（1）在销售发生之前，赊销已经正确审批。

（2）非经正当审批，不得发出货物。

(3) 销售价格、销售条件、运费、折扣等必须经过审批。

(4) 审批人应当根据销售与收款授权批准制度的规定，在授权范围内进行审批，不得超越审批权限。对于超过企业既定销售政策和信用政策规定范围的特殊销售交易，需要经过适当的授权。

前两项控制的目的在于，防止企业因向虚构的或者无力支付货款的客户发货而蒙受损失；价格审批控制的目的在于，保证销售交易按照企业定价政策规定的价格开票收款；对授权审批范围设定权限的目的则在于防止因审批人决策失误而造成严重损失。

主要控制测试为检查相关业务书面记录上是否有相关人员签名。

3. 充分的凭证和记录

只有具备充分的记录手续，才有可能实现各项控制目标。例如，企业在收到客户订购单后，就立即编制一份预先编号的一式多联的销售单，分别用于批准赊销、审批发货、记录发货数量以及向客户开具账单和销售发票等。在这种制度下，只要定期清点销售单和销售发票，漏开账单的情形几乎就不会发生。

主要控制测试为检查各种凭证和记录。

4. 凭证的预先编号

对凭证预先进行编号，旨在防止销售之后漏向客户开具账单或登记入账，也可防止重复开具账单或重复记账。

由收款员对每笔销售开具账单后，将发运凭证按顺序归档，而由另一位职员定期检查全部凭证的编号，并调查凭证缺号的原因，就是实施这项控制的一种方法。

主要控制测试：比如从主营业务收入明细账中选取样本，追查至相应的销售发票存根，进而检查其编号是否连续，有无不正常的缺号发票和重号发票。这种测试程序通常可同时提供有关发生和完整性目标的证据。

5. 按月寄出对账单

由不负责现金出纳和销售及应收账款记账的人员按月向客户寄发对账单，能促使客户在发现应付账款余额不正确后及时反馈有关信息。

主要控制测试为观察指定人员寄送对账单，检查顾客复函档案和管理层的审阅记录。

6. 内部核查程序

由内部审计人员或其他独立人员核查销售交易的处理和记录，是实现内部控制目标不可缺少的一项控制措施。检查的主要内容包括以下情况。

(1) 销售与收款交易相关岗位及人员的设置情况。重点检查是否存在销售与收款交易不相容职务混岗的现象。

(2) 销售与收款交易授权批准制度的执行情况。重点检查授权批准手续是否健全，是否存在越权审批行为。

(3) 销售的管理情况。重点检查信用政策、销售政策的执行是否符合规定。

(4) 收款的管理情况。重点检查销售收入是否及时入账，应收账款的催收是否有效，坏账核销和应收票据的管理是否符合规定。

(5) 销售退回的管理情况。重点检查销售退回手续是否齐全，退回货物是否及时入库。

主要控制测试为检查内部审计人员的报告，或其他独立人员在他们核查的凭证上的签字。

6.2.2 收款交易的内部控制与控制测试

1. 收款交易的内部控制

尽管由于每个企业的性质、所处行业、规模以及内部控制健全程度等不同，而使得其与收款交易相关的内部控制内容有所不同，但以下与收款交易相关的内部控制内容通常是应当共同遵循的。

（1）企业应当按照《中华人民共和国现金管理暂行条例》（简称《现金管理暂行条例》）、《支付结算办法》等规定，及时办理销售收款业务。

（2）企业应将销售收入及时入账，不得账外设账，不得擅自坐支现金。销售人员应当避免接触销售现款。

（3）企业应当建立应收账款账龄分析制度和逾期应收账款催收制度。销售部门应当负责应收账款的催收，财会部门应当督促销售部门加紧催收。对催收无效的逾期应收账款可通过法律程序予以解决。

（4）企业应当按客户设置应收账款台账，及时登记每一客户应收账款余额增减变动情况和信用额度使用情况。对长期往来客户应当建立起完善的客户资料，并对客户资料实施动态管理，及时更新。

（5）企业对于可能成为坏账的应收账款应当报告有关决策机构，由其进行审查，确定是否确认为坏账。对于企业发生的各项坏账，应查明原因，明确责任，并在履行规定的审批程序后作出会计处理。

（6）企业注销的坏账应当进行备查登记，做到账销案存。已注销的坏账又收回时应当及时入账，防止形成账外资金。

（7）企业应收票据的取得和贴现必须经保管票据以外的主管人员的书面批准。应有专人保管应收票据，对于即将到期的应收票据，应及时向付款人提示付款；已贴现票据应在备查簿中登记，以便日后追踪管理；并应制定逾期票据的冲销管理程序和逾期票据追踪监控制度。

（8）企业应当定期与往来客户通过函证等方式核对应收账款、应收票据、预收款项等往来款项。如有不符，应查明原因，及时处理。

销售与收款循环内部控制调查表如表6-3所示。

表6-3 销售与收款循环内部控制调查表

调查内容	是	否	不适用	备注
一、接受顾客订单				
1. 是否将顾客订单与已批准的顾客清单核对？				
2. 新顾客是否由销售主管人员批准？				
3. 对于已接受的顾客订单，是否都编制了销售订单？				
4. 销售订单是否连续编号？				

续表

调查内容	是	否	不适用	备注
5. 是否定期将顾客订单与销售订单、销售发票核对，以保证已接受的销售业务都已进行了处理？				
二、批准赊销信用				
1. 是否对所有的新顾客都执行了信用调查？				
2. 是否每次赊销前都要检查顾客的信用额度？				
3. 对老顾客的信用额度的变更是否有合理的程序？				
4. 批准赊销信用职责是否与销售部门、开票部门分离？				
三、发送货物				
1. 是否根据已批准的销售订单发货？				
2. 每次发货是否都编制了发货单？				
3. 发货单是否与销售订单相核对？				
4. 发货部门是否独立于开票、记账等其他部门？				
四、开具销售发票				
1. 是否依据相应的发货单和经批准的销售订单开具销售发票？				
2. 每张发货单是否都及时开具相应的销售发票？				
3. 销售发票是否连续编号？				
4. 销售发票中的单价是否来自经批准的最新价目表？				
5. 开具的销售发票是否由其他人独立复核单价和总额计算的正确性？				
6. 作废的销售发票是否加盖了"作废"戳记，并保留在发票簿上？				
7. 发票上所列的数量是否同提货单记录的实际发送数量一致？				
8. 开具发票的部门是否独立于信用、发货部门？				
9. 开具好的销售发票是否及时寄送给顾客？				
五、记录销售业务				
1. 是否按销售发票及时将销售业务记入销售日记账和应收账款明细账，并于月末过入总账？				
2. 销售日记账和总账、应收账款明细账和总账的登记职责是否分工？				
3. 销售日记账和总账、应收账款明细账和总账是否由独立人员定期核对？				
4. 记账职责是否独立于开票、收款等部门？				
六、收取货款并记录收款业务				
1. 是否由专人负责付款邮件的收发，并同时根据邮寄来的支票和汇款通知单编制收款清单？				
2. 收到的支票是否立即进行限制背书？				

续表

调查内容	是	否	不适用	备注
3. 出纳人员是否验证支票和收款清单的一致性？				
4. 出纳人员是否每日及时将支票如数送存银行？				
5. 对于出现问题暂时不能存入银行的支票是否进行单独登记并加以保管？				
6. 是否独立检查汇款通知单、收款清单、存款单的一致性？				
7. 登记银行日记账与登记应收账款明细账和总账的职责是否分工？				
8. 是否定期编制银行存款余额调节表？				
9. 编制银行存款余额调节表的职责是否与收款和记账职责分工？				
七、定期对账和催收账款				
1. 是否定期由不负责处理收款和记账的人编制并向顾客寄送应收账款对账单？				
2. 顾客对应收账款对账单如有异议是否由财务部门经理审核处理？				
3. 是否定期编制应收账款账龄分析表？				
4. 对于逾期未还款项是否有专人负责催收？				
5. 是否向信用部门反映顾客拖欠货款的情况？				
八、审批销售退回和折让				
1. 销售退回和折让是否经过授权人的批准？				
2. 销售退回和折让是否采用预先连续编号的贷项通知单？				
3. 销售退回和折让的批准和签发贷项通知单职责是否分离？				
4. 顾客退回的货物是否由收货部门进行验收并填制退货验收报告和入库单？				
5. 对销售退回和折让业务是否及时正确地进行了账务处理？				
九、审批坏账的注销				
1. 是否按期进行坏账损失的估计并计提坏账准备？				
2. 冲销的坏账是否符合会计准则规定的条件？				
3. 所有的坏账冲销是否都有书面批准单？				
4. 是否建立已冲销坏账登记簿？				
5. 坏账的批准与收款职责是否分工？				
6. 对于已冲销但又收回的坏账是否根据会计准则进行账务处理？				

2. 收款交易的主要控制测试

（1）观察。

（2）检查库存现金是否定期盘点，检查盘点记录。

(3) 检查现金折扣是否经过恰当的审批。
(4) 检查银行存款余额调节表。观察或检查是否每月寄送对账单。
(5) 检查复核标记。

6.3 营业收入的审计

营业收入项目核算的是企业在销售商品、提供劳务等主营业务活动中所产生的收入,以及企业确认的除主营业务活动以外的其他经营活动实现的收入,包括主营业务收入和其他业务收入。

6.3.1 审计目标与认定对应关系表

审计目标与认定对应关系表(营业收入)如表6-4所示。

6-3 营业收入的审计

表6-4 审计目标与认定对应关系表(营业收入)

审计目标	财务报表认定					
	存在	完整性	准确性	截止	分类	列报
A. 利润表中记录的营业收入已发生,且与被审计单位有关	√					
B. 所有应当记录的营业收入均已记录		√				
C. 与营业收入有关的金额及其他数据已恰当记录			√			
D. 营业收入已记录于正确的会计期间				√		
E. 营业收入已记录于恰当的账户					√	
F. 营业收入已按照企业会计准则的规定在财务报表中作恰当的列报						√

6.3.2 审计目标与审计程序对应关系表

审计目标与审计程序对应关系表(营业收入)如表6-5所示。

表6-5 审计目标与审计程序对应关系表(营业收入)

审计目标	计划实施的实质性程序	索引号	执行人
(一) 主营业务收入			
C	1. 获取或编制主营业务收入明细表 复核加计是否正确,并与总账数和明细账合计数核对是否相符,结合其他业务收入科目与报表数核对是否相符		

续表

审计目标	计划实施的实质性程序	索引号	执行人
ABCD	2. 检查主营业务收入的确认方法是否符合企业会计准则的规定，前后期是否一致；关注周期性、偶然性的收入是否符合既定的收入确认原则、方法		
ABC	3. 实质性分析程序 注册会计师应实施实质性分析程序，检查主营业务收入是否有异常变动和重大波动，从而在总体上对其真实性进行初步判断。可以从以下几个方面进行比较分析： （1）将本期的主营业务收入与上期的主营业务收入进行比较，分析产品销售的结构和价格变动是否异常，并分析异常变动的原因； （2）比较本期各月各类主营业务收入的波动情况，分析其变动趋势是否正常，是否符合被审计单位季节性、周期性的经营规律，查明异常现象和重大波动的原因； （3）计算本期重要产品的毛利率，与上期进行比较，检查是否存在异常，各期之间是否存在重大波动，查明原因； （4）将本期重要产品的毛利率与同行业企业进行对比分析，检查是否存在异常； （5）根据增值税发票申报表或普通发票，估算全年收入，与实际收入金额比较		
C	4. 获取产品价格目录，抽查售价是否符合价格政策，并注意销售给关联方或关系密切的重要客户的产品价格是否合理，有无以低价或高价结算的方法，相互之间有无转移利润的现象		
AC	5. 结合对应收账款的审计，选择主要客户函证本期销售额		
D	6. 销售的截止测试。详见6.3.3		
A	7. 存在销货退回的，检查手续是否符合规定，结合原始销售凭证检查其会计处理是否正确，结合存货项目审计关注其真实性		
C	8. 检查销售折扣与折让 （1）获取或编制折扣与折让明细表，复核加计是否正确，并与总账数和明细账合计数核对是否相符； （2）获得被审计单位有关折扣与折让的具体规定与其他文件资料，抽查较大折扣与折让发生额的授权批准情况，与实际执行情况进行核对，检查其是否经授权批准，是否真实、合法； （3）检查销售折扣与折让是否及时足额提交给对方； （4）检查其会计处理是否正确		
ABCDE	9. 检查有无特殊的销售行为，如委托代销、分期收款销售、商品需要安装和检验的销售、附有退回条件的销售、售后租回、售后回购、以旧换新、出口销售等，选择恰当的审计程序进行审核		
（二）其他业务收入			
C	10. 获取或编制其他业务收入明细表，复核加计是否正确，并与总账数和明细账合计数核对是否相符，结合主营业务收入科目与营业收入报表数核对是否相符		
ABCDE	11. 检查原始凭证等相关资料，分析交易的实质，确定其是否符合收入确认的条件，并检查其会计处理是否正确		

续表

审计目标	计划实施的实质性程序	索引号	执行人
（三）列报			
E	12. 检查营业收入是否已按照企业会计准则的规定在财务报表中作恰当列报		

6.3.3 销售的截止测试

对销售实施截止测试，目的主要在于确定被审计单位主营业务收入的会计记录归属期是否正确，应记入本期或下期的主营业务收入是否被推延至下期或提前至本期。

审计实务中，注册会计师应把握三个日期，即发票开具日期或者收款日期、记账日期、发货日期（或提供劳务的日期）。检查三者是否归属于同一适当会计期间，是营业收入截止测试的关键所在。

一般情况下，有两条审计线路实施销售截止测试，在实务中均被广泛采用。它们并不是孤立的，注册会计师可以考虑在同一主营业务收入科目审计中并用这两条路径。销售截止测试线路如表6-6所示。

表6-6 销售截止测试线路

审计起点	测试程序	目的	缺点	优点
账簿记录	资产负债表日前后若干天的账簿记录→记账凭证→销售发票存根与发运凭证	证实已入账收入是否在同一期间已开具发票并发货，有无多记收入（真实性）	缺乏全面性和连贯性，只能查多记，无法查漏记	比较直观，容易追查至相关凭证记录
销售发票	资产负债表日前后若干天的发票存根→发运凭证与账簿记录	确定已开发票的货物是否已发货并于同一会计期间确认收入，有无少记收入（完整性）	较费时费力，不易发现多记收入	具有全面性和连贯性，容易发现漏记收入

6.3.4 营业收入实质性程序工作底稿的填制

在营业收入实质性程序中，应填制的工作底稿包括营业收入审定表、主营业务收入明细表、业务/产品销售分析表、主营业务收入截止测试，如表6-7至表6-10所示。

表6-7 营业收入审定表

被审计单位：_____   索引号：_____
项目：_____营业收入_____   财务报表截止日/期间：_____
编制人：_____   复核人：_____
日期：_____   日期：_____

续表

项目类别	本期未审数	账项调整		本期审定数	上期审定数	索引号
		借方	贷方			
一、主营业务收入						
二、其他业务收入						
营业收入合计						
调整分录						
内容	科目	金额	金额			
审计结论：						

表6-8　主营业务收入明细表

被审计单位：_____　　索引号：_____
项目：_____主营业务收入_____　　财务报表截止日/期间：_____
编制人：_____　　复核人：_____
日期：_____　　日期：_____

明细项目	月份												合计
	1	2	3	4	5	6	7	8	9	10	11	12	
合计													
上期数													
变动额													
变动比例													
审计说明：													

第6章 销售与收款循环的审计

表6-9 业务/产品销售分析表

被审计单位：_____	索引号：_____
项目：__业务/产品销售__	财务报表截止日/期间：_____
编制人：_____	复核人：_____
日期：_____	日期：_____

收入类别/产品名称	本期数				上期数				变动幅度			
	数量	主营业务收入	主营业务成本	毛利率	数量	主营业务收入	主营业务成本	毛利率	数量	主营业务收入	主营业务成本	毛利率
合计												

审计说明：

表6-10 主营业务收入截止测试

被审计单位：_____	索引号：_____
项目：__主营业务收入__	财务报表截止日/期间：_____
编制人：_____	复核人：_____
日期：_____	日期：_____

从发货单到明细账

编号	发货单		发票内容					明细账			是否跨期是（√）否（×）
	日期	号码	日期	客户名称	货物名称	销售额	税额	日期	凭证号	主营业务收入	应交税金	

截止日前
——截止日期：20 年 月 日——
截止日后

审计说明：

6.4 应收账款的审计

应收账款余额一般包括应收账款账面余额和相应的坏账准备两部分。

应收账款指企业因销售商品、提供劳务而形成的债权,即企业由于销售商品、提供劳务等,应向购货客户或接受劳务的客户收取的款项或代垫的运杂费。

坏账是指企业无法收回或收回可能性极小的应收款项,包括应收票据、应收账款、预付款项、其他应收款和长期应收款等。由于发生坏账而产生的损失称为坏账损失。企业通常应采用备抵法按期估计坏账损失。

企业通常应当定期或者至少于每年年度终了,对应收款项进行全面检查,合理预计各项应收款项可能发生的坏账,相应计提坏账准备。坏账准备通常是审计的重点领域,并且,由于坏账准备与应收账款的联系非常紧密,我们把对坏账准备的审计与对应收账款的审计合在一起阐述。

6-4 应收账款的审计

6.4.1 审计目标与认定对应关系表

审计目标与认定对应关系表(应收账款)如表 6-11 所示。

表 6-11 审计目标与认定对应关系表(应收账款)

审计目标	财务报表认定				
	存在	完整性	权利和义务	计价和分摊	列报
A. 资产负债表中记录的应收账款是存在的	√				
B. 所有应当记录的应收账款均已记录		√			
C. 记录的应收账款由被审计单位拥有或控制			√		
D. 应收账款以恰当的金额包括在财务报表中,与之相关的计价调整已恰当记录				√	
E. 应收账款已按照企业会计准则的规定在财务报表中作恰当列报					√

6.4.2 审计目标与审计程序对应关系表

审计目标与审计程序对应关系表(应收账款)如表 6-12 所示。

第6章 销售与收款循环的审计

表 6-12 审计目标与审计程序对应关系表（应收账款）

审计目标	计划实施的实质性程序	索引号	执行人
D	1. 获取或编制应收账款明细表 （1）复核加计是否正确，并与总账数和明细账合计数核对是否相符，结合坏账准备科目与报表数核对是否相符； （2）检查非记账本位币应收账款的折算汇率及折算是否正确； （3）分析有贷方余额的项目，查明原因，必要时，作重分类调整； （4）结合其他应收款、预收账款等往来项目的明细余额，调查有无同一客户多处挂账、异常余额或与销售无关的其他款项（如代销账户、关联方账户或雇员账户）。如有，应作出记录，必要时作调整； （5）标识重要的欠款单位，计算其欠款合计数占应收账款余额的比例		
ABD	2. 分析与应收账款相关的财务指标 （1）复核应收账款借方累计发生额与主营业务收入是否配比，并将当期应收账款借方发生额占销售收入净额的百分比与管理层考核指标比较，如存在差异，应查明原因； （2）计算应收账款周转率、应收账款周转天数等指标，并与被审计单位以前年度指标、同行业同期相关指标对比分析，检查是否存在重大异常		
D	3. 获取或编制应收账款账龄分析表 详见表 6-16 （1）测试计算的准确性； （2）将加总数与应收账款总分类账余额相比较，并调查重大调节项目； （3）检查原始凭证，如销售发票、运输记录等，测试账龄核算的准确性； （4）请被审计单位协助，在应收账款明细表上标出至审计时已收回的应收账款金额，对已收回金额较大的款项进行常规检查，如核对收款凭证、银行对账单、销货发票等，并注意凭证发生日期的合理性，分析收款时间是否与合同要素一致		
ACD	4. 对应收账款进行函证 详见 6.4.3 （除非有充分证据表明应收账款对财务报表不重要或函证很可能无效，否则，应对应收账款进行函证。如果不对应收账款进行函证，应在工作底稿中说明理由。如果认为函证很可能无效，应当实施替代审计程序，获取充分、适当的审计证据） （1）选取函证项目； （2）对函证实施过程进行控制：核对询证函是否由注册会计师直接收发，被询证者以传真、电子邮件等方式回函的，应要求被询证者寄回询证函原件，如果未能收到积极式函证回函，应当考虑与被询证者联系，要求对方作出回应或再次寄发询证函； （3）编制应收账款函证结果汇总表，对函证结果进行评价，核对回函内容与被审计单位账面记录是否一致，如不一致，分析不符事项的产生原因，检查销售合同、发运单等相关原始单据，调查被审计单位对回函		

续表

审计目标	计划实施的实质性程序	索引号	执行人
	与账面记录之间差异的解释是否合理，编制应收账款函证结果调节表，并检查支持性凭证，如果不符事项构成错报，应重新考虑所实施审计程序的性质、时间安排和范围； （4）针对最终未回函的账户实施替代审计程序，如实施期后收款测试，检查运输记录、销售合同等相关原始资料及询问被审计单位有关部门等		
A	5. 对未函证应收账款实施替代审计程序 抽查有关原始凭据，如销售合同、销售订单、销售发票副本、发运凭证及回款单据等，以验证与其相关的应收账款的真实性		
D	6. 评价坏账准备计提的适当性 取得或编制坏账准备计算表，复核加计正确，与坏账准备总账数、明细账合计数核对是否相符。将应收账款坏账准备本期计提数与资产减值损失相应明细项目的发生额核对，确定是否相符		
E	7. 检查应收账款是否已按照企业会计准则的规定在财务报表中作恰当列报		

6.4.3 应收账款的函证

1. 函证概述

1）含义

注册会计师为了获取影响财务报表或相关披露认定的项目的信息，通过直接来自第三方（被询证者）对有关信息和现存状况的声明，获取和评价审计证据的过程。

2）目的

证实应收账款账户余额的真实性、正确性，防止或发现被审计单位及其有关人员在销售交易中发生的错误或舞弊行为。

3）特别事项

除非有充分证据表明应收账款对被审计单位财务报表是不重要的，或者函证很可能是无效的，否则，注册会计师应当对应收账款进行函证。如果注册会计师不对应收账款进行函证，应当在审计工作底稿中说明理由。如果认为函证很可能是无效的，注册会计师应当实施替代审计程序，获取相关、可靠的审计证据。

2. 函证的范围和对象

1）函证数量与范围的确定

函证数量与范围是由诸多因素决定的，主要有以下几种。

（1）应收账款在全部资产中的重要性。若应收账款在全部资产中所占的比重较大，则函证的范围应相应大一些。

（2）被审计单位内部控制的强弱。若内部控制制度较健全，则可以相应减少函证量；反之，则应相应扩大函证范围。

（3）以前期间的函证结果。若以前期间函证中发现过重大差异，或欠款纠纷较多，则函证范围应相应大一些。

2）函证对象

一般情况下，注册会计师应选择以下项目作为函证对象。

（1）大额或账龄较长的项目。

（2）与债务人发生纠纷或存在异议的项目。

（3）重大关联方项目。

（4）主要客户（包括关系密切的客户）项目。

（5）交易频繁但期末余额较小甚至为零的项目。

（6）可能产生重大错报或舞弊的非正常项目。

3. 函证的方式

注册会计师可采用积极的或消极的函证方式实施函证，也可将两种方式结合使用。函证方式对比如表6-13所示。

表6-13 函证方式对比

对比项目	积极式函证	消极式函证
要求	要求被询证者在所有情况下必须回函	只要求被询证者在不同意询证函列示信息的情况下才回函
可靠性	可靠性强	可靠性弱
收到回函时的意义	只有收到回函，才能为财务报表认定提供审计证据	如收到回函，能够为财务报表认定提供说服力强的审计证据
没有收到回函的原因	（1）被询证者没有理会询证函； （2）被询证者没有收到询证函； （3）被询证者根本不存在	（1）被询证者没有理会询证函； （2）被询证者没有收到询证函； （3）被询证者根本不存在； （4）被询证者已收到询证函且核对无误

1）积极式询证函

积极式询证函可参考模板6-1。

[模板6-1] **应收账款询证函（积极式）**

编号：

_____公司：

本公司聘请的_____会计师事务所正在对本公司_____年度财务报表进行审计，按照中国注册会计师审计准则的相关规定，应当询证本公司与贵公司的往来账项等事项。下列信息出自本公司账簿记录，如与贵公司记录相符，请在本函下端"信息证明无误"处签章证明；如有不符，请在"信息不符"处列明不符项目。回函请直接寄至_____

会计师事务所。

　　回函地址：　　　　　　　　邮编：

　　电话：　　　　　　　　传真：　　　　　　　联系人：

　　1. 本公司与贵公司的往来账项列示如下。

金额单位：元

截止日期	贵公司欠	欠贵公司	备注

　　2. 其他事项。

　　本函仅为复核账目之用，并非催款结算。若款项在上述日期之后已经付清，仍请及时函复为盼。

（公司盖章）

20　年　月　日

结论：

1. 信息证明无误。	2. 信息不符，请列明不符项目及具体内容。
（公司盖章） 年　月　日 经办人：	（公司盖章） 年　月　日 经办人：

　　2）消极式询证函

　　消极式询证函可参考模板6-2。

[模板6-2]　　　　　　　**应收账款询证函（消极式）**

编号：

_____公司：

　　本公司聘请的_____会计师事务所正在对本公司_____年度财务报表进行审计，按照中国注册会计师审计准则的相关规定，应当询证本公司与贵公司的往来账项等事项。下列信息出自本公司账簿记录，如与贵公司记录相符，则无须回复；如有不符，请直接回函寄至会计师事务所，并在空白处列明贵公司认为正确的信息。

回函地址：		邮编：	
电话：		传真：	联系人：

1. 本公司与贵公司的往来账项列示如下。

金额单位：元

截止日期	贵公司欠	欠贵公司	备注

2. 其他事项。

本函仅为复核账目之用，并非催款结算。若款项在上述日期之后已经付清，仍请及时函复为盼。

（公司盖章）

20 年 月 日

_____会计师事务所：

上面的信息不正确，差异如下：

（公司盖章）

20 年 月 日

经办人：

4. 函证时间的选择

注册会计师通常以资产负债表日为截止日，在资产负债表日后适当时间内实施函证。如果重大错报风险评估为低水平，注册会计师可选择资产负债表日前适当日期作为截止日实施函证，并对所函证项目自该截止日起至资产负债表日止发生的变动实施其他实质性程序。

5. 函证的控制

注册会计师通常根据被审计单位提供的应收账款明细账户名称及客户地址等资料编制询证函，但注册会计师应当对确定需要确认或填列的信息选择适当的被询证者、设计询证函以及发出和跟进（包括收回）询证函保持控制。

审计人员应当采取下列措施对函证过程保持控制。

（1）将被询证者的名称、地址与被审计单位有关记录进行核对。

（2）将询证函中列示的账户余额或其他信息与被审计单位有关资料进行核对。

（3）在询证函中指明直接向会计师事务所回函。

（4）询证函经被审计单位盖章后，由注册会计师直接发出。

（5）将发出询证函的情况形成审计工作记录。

（6）将收到的回函形成审计工作记录，并汇总统计函证结果。应收账款函证结果汇总表如表6-14所示。

如果被询证者以传真、电子邮件等方式回函，注册会计师应当直接接收，并要求寄回询证函原件。

对于采用积极式函证而没有得到答复的，应考虑再次函证，发第二、第三封询证函。若仍得不到答复，应实施替代审计程序，即抽查有关原始凭证，如销售合同或协议、销售订单、销售发票副本、发运凭证及期后收款的回款单据等，以验证与其相关的应收账款的真实性。

表6-14 应收账款函证结果汇总表

被审计单位名称：　　　　　　　　制表人：　　　　　　　　日期：

结账日：　年　月　日　　　　　　复核人：　　　　　　　　日期：

询证函编号	债务人名称	债务人地址及联系方式	账面金额	函证方式	函证日期		回函日期	替代程序	确认余额	差异金额及说明	备注
					第一次	第二次					
合计											

6. 对不符事项的处理

对回函中出现的不符事项，注册会计师需要调查核实原因，确定其是否构成错报。注册会计师不能仅通过询问被审计单位相关人员不符事项的性质和原因得出结论，而要在询问原因的基础上，通过检查相关的原始凭证和文件资料予以证实。必要时，与被询证方联系，获取相关信息和解释。对应收账款而言，可能产生的不符事项表现如下。

1）购销双方登记入账的时间不同

（1）款项已付。询证函发出时，债务人已经付款，而被审计单位尚未收到货款。

（2）货物未收到。询证函发出时，被审计单位的货物已经发出并已作销售记录，但货物仍在途中，债务人尚未收到货物，未记录采购。

（3）收到货物但存有争议事项。债务人对收到的货物的数量、质量及价格等方面有异议而全部或部分拒付货款等。

（4）货物已退。债务人由于某种原因将货物退回，而被审计单位尚未收到。

2）一方或双方记账错误

视具体情况而定。

3）被审计单位的舞弊行为

视具体情况而定。

7. 对函证结果的总结和评价

注册会计师对函证结果可进行如下评价。

（1）重新考虑对内部控制的原有评价是否适当、控制测试的结果是否适当、分析程序的结果是否适当、相关的风险评价是否适当等。

（2）如果函证结果表明没有审计差异，则可以合理地推论全部应收账款总体是正确的。

（3）如果函证结果表明存在审计差异，则应当估算应收账款总额中可能出现的累计差错，估算未被选中进行函证的应收账款的累计差错。为取得对应收账款累计差错更加准确的估计，也可以进一步扩大函证范围。

6.4.4 坏账准备的实质性程序

企业会计准则规定，企业应当在期末对应收款项进行检查，并合理预计可能产生的坏账损失。应收款项包括应收票据、应收账款、预付款项、其他应收款和长期应收款等。下面以应收账款相关的坏账准备为例，阐述坏账准备审计常用的实质性程序。

（1）取得或编制坏账准备明细表，复核加计是否正确，与坏账准备总账数、明细账合计数核对是否相符。

（2）核对应收账款坏账准备本期计提数与资产减值损失相应明细项目的发生额是否相符。

（3）检查应收账款坏账准备计提和核销的批准程序，取得书面报告等证明文件，评价计提坏账准备所依据的资料、假设及方法。

（4）实际发生坏账损失的，检查转销依据是否符合有关规定，会计处理是否正确。对于被审计单位在被审计期间内发生的坏账损失，注册会计师应检查其原因是否清楚，是否符合有关规定，有无授权批准，有无已作坏账处理后又重新收回的应收账款，相应的会计处理是否正确。对有确凿证据表明确实无法收回的应收账款，如债务单位已撤销、破产、资不抵债、现金流量严重不足等，企业应根据管理权限，经股东（大）会或董事会或经理（厂长）办公会或类似机构批准作为坏账损失，冲销提取的坏账准备。

（5）已经确认并转销的坏账重新收回的，检查其会计处理是否正确。

（6）检查函证结果。对债务人回函中反映的例外事项及存在争议的余额，注册会计师应查明原因并进行记录。必要时，应建议被审计单位考虑是否存在坏账可能以及是否需要作相应的调整。

（7）实施分析程序。通过比较前期坏账准备计提数和实际发生数，以及检查期后事项，评价应收账款坏账准备计提的合理性。

（8）确定应收账款坏账准备的披露是否恰当。企业应当在财务报表附注中清晰地说明坏账的确认标准、坏账准备的计提方法和计提比例。

6.4.5 应收账款实质性程序工作底稿的填制

在应收账款实质性程序中，应填制的工作底稿包括应收账款审定表、应收账款账龄分析表、应收账款函证结果汇总表、应收账款替代测试表，如表6-15至表6-18所示。

表 6-15 应收账款审定表

被审计单位：_____　　　　　　索引号：_____
项目：_____应收账款_____　财务报表截止日/期间：_____
编制人：_____　　　　　　　　复核人：_____
日期：_____　　　　　　　　　日期：_____

项目名称	期末未审数	账项调整		重分类调整		期末审定数	上期末审定数	索引号
		借方	贷方	借方	贷方			
应收账款账面价值								
坏账准备								
账面价值合计								
调整分录								
内容	科目	金额	金额					

审计结论：

表 6-16 应收账款账龄分析表

　　　　　　　　　　　　年　月　日　　　　　　　　　　　金额单位：元

顾客名称	期末余额	账龄			
		1年以内	1~2年	2~3年	3年以上
合计					

表 6-17 应收账款函证结果汇总表

被审计单位名称：_____　　制表人：_____　　　　日期：_____
结账日：　年　月　日　　　　　复核人：_____　　　　日期：_____

询证函编号	债务人名称	债务人地址及联系方式	账面金额	函证方式	函证日期		回函日期	替代程序	确认余额	差异金额及说明	备注
					第一次	第二次					
合计											

第6章 销售与收款循环的审计

表6-18 应收账款替代测试表

被审计单位：_____	索引号：_____
项目： 应收账款——（ ）替代测试	财务报表截止日/期间：_____
编制人：_____	复核人：_____
日期：_____	日期：_____

一、期初余额							
二、借方发生额							
	入账金额			检查内容（用"√""×"表示）			
序号	日期	凭证号	金额	①	②	③	……
1							
2							
……							
小计							
全年借方发生额合计							
测试金额占全年借方发生额的比例							
三、贷方发生额							
	入账金额			检查内容（用"√""×"表示）			
序号	日期	凭证号	金额	①	②	③	……
1							
2							
……							
小计							
全年贷方发生额合计							
测试金额占全年贷方发生额的比例							
四、期末余额							
五、期后收款检查							
检查内容说明：①原始凭证是否齐全；②记账凭证与原始凭证是否相符；③账务处理是否正确；④是否记录于恰当的会计期间；⑤……							
审计说明：							

6.5 其他项目的审计

6.5.1 税金及附加的审计

"税金及附加"科目核算企业经营活动发生的消费税、城市维护建设税、资源税和教育费附加等相关税费。房产税、车船税、土地使用税、印花税在"管理费用"等科目核算,而不在本科目核算。

1. 审计目标与认定对应关系表

审计目标与认定对应关系表(税金及附加)如表 6-19 所示。

表 6-19 审计目标与认定对应关系表(税金及附加)

审计目标	财务报表认定					
	存在	完整性	准确性	截止	分类	列报
A. 确定利润表中记录的税金及附加已发生,且与被审计单位有关	√					
B. 确定所有应当记录的税金及附加均已记录		√				
C. 确定与税金及附加有关的金额及其他数据已恰当记录			√			
D. 确定税金及附加记录于正确的会计期间				√		
E. 确定税金及附加中的交易和事项已记录于恰当的账户					√	
F. 税金及附加已按照企业会计准则的规定在财务报表中作恰当列报						√

2. 审计目标与审计程序对应关系表

审计目标与审计程序对应关系表(税金及附加)如表 6-20 所示。

表 6-20 审计目标与审计程序对应关系表(税金及附加)

审计目标	计划实施的实质性程序	索引号	执行人
C	1. 获取或编制税金及附加明细表,复核加计是否正确,并与报表数、总账数和明细账合计数核对是否相符		
CBADE	2. 根据审定的本期应纳消费税的营业收入和其他纳税事项,按规定的税率,分项计算、复核本期应纳消费税税额,检查会计处理是否正确		
CBADE	3. 检查"城市维护建设税""教育费附加"等项目的计算依据是否和本期应纳增值税、消费税合计数一致,并按规定适用的税率或费率计算、复核本期应纳城市维护建设税、教育费附加等,检查会计处理是否正确		

续表

审计目标	计划实施的实质性程序	索引号	执行人
BCA	4. 结合应交税费科目的审计，复核其勾稽关系		
F	5. 检查税金及附加是否已按照企业会计准则的规定在财务报表中作恰当列报		

3. 税金及附加明细表

税金及附加明细表如表 6-21 所示。

表 6-21 税金及附加明细表

被审计单位：_____　　　索引号：_____
项目：_____税金及附加_____　　　财务报表截止日/期间：_____
编制人：_____　　　复核人：_____
日期：_____　　　日期：_____

种类	本期数		上期数	
	金额	结构比	金额	结构比
消费税				
城市维护建设税				
教育费附加				
……				
合计				
审计说明：				

6.5.2 销售费用的审计

1. 审计目标与认定对应关系表

审计目标与认定对应关系表（销售费用）如表 6-22 所示。

表 6-22 审计目标与认定对应关系表（销售费用）

审计目标	财务报表认定					
	存在	完整性	准确性	截止	分类	列报
A. 利润表中记录的销售费用已发生，且与被审计单位有关	√					
B. 所有应当记录的销售费用均已记录		√				

续表

审计目标	财务报表认定					
	存在	完整性	准确性	截止	分类	列报
C. 与销售费用有关的金额及其他数据已恰当记录			√			
D. 销售费用已记录于正确的会计期间				√		
E. 销售费用已记录于恰当的账户					√	
F. 销售费用已按照企业会计准则的规定在财务报表中作恰当的列报						√

2. 审计目标与审计程序对应关系表

审计目标与审计程序对应关系表（销售费用）如表6-23所示。

表6-23 审计目标与审计程序对应关系表（销售费用）

审计目标	计划实施的实质性程序	索引号	执行人
C	1. 获取或编制销售费用明细表 （1）复核其加计数是否正确，并与报表数、总账数和明细账合计数核对是否相符； （2）将销售费用中的工资、折旧等与相关的资产、负债科目核对，检查其勾稽关系的合理性		
ABC	2. 对销售费用进行分析 （1）计算、分析各个月份销售费用总额及主要项目金额占主营业务收入的比率，并与上一年度进行比较，判断变动的合理性； （2）计算、分析各个月份销售费用中主要项目发生额占销售费用总额的比率，并与上一年度进行比较，判断变动的合理性		
E	3. 检查各明细项目是否与被审计单位销售商品和材料、提供劳务以及专设的销售机构发生的各种费用有关		
ABC	4. 检查广告费、宣传费、业务招待费的支出是否合理，审批手续是否健全，是否取得有效的原始凭证；如超过规定限额，应在计算应纳税所得额时调整		
C	5. 检查由产品质量保证产生的预计负债是否按确定的金额进行会计处理		
ABC	6. 选择重要或异常的销售费用，检查销售费用各项目开支标准是否符合有关规定，开支内容是否与被审计单位的产品销售或专设销售机构的经费有关，计算是否正确，原始凭证是否合法，会计处理是否正确		
D	7. 抽取资产负债表日前后几天的数张凭证，实施截止测试。若存在异常迹象，应考虑是否有必要追加审计程序，对于重大跨期项目，应作必要调整		
F	8. 检查销售费用是否已按照企业会计准则在财务报表中作恰当列报		

3. 销售费用明细表

销售费用明细表如表 6-24 所示。

表 6-24　销售费用明细表

被审计单位：_____	索引号：_____
项目：_____销售费用_____	财务报表截止日/期间：_____
编制人：_____	复核人：_____
日期：_____	日期：_____

明细项目	月份												合计
	1	2	3	4	5	6	7	8	9	10	11	12	
合计													
上期数													
变动额													
变动比例													
审计说明：													

4. 销售费用检查情况表

销售费用检查情况表如表 6-25 所示。

表 6-25　销售费用检查情况表

被审计单位：_____	索引号：_____
项目：_____销售费用_____	财务报表截止日/期间：_____
编制人：_____	复核人：_____
日期：_____	日期：_____

记账日期	凭证编号	业务内容	对应科目	金额	核对内容（用"√""×"表示）					备注
					1	2	3	4	5	
核对内容说明：1. 原始凭证是否齐全；2. 记账凭证与原始凭证是否相符；3. 账务处理是否正确；4. 是否记录于恰当的会计期间；5.……										
审计说明：										

5. 销售费用截止测试

销售费用截止测试如表6-26所示。

表6-26 销售费用截止测试

被审计单位：_____				索引号：_____	
项目： 销售费用				财务报表截止日/期间：_____	
编制人：_____				复核人：_____	
日期：_____				日期：_____	
日期	凭证号	内容	对应科目	金额	是否跨期 是（√）否（×）
截止日前 截止日期：20 年 月 日 截止日后					
审计说明					

6.5.3 应收票据的审计

1. 审计目标与认定对应关系表

审计目标与认定对应关系表（应收票据）如表6-27所示。

表6-27 审计目标与认定对应关系表（应收票据）

审计目标	财务报表认定				
	存在	完整性	权利和义务	计价和分摊	列报
A. 资产负债表中记录的应收票据是存在的	√				
B. 所有应当记录的应收票据均已记录		√			
C. 记录的应收票据由被审计单位拥有或控制			√		
D. 应收票据以恰当的金额包括在财务报表中，与之相关的计价调整已恰当记录				√	
E. 应收票据已按照企业会计准则的规定在财务报表中作恰当列报					√

2. 审计目标与审计程序对应关系表

审计目标与审计程序对应关系表（应收票据）如表 6-28 所示。

表 6-28 审计目标与审计程序对应关系表（应收票据）

审计目标	计划实施的实质性程序	索引号	执行人
C	1. 获取或编制应收票据明细表 （1）复核加计是否正确，并与总账数和明细账合计数核对是否相符；结合坏账准备科目与报表数核对是否相符； （2）检查非记账本位币应收票据的折算汇率及折算是否正确； （3）检查逾期票据是否已转为应收账款		
A	2. 取得被审计单位应收票据备查簿，核对其是否与账面记录一致。在应收票据明细表上标出至审计时已兑现或已贴现的应收票据，检查相关收款凭证等资料，以确认其真实性		
ABD	3. 监盘库存票据，并与应收票据备查簿的有关内容核对；检查库存票据，注意票据的种类、号数、签收日期、到期日、票面金额、合同交易号、付款人、承兑人、背书人姓名或单位名称，以及利率、贴现率、收款日期、收回金额等是否与应收票据登记簿的记录相符；关注是否对背书转让或贴现的票据负有连带责任；注意是否存在已作质押的票据和银行退回的票据；留意有无未入账的应收票据		
ACD	4. 对应收票据进行函证，并对函证结果进行汇总、分析，同时对不符事项做出适当处理		
A	5. 对于大额票据，应取得相应销售合同或协议、销售发票和出库单等原始交易资料并进行核对，以证实是否存在真实交易		
D	6. 复核带息票据的利息计算是否正确，并检查其会计处理是否正确		
D	7. 对贴现的应收票据，复核其贴现息计算是否正确，会计处理是否正确		
D	8. 评价针对应收票据计提的坏账准备的适当性		
F	9. 检查应收票据是否已按照企业会计准则的规定在财务报表中作恰当列报		

6.5.4 应交税费的审计

1. 审计目标与认定对应关系表

审计目标与认定对应关系表（应交税费）如表 6-29 所示。

表 6-29　审计目标与认定对应关系表（应交税费）

审计目标	财务报表认定				
	存在	完整性	权利和义务	计价和分摊	列报
A. 资产负债表中记录的应交税费是存在的	√				
B. 所有应当记录的应交税费均已记录		√			
C. 记录的应交税费是被审计单位应当履行的偿还义务			√		
D. 应交税费以恰当的金额包括在财务报表中，与之相关的计价调整已恰当记录				√	
E. 应交税费已按照企业会计准则的规定在财务报表中作恰当列报					√

2. 审计目标与审计程序对应关系表

审计目标与审计程序对应关系表（应交税费）如表 6-30 所示。

表 6-30　审计目标与审计程序对应关系表（应交税费）

审计目标	计划实施的实质性程序	索引号	执行人
D	1. 获取或编制应交税费明细表 （1）复核加计是否正确，并与报表数、总账数和明细账合计数核对是否相符； （2）注意印花税、耕地占用税以及其他不需要预计应交数的税金有无误入应交税费项目； （3）分析存在借方余额的项目，查明原因，判断是否由被审计单位预交税款引起		
DB	2. 首次接受委托时，取得被审计单位的纳税鉴定、纳税通知、减免税批准文件等，了解被审计单位适用的税种、附加税费、计税（费）基础、税（费）率，以及征、免、减税（费）的范围与期限。如果被审计单位适用特定的税基式优惠或税额式优惠，或减低适用税率，且该项税收优惠需办理规定的审批或备案手续，应检查相关的手续是否完整、有效。连续接受委托时，关注其变化情况		
BA	3. 核对期初未交税金与税务机关受理的纳税申报资料是否一致，检查缓期纳税及延期纳税事项是否经过有权税务机关批准		
BDC	4. 取得税务部门汇算清缴或其他确认文件、有关政府部门的专项检查报告、税务代理机构专业报告、被审计单位纳税申报资料等，分析其有效性，并与上述明细表及账面数据进行核对。对于超过法定交纳期限的税费，应取得主管税务机关的批准文件		

续表

审计目标	计划实施的实质性程序	索引号	执行人
DBA	5. 检查应交增值税 （1）获取或编制应交增值税明细表，加计复核其正确性，并与明细账核对是否相符； （2）将应交增值税明细表与被审计单位增值税纳税申报表进行核对，比较两者是否总体相符，并分析其产生差额的原因； （3）通过"原材料"等相关科目核算进项税是否合理； （4）抽查一定期间的进项税抵扣汇总表，与应交增值税明细表相关数额合计数核对，如有差异，查明原因并作适当处理； （5）抽查重要进项税发票、海关完税凭证、收购凭证或运费发票，并与网上申报系统进行核对，并注意进口货物、购进的免税农产品或废旧物资、支付运费、接受投资或捐赠、接受应税劳务等应计的进项税额是否按规定进行了会计处理；因存货改变用途或发生非常损失应计的进项税额转出数的计算是否正确，是否按规定进行了会计处理； （6）根据与增值税销项税额相关账户审定的有关数据，复核存货销售，或将存货用于投资、无偿馈赠他人、分配给股东（或投资者）应计的销项税额，以及将自产、委托加工的产品用于非应税项目的计税依据确定是否正确，以及应计的销项税额是否正确计算，是否按规定进行会计处理； （7）检查适用税率是否符合税法规定； （8）抽查本期已交增值税资料，确定已交款数的正确性		
DBA	6. 检查应交消费税的计算是否正确。结合"税金及附加"等项目的审计，根据审定的应税消费品销售额（或数量），检查消费税的计税依据是否正确，适用税率是否符合税法规定，是否按规定进行了会计处理，并分项复核本期应交数；抽查本期已交消费税资料，确定已交数的正确性		
DBA	7. 检查应交城市维护建设税的计算是否正确。结合税金及附加等项目的审计，根据审定的计税基础和按规定适用的税率，复核被审计单位本期应交城市维护建设税的计算是否正确，是否按规定进行了会计处理；抽查本期已交城市维护建设税资料，确定已交数的正确性		
DBA	8. 检查应交车船使用税和房产税的计算是否正确。获取被审计单位自有车船数量、吨位（或座位）及自有房屋建筑面积、用途、造价（购入原价）、购建年月等资料，并与固定资产（含融资租入固定资产）明细账复核，确认是否一致；了解其使用、停用时间及其原因等情况；通过审核本期完税单，检查其是否如实申报和按期交纳，是否按规定进行了会计处理		
D	9. 检查应交土地使用税的计算是否正确，是否按规定进行了会计处理		
D	10. 获取或编制应交所得税测算表，结合所得税项目，确定应纳税所得额及企业所得税税率，复核应交企业所得税的计算是否正确，是否按规定进行了会计处理；抽查本期已交所得税资料，确定已交数的正确性。汇总纳税企业所得税汇算清缴，并按税法规定追加相应的程序		

续表

审计目标	计划实施的实质性程序	索引号	执行人
E	11. 检查教育费附加等的计算是否正确,是否按规定进行了会计处理		
D	12. 检查除上述税项外的其他税项及代扣税项的计算是否正确,是否按规定进行了会计处理		
D	13. 检查被审计单位获得税费减免或返还时的依据是否充分、合法和有效,会计处理是否正确		
D	14. 抽查应交税费的相关凭证,检查是否有合法依据,会计处理是否正确		
F	15. 确定应交税费是否已按照企业会计准则的规定在财务报表中作恰当列报		

3. 应交税费实质性程序工作底稿的填制

在应交税费实质性程序中,应填制的工作底稿包括应交税费审定表、应交税费明细表、应交增值税明细表、应交增值税销项税金测算表、应交企业所得税测算表、应交税费检查情况表,如表6-31至表6-36所示。

表6-31 应交税费审定表

被审计单位:＿＿＿＿＿＿＿＿＿＿ 索引号:＿＿＿＿＿＿＿＿＿＿
项目:＿＿＿＿应交税费＿＿＿＿ 财务报表截止日/期间:＿＿＿＿＿＿
编制人:＿＿＿＿＿＿＿＿＿＿ 复核人:＿＿＿＿＿＿＿＿＿＿
日期:＿＿＿＿＿＿＿＿＿＿ 日期:＿＿＿＿＿＿＿＿＿＿

项目名称	期末未审数	账项调整		重分类调整		期末审定数	上期末审定数	索引号
		借方	贷方	借方	贷方			
1. 企业所得税								
2. 增值税								
3. 消费税								
4. 资源税								
5. 土地使用税								
6. 房产税								
7. 车船使用税								
8. 城市维护建设税								
9. 教育费附加								
10. 代扣代缴个人所得税								
合计								

续表

调整分录								
内容	科目	金额	金额					

审计结论：

表6-32 应交税费明细表

被审计单位：_____　　　索引号：_____
项目：　　　　应交税费　　　　　　　　　财务报表截止日/期间：_____
编制人：_____　　　　　复核人：_____
日期：_____　　　　　　日期：_____

项目名称	期初余额	期末余额
一、未交税费		
1. 企业所得税		
2. 增值税		
3. 消费税		
4. 资源税		
5. 土地使用税		
6. 房产税		
7. 车船使用税		
8. 城市维护建设税		
9. 教育费附加		
……		
合计		
二、代扣代缴税费		
1. 个人所得税		
……		
合计		

审计说明：

表6-33 应交增值税明细表

被审计单位：_____	索引号：_____
项目：___应交增值税___	财务报表截止日/期间：_____
编制人：_____	复核人：_____
日期：_____	日期：_____

项目	本年数	备注
一、应交增值税		
1. 年初未抵扣数（用"-"反映）		
2. 销项税额		
出口退税		
进项税额转出		
转出多交增值税		
3. 进项税额		
已交税金		
减免税款		
出口抵减内销产品应纳税额		
转出未交增值税		
4. 期末未抵扣数（多交数用"-"反映）		
二、未交增值税		
1. 年初未交数（多交数以"-"反映）		
2. 本期转入数（多交数以"-"反映）		
3. 本期已交数		
4. 期末未交数（多交数以"-"反映）		
审计说明：		

表6-34 应交增值税销项税金测算表

被审计单位：_____	索引号：_____
项目：___应交增值税销项税金___	财务报表截止日/期间：_____
编制人：_____	复核人：_____
日期：_____	日期：_____

续表

项目	销售品种	收入	税率	应交增值税——销项税金
一、测算数				
1. 主营业务收入			13%	
	小计			
2. 其他业务收入			13%	
	小计			
3. 其他				
	小计			
4. 减：免税收入				
合计				
二、未审数				
三、差异额				
四、差异率				
差异分析：				
审计说明：				

表 6-35 应交企业所得税测算表

被审计单位：_____   索引号：_____
项目：___应交企业所得税___   财务报表截止日/期间：_____
编制人：_____   复核人：_____
日期：_____   日期：_____

内容	行次	金额	索引号	备注
一、审计前利润总额	(1)			
加：审计调整因素：	(2)			
1.	(3)			
2.	(4)			
3.	(5)			
4.	(6)			
5.	(7)			

续表

6.	(8)			
7.	(9)			
8.	(10)			
9. 其他	(11)			
小计	(12)			
二、审计后利润总额	(13)=(1)+(12)			
加：纳税调整增加额	(14)			
减：纳税调整减少额	(15)			
三、纳税调整后所得	(16)=(13)+(14)-(15)			
减：弥补以前年度亏损	(17)			
减：免税所得	(18)			
加：应补税投资收益已交所得税额	(19)			
减：允许扣除的公益救济性捐赠额	(20)			
减：加计扣除额	(21)			
四、应纳税所得额	(22)=(16)-(17)-(18)+(19)-(20)-(21)			
适用税率	(23)			
五、境内所得应纳所得税额	(24)=(22)×(23)			
减：境内投资所得抵免税额	(25)			
加：境外所得应纳所得税额	(26)			
减：境外所得抵免税额	(27)			
六、境内、外所得应纳所得税额	(28)=(24)-(25)+(26)-(27)			
减：减免所得税额	(29)			
七、实际应纳企业所得税额	(30)=(28)-(29)			
审计说明：				

表6-36 应交税费检查情况表

被审计单位：_____   索引号：_____
项目：_____应交税费_____   财务报表截止日/期间：_____
编制人：_____   复核人：_____
日期：_____   日期：_____

续表

日期	凭证编号	业务内容	对应科目	金额	核对内容（用"√""×"表示）					备注
					1	2	3	4	5	

核对内容说明：1. 原始凭证是否齐全；2. 记账凭证与原始凭证是否相符；3. 账务处理是否正确；4. 是否记录于恰当的会计期间；5. ……

审计说明：

6.5.5 预收账款的审计

1. 审计目标与认定对应关系表

审计目标与认定对应关系表（预收账款）如表 6-37 所示。

表 6-37 审计目标与认定对应关系表（预收账款）

审计目标	财务报表认定				
	存在	完整性	权利和义务	计价和分摊	列报
A. 资产负债表中记录的预收账款是存在的	√				
B. 所有应当记录的预收账款均已记录		√			
C. 记录的预收账款是被审计单位应当履行的现时义务			√		
D. 预收账款以恰当的金额包括在财务报表中，与之相关的计价调整已恰当记录				√	
E. 预收账款已按照企业会计准则的规定在财务报表中作恰当列报					√

2. 审计目标与审计程序对应关系表

审计目标与审计程序对应关系表（预收账款）如表 6-38 所示。

表 6-38 审计目标与审计程序对应关系表（预收账款）

审计目标	计划实施的实质性程序	索引号	执行人
D	1. 获取或编制预收账款明细表 （1）复核加计是否正确，并与报表数、总账数和明细账合计数核对是否相符； （2）以非记账本位币结算的预收账款，检查其采用的折算汇率及折算是否正确；		

续表

审计目标	计划实施的实质性程序	索引号	执行人
DB	（3）检查是否存在借方余额，必要时进行重分类调整； （4）结合应收账款等往来款项目的明细余额，检查是否存在应收、预收两方挂账的项目，必要时进行调整； （5）标识重要客户 2. 检查预收账款长期挂账的原因，并进行记录，必要时提请被审计单位调整		
ABD	3. 抽查预收账款有关的销货合同、仓库发货记录、货运单据和收款凭证，检查已实现销售的商品是否及时转销预收账款，确定预收账款期末余额的正确性和合理性		
ACD	4. 对预收账款进行函证		
E	5. 检查预收款项是否已按照企业会计准则的规定在财务报表中作恰当列报		

本章小结

本章主要学习了销售与收款循环的业务活动，包括接受客户订单、批准赊销信用、根据销售单编制发运凭证并发货、按销售单装运货物、向客户开具账单、记录销售、办理和记录现金及银行存款收入、核销坏账和提取坏账准备等内容。

销售与收款循环的内部控制主要包括职责分离控制、授权审批控制、会计记录控制、凭证预先连续编号控制、寄送对账单控制、内部核查程序控制等。

销售与收款循环涉及的报表项目主要包括营业收入、应收账款、坏账准备、预收账款、应收票据、销售费用、应交税费等，注册会计师应对其实施实质性程序。

本章练习题

一、填空题

1. 企业在批准了顾客订单之后，通常应编制一式多联的（   ）。

2. 赊销批准是由企业（   ）部门根据管理层的赊销政策和对每个顾客已授权的（   ）来进行的。

3. 在销售与收款业务中，企业应当将办理（   ）、（   ）、（   ）三项业务的部门分别设立。

4. 采用交款提货销售方式，应于货款已收到或取得收取货款的权力，同时已将（   ）和（   ）交给买方时确认收入的实现。

5. 在销售与收款业务中，采用分期收款结算方式，应按（   ）确认收入。

6. 我国企业会计准则规定："收入只有在（   ）很可能流入从而导致企业（   ）增加或者（   ）减少，且经济利益的流入额能够可靠计量时才能予以确认。"

7. 注册会计师可以通过编制或获取（   ）来分析应收账款的账龄，以便了解应收账款的（　　）。

8. 函证，是指注册会计师为了获取影响（　　）或相关披露认定的项目的信息，通过直接来自第三方对有关信息和现存状况的声明，获取和评价（　　）的过程。

9. 注册会计师认为必要时，可抽取部分票据向出票人函证，以证实应收票据的（　　）和（　　），并编制函证结果汇总表。

10. 审查坏账准备的计提，主要应查明坏账准备的（　　）和（　　）是否符合会计制度的规定。

二、判断题

1. 企业采用预收账款销售方式，应于商品已经发出时，确认收入的实现。（　　）
2. 从总体上对主营业务收入的真实性作出初步判断时，注册会计师一般不实施分析程序。（　　）
3. 截止测试是实质性程序中常用的一种具体审计技术，在主营业务收入审计中的运用更为典型。（　　）
4. 如果不对应收账款函证，注册会计师应当在工作底稿中说明理由。（　　）
5. 注册会计师通常在资产负债表日前某一天函证资产负债表日的应收账款余额。（　　）
6. 在对应收账款实施函证时，如果重大错报风险水平评估为较低，注册会计师通常会采用积极的函证方式。（　　）
7. 当对应收账款实施函证时，注册会计师应当对选择被询证者、设计询证函以及发出和收回询证函保持控制。（　　）
8. 对未函证的应收账款，注册会计师应执行替代审计程序。（　　）
9. 应收票据虽具有实物形态，但注册会计师一般不对其实施监盘程序。（　　）
10. 预收账款若存在借方余额，注册会计师应建议被审计单位作重新分类调整。（　　）

三、单项选择题

1. 下列不属于销售与收款循环中的业务活动的是（　　）。
 A. 接受顾客订单　　　　　　　　B. 向顾客开具账单
 C. 注销坏账　　　　　　　　　　D. 确认与记录负债
2. 在销售与收款循环的内部控制中，下列说法不正确的是（　　）。
 A. 企业应当将办理销售、发货、收款三项业务的部门（或岗位）分别设立
 B. 由一名财务人员编制销售单并开具销售发票
 C. 销售人员应当避免接触销售现款
 D. 企业应收票据的取得和贴现必须经保管票据以外的主管人员书面批准
3. 审计师为了发现被审计单位是否存在多计收入的情况，所采取的最有效的审计程序是（　　）。
 A. 以账簿记录为起点做销售业务的截止测试
 B. 以销售发票为起点做销售业务的截止测试
 C. 以发运凭证为起点做销售业务的截止测试
 D. 向债务人函证

4. 应收账款询证函的发出和收回应由（　　）控制。
   A. 被审计单位　　　　　　　　　　B. 注册会计师
   C. 被审计单位和注册会计师　　　　D. 被审计单位或注册会计师

5. 注册会计师实施主营业务收入的截止测试，主要目的是发现（　　）。
   A. 当年未入账销货　　　　　　　　B. 年末应收账款余额不正确
   C. 超额的销货折扣　　　　　　　　D. 未核准的销货退回

四、多项选择题

1. 下列属于销售与收款循环中的业务活动的有（　　）。
   A. 办理和记录现金、银行存款收入　B. 注销坏账
   C. 提取坏账准备　　　　　　　　　D. 验收商品

2. 以下对询证函的处理方法中，正确的有（　　）。
   A. 在粘封询证函时对其统一编号，并将发出询证函的情况记录于审计工作底稿
   B. 询证函经会计师事务所盖章后，由审计师直接发出
   C. 收回询证函后，将重要的回函复制给被审计单位以帮助催收货款
   D. 以电子邮件回函的，要求被询证单位将原件盖章后寄至会计师事务所

3. 与主营业务收入确认有密切关系的日期包括（　　）。
   A. 发票开具日期　　　　　　　　　B. 收款日期
   C. 记账日期　　　　　　　　　　　D. 发货日期

4. 当同时存在下列哪些情况时，注册会计师通常可考虑采用消极的函证方式？（　　）
   A. 重大错报风险水平评估为较低　　B. 涉及大量余额较小的账户
   C. 预期不存在大量的错误　　　　　D. 重大关联方交易

5. 如果应收账款函证发现了不符事项，不符事项的原因可能是（　　）。
   A. 双方登记入账的时间不同　　　　B. 被审计单位的舞弊行为
   C. 一方记账错误　　　　　　　　　D. 双方记账错误

五、实务题

1. 审计人员在审查某工业企业201×年8月份银行存款日记账时，发现8月24日摘要中注明预收某产品货款，但对方科目的名称是"主营业务收入"，金额总计26万元，决定进一步查证。经查阅201×年8月24日17号记账凭证，其会计分录如下：

   借：银行存款　　　　　　　　　　　　　　　　　　　　　260 000
   　　贷：主营业务收入　　　　　　　　　　　　　　　　　　　　260 000

   该凭证所附的原始凭证仅是一张信汇收账通知，无发票记账联，经过询问当事人并调阅有关销售合同，确定该企业预收某单位产品预购款26万元，但因对会计制度规定不熟悉，会计人员已在收到预购款当日将其作了收入处理。
   要求：指出该企业存在的问题，并提出处理意见。

2. A公司年末应收账款总账的余额为6 000万元，其所属明细账中有借方余额的合计数为6 200万元，有贷方余额的合计数为200万元，其他应收款总账余额为2 000万元。该公司采用余额百分比法计提坏账准备，计提比例为1%，计提金额为64万元。坏账准备账户

明细账（简式）如表6-39所示。

表6-39 坏账准备明细账（简式）

日期	凭证字号	摘要	借方/万元	贷方/万元	余额/万元
1月1日		上年结转			80（贷方）
5月9日	转字70	核销坏账	50		30（贷方）
10月16日	转字198	核销坏账	32		-2（贷方）
12月31日	转字370	计提本年的坏账准备		64	62（贷方）

要求：根据上述资料，对A公司坏账准备的计提进行审查并提出审计意见。

3. 201×年3月15日，注册会计师对某公司应收账款项目进行审计，该公司的应收账款明细账资料如表6-40所示。根据需要，注册会计师决定对该公司表中五个明细账户中的两个客户进行函证。

要求：分析注册会计师应该选择哪两个客户进行函证？为什么？

表6-40 应收账款明细账资料   元

明细账户	应收账款年末余额	本年度销售总额
A公司	46 280	54 165
B公司	205 500	342 678
C公司	2 799	2 549
D公司	26 300	35 100
E公司	0	198 450

4. B注册会计师在对XYZ股份有限公司2019年度会计报表进行审计。XYZ公司为增值税一般纳税人，增值税率13%。为了确定XYZ公司的销售业务是否记录在恰当的会计期间，决定对销售进行截止测试。截止测试的简化审计工作底稿如表6-41所示。

表6-41 截止测试的简化审计工作底稿

销售发票号（#）	金额/万元	记入销售明细账日期	发运日	发票日	销售成本/万元
7891	10	2019.12.30	2019.12.27	2019.12.27	6.0
7892	15	2019.12.30	2020.1.2	2020.1.3	10.0
7893	8	2019.12.31	2020.1.5	2020.1.6	4.9
7894	20	2020.1.2	2019.12.30	2019.12.30	12.0
7895	10	2020.1.3	2020.1.2	2020.1.3	6.0

要求：

（1）根据上述资料指出 B 注册会计师实施销售截止测试的目的及方法。

（2）根据上述资料分析 XYZ 公司是否存在提前入账的问题，如有，请编制调整分录。

（3）根据上述资料分析 XYZ 公司是否存在推迟入账的问题，如有，请编制调整分录。

第7章

采购与付款循环的审计

学习目标

1. 了解采购与付款循环涉及的主要业务活动及其主要凭证、记录。
2. 理解采购与付款循环内部控制的关键环节并了解该循环的控制测试。
3. 明确应付账款的审计目标,并掌握其实质性测试。
4. 明确固定资产的审计目标,并掌握其实质性测试。

教学要求

注重案例教学,通过实务练习,让学生掌握应付账款、固定资产审计。

导入案例

银广夏事件

一、引言

银广夏公司全称为宁夏西部创业实业股份有限公司[曾用名:广夏(银川)实业股份有限公司],证券简称为ST广夏(证券代码:000557),于1994年6月上市,曾因骄人的业绩和诱人的前景而被称为"中国第一蓝筹股"。2001年8月,《财经》杂志发表"银广夏陷阱"一文,银广夏虚构财务报表事件被曝光。专家意见认为,天津广夏出口德国诚信贸易公司的为"不可能的产量、不可能的价格、不可能的产品"。以天津广夏萃取设备的产能,即使通宵达旦运作,也生产不出所宣称的数量;天津广夏萃取产品出口价格高到近乎荒谬;对德出口合同中的某些产品,根本不能用二氧化碳超临界萃取设备提取。

二、对优良业绩的质疑

(1)利润率高达46%(2000年),而深沪两市农业类、中草药类和葡萄酿酒类上市公司的利润率鲜有超过20%的。

(2)如果天津广夏宣称的出口属实,按照我国税法,应办理几千万的出口退税,但年报里根本找不到出口退税的项目。2000 年公司工业生产性的收入形成毛利 5.43 亿元，按 17% 税率计算，公司应当计交的增值税至少为 9 231 万元，但公司披露 2000 年年末应交增值税余额为负数，不但不欠，而且没有抵扣完。

（3）公司 2000 年销售收入与应收款项保持大体比例的同步增长，货币资金和应收款项合计与短期借款也保持大体比例的同步增长，考虑到公司当年销售及资金回笼并不理想，显然公司希望以巨额货币资金的囤积来显示销售及回款情况。

（4）签下总金额达 60 亿元合同的德国诚信公司（Fedelity Trading GmBH）只与银广夏单线联系，据称是一家百年老店，事实上却是注册资本仅为 10 万马克的一家小型贸易公司。

（5）原材料购买批量很大，都是整数吨位，一次性购买上千吨桂皮、生姜，整个厂区恐怕都盛不下，而库房、工艺不许外人察看。

（6）萃取技术高温高压高耗电，但水电费 1999 年仅 20 万元，2000 年仅 70 万元。

（7）1998 年及之前的财务资料全部神秘"消失"。

三、查证的事实

真相再清楚不过了：天津广夏 1999 年、2000 年获得"暴利"的萃取产品出口，纯属子虚乌有。整个事情——从大宗萃取产品出口到银广夏利润猛增到股价离谱上涨——是一场彻头彻尾的骗局。

2002 年 5 月，中国证监会对银广夏的行政处罚决定书认定，公司自 1998 年至 2001 年期间累计虚增利润 77 156.70 万元，其中：1998 年虚增 1 776.10 万元，由于主要控股子公司天津广夏 1998 年及之前年度的财务资料丢失，利润真实性无法确定；1999 年虚增 17 781.86 万元，实际亏损 5 003.20 万元；2000 年虚增 56 704.74 万元，实际亏损 14 940.10 万元；2001 年 1—6 月虚增 894 万元，实际亏损 2 557.10 万元。从原料购进到生产、销售、出口等环节，公司伪造了全部单据，包括销售合同和发票、银行票据、海关出口报关单和所得税免税文件。2001 年 9 月后，因涉及银广夏利润造假案，深圳中天勤这家审计最多上市公司财务报表的会计师事务所实际上已经解体。财政部亦于 9 月初宣布，拟吊销签字注册会计师刘某、徐某的注册会计师资格；吊销中天勤会计师事务所的执业资格，并会同证监会吊销其证券、期货相关业务许可证，同时，将追究中天勤会计师事务所负责人的责任。

据庭审记录，1999 年 11 月，董某接到了银广夏公司财务总监、总会计师兼董事局秘书丁某的电话，要求他将每股的利润做到 0.8 元。董某便进行了相应的计算，得出天津广夏公司需要制造多少利润，进而根据这一利润，计算出天津广夏需要多大的产量、多少的销售量以及购多少原材料等数据。1999 年的财务造假从购入原材料开始。董某虚构了北京瑞杰商贸有限公司、北京市京通商贸有限公司、北京市东风实用技术研究所等单位，让这几家单位作为天津广夏的原材料提供方，虚假购入萃取产品原材料蛋黄粉、姜、桂皮、产品包装桶等物，并到黑市上购买了发票、汇款单、银行进账单等票据，从而伪造了这几家单位的销售发票和天津广夏发往这几家单位的银行汇款单。有了原材料的购入，随后便有了产品的售出，董某伪造了总价值 5 610 万马克的货物出口报关单四份、德国捷高公司北京办事处支付的金额为 5 400 万元的出口产品货款银行进账单三份。为完善造假过程，董某又指使时任天津广夏公司总经理的阎某伪造萃取产品生产记录。于是，阎某便指使天津广夏职工伪造萃取产品虚假原料入库单、班组生产记录、产品出库单等。最后，董某虚构天津广夏萃取产品出口收入 23 898.60 万元。该虚假的年度财务报表经深圳中天勤会计师事务所审计后，并入银广夏公司年报，银广夏公司向社会发布的虚假净利润高达 12 778.66 万元。2000 年，银广夏财务造假行动继续进行，依旧是接受了丁某的指示，董某伪造了虚假出口销售合同、银行汇款单、销售发票、出口报关单及德国诚信贸易公司支付的货款进账单，同样指使天津广夏职工伪造了虚假财务凭证。结果，2000 年天津广夏共虚造萃取产品出口收入 72 400 万元，虚假年度财务报表由深圳中天勤会计师事务所审计，注册会计师刘某、徐某签署无保留意见后，向社会发布虚假净利润 41 764.643 1 万元。

请思考：

1. 银广夏用了哪些造假手段？
2. 在采购与付款循环中银广夏具体用了哪些造假手段？

7.1　采购与付款循环审计概述

企业的采购与付款循环包括购买商品、劳务和固定资产，以及企业在经营活动中为获取收入而发生的直接或间接的支出。采购与付款交易通常要经过请购—订货—验收—付款这样的程序。

7.1.1　采购与付款循环涉及的主要凭证与会计记录

7-1　采购与付款循环审计概述

1. 采购计划

企业以销售和生产计划为基础，考虑供需关系及市场计划变化等因素，制订采购计划，并经适当的管理层审批后执行。

2. 供应商清单

企业通过文件审核及实地考察等方式对合作的供应商进行认证，将通过认证的供应商信息进行手工或系统维护，并及时进行更新。

3. 请购单

请购单是由生产、仓库等相关部门的有关人员填写，送交采购部门，申请购买商品、劳务或其他资产的书面凭据。

4. 订购单

订购单是由采购部门填写，经适当的管理层审核后发送给供应商，向供应商购买订购单上所指定的商品和劳务的书面凭据。

5. 验收及入库单

验收单是收到商品时所编制的凭据，列示通过质量检验的、从供应商处收到的商品种类和数量等内容。入库单是由仓库管理人员填写的验收合格品入库的凭证。

6. 卖方发票

卖方发票（供应商发票）是供应商开具的，交给买方以载明发运的货物或提供的劳务、应付款金额和付款条件等事项的凭证。

7. 付款凭单

付款凭单是采购方企业的应付凭单部门编制的，载明已收到的商品、资产或接受的劳务、应付款金额和付款日期的凭证。付款凭单是采购方企业内部记录和支付负债的授权证明文件。

8. 转账凭证

转账凭证是指记录转账交易的记账凭证，它是根据有关转账交易（即不涉及库存现金、银行存款收付的各项交易）的原始凭证编制的。

9. 付款凭证

付款凭证包括现金付款凭证和银行存款付款凭证，是指用来记录库存现金和银行存款支出交易的记账凭证。

10. 应付账款明细账

应付账款明细账记录因购买材料、商品或接受劳务供应等而发生的债务，是买卖双方在购销活动中由于取得物资与支付货款在时间上不一致而产生的负债的凭证。

11. 库存现金日记账和银行存款日记账

（前面已述，略）

12. 供应商对账单

实务中，对采购及应付账款的定期对账通常由供应商发起。供应商对账单是由供应商编制的、用于核对与采购企业往来款项的凭据，通常标明期初余额、本期购买、本期支付给供应商的款项和期末余额等信息。供应商对账单是供应商对有关交易的陈述，如果不考虑买卖双方在收发货物上可能存在的时间差等因素，其期末余额通常应与采购方相应的应付账款期末余额一致。

7.1.2 采购与付款循环的主要业务活动（以制造业为例）

制造业被审计单位的采购与付款循环通常涉及的主要业务活动与常见的主要单据及会计记录如表7-1所示。

表7-1 采购与付款循环的主要业务活动与相关凭证记录（制造业）

业务活动	内容	凭证记录	相关部门	相关认定
（一）制订采购计划	基于企业的生产经营计划，生产、仓库等部门定期编制采购计划，经部门负责人等适当的管理人员审批后提交采购部门，具体安排商品及服务采购	采购计划	生产、仓库等部门	
（二）供应商认证及信息维护	企业通常对合作的供应商事先进行资质等审核，将通过审核的供应商信息录入系统，形成完整的供应商清单，并及时对其信息变更进行更新。采购部门只能向通过审核的供应商进行采购	供应商清单	招标委员会或跨部门招采组织	

续表

业务活动	内容	凭证记录	相关部门	相关认定
（三）请购商品和劳务	1. 生产部门根据采购计划，对需要购买的已列入存货清单的原材料等项目填写请购单，其他部门也可以对所需要购买的商品或劳务编制请购单； 2. 大多数企业对正常经营所需物资的购买作一般授权，但对资本支出和租赁合同则通常要求作特别授权，只允许指定人员提出请购。请购单可手工或计算机编制； 3. 由于企业内不少部门可以填列请购单，可以分部门设置请购单的连续编号，每张请购单必须经过对这类支出预算负责的主管人员签字批准； 4. 请购单是证明有关采购交易的发生认定的凭据之一，也是采购交易的起点	请购单	仓库等有关部门	存在或发生
（四）编制订购单	1. 采购部门在收到请购单后，只能对经过批准的请购单发出订购单； 2. 对每张订购单，采购部门应确定最佳供应来源。对一些大额、重要的采购项目，应采取竞价方式来确定供应商，以保证供货的质量、及时性和成本的低廉； 3. 订购单应正确填写所需要的商品品名、数量、价格、厂商名称和地址等，预先予以顺序编号并经过被授权的采购人员签名； 4. 其正联应送交供应商，副联则送至企业内部的验收部门、应付凭单部门和编制请购单的部门。随后，应独立检查订购单的处理，以确定是否确实收到商品并正确入账	订购单	采购部门	完整性、发生
（五）验收商品	1. 验收部门首先应比较所收商品与订购单上的要求是否相符，如商品的品名、摘要、数量、到货时间等，然后再盘点商品并检查商品有无损坏； 2. 验收后，验收部门应对已收货的每张订购单编制一式多联、预先按顺序编号的验收单，作为验收和检验商品的依据； 3. 验收人员将商品送交仓库或其他请购部门时，应取得经过签字的收据，或要求其在验收单的副联上签收，还应将其中的一联验收单送交应付凭单部门	验收单	验收部门	存在或发生、完整性

续表

业务活动	内容	凭证记录	相关部门	相关认定
（六）储存已验收的商品	1. 将已验收的商品的保管与采购的其他职责相分离，可以减少未经授权的采购和盗用商品的风险； 2. 存放商品的仓储区应相对独立，限制无关人员接近	验收单上签收	仓库、请购部门	存在或发生
（七）编制付款凭单	记录采购交易之前，应付凭单部门应核对订购单、验收单和卖方发票的一致性并编制付款凭单。这项控制的功能包括：①确定供应商发票的内容与相关的验收单、订购单的一致性；②确定供应商发票计算的正确性；③编制有预先顺序编号的付款凭单，并附上支持性凭证（如订购单、验收单和供应商发票等）；④独立检查付款凭单计算的正确性；⑤在付款凭单上填入应借记的资产或费用账户的名称；⑥由被授权人员在凭单上签字，以示批准按照此类凭单要求付款	付款凭证、验收单、订购单、供应商发票	应付凭单部门	存在或发生、完整性、权利和义务、计价及分摊
（八）确认与记录负债	1. 在收到供应商发票时，应付账款部门应将发票上所记载的品名、规格、价格、数量、条件及运费与订购单上的有关资料核对；如有可能，还应与验收单上的资料进行比较； 2. 会计主管应监督为采购交易而编制的记账凭证中账户分类的适当性；通过定期核对编制记账凭证的日期与凭单副联的日期，监督入账的及时性	应付账款明细账、供应商发票、验收单、订购单、供应商对账单、应付凭单登记簿	应付账款部门、会计部门	存在或发生、计价及分摊、完整性
（九）办理付款	通常是由应付凭单部门负责确定未付凭单在到期日付款，企业有多种款项结算方式，以支票结算方式为例，有关控制包括： 1. 独立检查已签发支票的总额与所处理的付款凭单的总额的一致性； 2. 应由被授权的财务部门的人员负责签署支票； 3. 被授权签署支票的人员应当确定每张支票都附有一张已经适当批准的未付款凭单，并确定支票收款人姓名和金额与凭单内容的一致性；	付款凭单、支票	应付凭单部门、财务部门	存在或发生、计价及分摊、完整性

续表

业务活动	内容	凭证记录	相关部门	相关认定
	4. 支票一经签署就应在其凭单和支持性凭证上用加盖印戳或打洞等方式将其注销，以免重复付款； 5. 支票签署人不应签发无记名甚至空白的支票； 6. 支票应预先编号，保证支出支票存根的完整性和作废支票处理的恰当性； 7. 应当确保只有被授权的人员才能接近未经使用的空白支票			
（十）记录现金、银行存款支出	以记录银行存款支出为例，有关控制包括： 1. 会计主管应独立检查计入银行存款日记账和应付账款明细账的金额的一致性，以及与支票汇总记录的一致性； 2. 通过定期比较银行存款日记账记录的日期与支票副本的日期，独立检查入账的及时性； 3. 独立编制银行存款余额调节表	库存现金日记账、银行日记账、支票、付款凭证	会计部门	存在或发生、计价及分摊、完整性

7.2 采购与付款循环的内部控制与控制测试

7.2.1 采购交易的内部控制及控制测试

1. 采购交易的内部控制

在前面的 6.2 节中，我们比较详细地讨论了销售交易相关的内部控制。鉴于采购交易与销售交易无论在控制目标还是在关键内部控制方面，就原理而言大同小异，因此，以下仅就采购交易内部控制的特殊之处予以说明。

7-2 采购与付款循环的内部控制与控制测试

1）适当的职责分离

如前所述，适当的职责分离有助于防止各种有意或无意的错误。与销售和收款交易一样，采购与付款交易也需要适当的职责分离。企业应当建立采购与付款交易的岗位责任制，明确相关部门和岗位的职责、权限，确保办理采购与付款交易的不相容岗位相互分离、制约和监督。采购与付款交易不相容岗位至少包括：请购与审批；询价与确定供应商；采购合同的订立与审批；采购与验收；采购、验收与相关会计记录；付款审批与付款执行。这些都是对企业提出的有关采购与付款交易相关职责适当分离的基本要求，以确保办理采购与付款交易的不相容岗位相互分离、制约和监督。

2) 恰当的授权审批

付款需要由经授权的人员审批，审批人员在审批前须检查相关支持文件，并对其发现的例外事项进行跟进处理。

3) 凭证的预先编号及对例外报告的跟进处理

通过对入库单的预先编号以及对例外情况的汇总处理，被审计单位可以应对存货和负债记录方面的完整性风险。如果该控制是人工执行的，被审计单位可以安排入库单编制人员以外的独立复核人员定期检查已经进行会计处理的入库单记录，确认是否存在遗漏或重复记录的入库单，并对例外情况予以跟进。

如果在IT环境下，则系统可以定期生成列明跳号或重号的入库单统计例外报告，由经授权的人员对例外报告进行复核和跟进，可以确认所有入库单都进行了处理，且没有重复处理。

4) 内部核查程序

企业应当建立对采购与付款交易内部控制的监督检查制度。采购与付款交易内部控制监督检查通常包括以下内容。

(1) 采购与付款交易相关岗位及人员的设置情况。重点检查是否存在采购与付款交易不相容职务混岗的现象。

(2) 采购与付款交易授权批准制度的执行情况。重点检查大宗采购与付款交易的授权批准手续是否健全，是否存在越权审批行为。

(3) 应付账款和预付账款的管理。重点审查应付账款和预付账款支付的正确性、时效性和合法性。

(4) 有关单据、凭证和文件的使用和保管情况。重点检查凭证的登记、领用、传递、保管、注销手续是否健全，使用和保管制度是否存在漏洞。

2. 采购交易的内部控制测试

下面仅讨论在实施采购与付款交易的控制测试时应当注意的一些内容。

(1) 在前面7.1.2介绍的采购与付款交易涉及的十项主要业务活动中，第三、四、五项分别是请购商品和劳务、编制订购单、验收商品。注册会计师在实施控制测试时，应抽取请购单、订购单和商品验收单，检查请购单、订购单是否得到适当审批，验收单是否有相关人员的签名，订购单和验收单是否按顺序编号。

(2) 对于编制付款凭单、确认与记录负债这两项主要业务活动，被审计单位的内部控制通常要求应付账款记账员将采购发票所载信息与验收单、订购单进行核对，核对相符应在发票上加盖"相符"印戳。对此，注册会计师在实施控制测试时，应抽取订购单、验收单和采购发票，检查所载信息是否核对一致，发票上是否加盖了"相符"印戳。

7.2.2 付款交易的内部控制及控制测试

1. 付款交易的内部控制

对于每个企业而言，由于性质、所处行业、规模以及内部控制健全程度等不同，因而与付款交易相关的内部控制内容可能有所不同，但以下与付款交易相关的内部控制内容是通常应当共同遵循的。

(1) 企业应当按照《现金管理暂行条例》《支付结算办法》等有关货币资金内部控制的规定办理采购付款交易。

(2) 企业财会部门在办理付款交易时,应当对采购发票、结算凭证、验收证明等相关凭证的真实性、完整性、合法性及合规性进行严格审核。

(3) 企业应当建立预付账款和定金的授权批准制度,加强预付账款和定金的管理。

(4) 企业应当加强应付账款和应付票据的管理,由专人按照约定的付款日期、折扣条件等管理应付款项。已到期的应付款项须经有关授权人员审批后才可办理结算与支付。

(5) 企业应当建立退货管理制度,对退货条件、退货手续、货物出库、退货货款回收等作出明确规定,及时收回退货款。

(6) 企业应当定期与供应商核对应付账款、应付票据、预付款项等往来款项。如有不符,应查明原因,及时处理。

2. 付款交易的内部控制测试

对于付款这项主要业务活动,有些被审计单位内部控制要求,由应付账款记账员负责编制付款凭证,并附相关单证,提交会计主管审批。在完成对付款凭证及相关单证的复核后,会计主管在付款凭证上签字,作为复核证据,并在所有单证上加盖"核销"印戳。对此,注册会计师在实施控制测试时,应抽取付款凭证,检查其是否经会计主管复核和审批,并检查款项支付是否得到适当人员的复核和审批。采购与付款循环内部控制调查表如表7-2所示。

表7-2 采购与付款循环内部控制调查表

调查内容	是	否	不适用	备注
1. 是否已建立请购的一般授权和特殊授权程序?				
2. 是否对所有请购的物品编制请购单?				
3. 每一张订货单是否都要求有一张已批准的请购单?				
4. 是否使用有预先连续编号的订货单加以控制?				
5. 验收时是否盘点和检查物品并与有关订货单核对?				
6. 验收单是否预先连续编号?				
7. 验收部门将物品送交仓库或其他请购部,是否取得经对方签章的收据?				
8. 物品是否存放在加锁的地方,并限制接近?				
9. 是否设有保安人员守卫仓库存货?				
10. 记录业务之前,是否将订货单、验收单与购货发票相核对?				
11. 是否独立验证购货发票金额计算的正确性?				
12. 是否对有关记账凭证的分录进行独立检查?				
13. 是否通过定期核对记账凭证日期与购货发票的日期来监督入账的及时性?				
14. 是否定期独立检查未付款购货发票的总金额与应付账款总账余额的一致性?				
15. 是否定期与供应商对账?				
问题与评价				

7.2.3 固定资产的内部控制及控制测试

在本教材的业务循环划分中,固定资产属于采购与付款循环,但固定资产还有其特殊性,有必要单独加以说明。固定资产的内部控制及控制测试表如表7-3所示,固定资产内部控制调查表如表7-4所示。

表7-3 固定资产的内部控制及控制测试表

关键控制环节	控制内容	控制测试
(一)固定资产的预算制度	预算制度是固定资产内部控制中最重要的部分。通常,大中型企业应编制旨在预测与控制固定资产增减和合理运用资金的年度预算;小规模企业即使没有正规的预算,对固定资产的购建也要事先加以计划	检查固定资产的取得与处置是否依据预算进行,对于实际支出与预算之间的差异以及未列入预算的特殊事项,检查其是否履行特别的审批手续
(二)授权批准制度	企业的资本性预算只有经过董事会等高层管理机构批准才可生效;所有固定资产的处置,包括投资转出、报废、出售等,均要有一定的申请报批程序	检查授权批准制度本身是否完善,以及授权批准制度是否得到切实执行
(三)账簿记录制度	建立固定资产总账、明细账和固定资产登记卡;固定资产的增减变化均应有充分的原始凭证	检查账簿记录制度是否完善合理
(四)职责分工制度	对固定资产的取得、记录、保管、使用、维修、处置等,均应明确划分责任,做好分工	观察有关固定资产取得、记录、保管、使用、维修和处置等职责是否分离
(五)资本性支出和收益性支出的区分制度	企业应制定区分资本性支出和收益性支出的书面标准	检查资本性支出与收益性支出的区分制度是否符合会计准则的规定,是否得到准确执行
(六)固定资产的处置制度	固定资产的处置,包括投资转出、报废、出售等,均要有一定的申请报批程序	检查固定资产的处置是否履行了一定的申请报批程序
(七)固定资产的定期盘点制度	对固定资产的定期盘点,是验证账面各项固定资产是否真实存在,了解固定资产放置地点和使用状况,以及发现是否存在未入账固定资产的必要手段	了解和评价企业固定资产盘点制度,并应注意查询盘盈、盘亏固定资产的处理情况
(八)固定资产的维护保养制度	固定资产应有严密的维护保养制度,以防止其因各种自然和人为的因素而遭受损失,并应建立日常维护和定期检修制度,以延长其使用寿命	观察与检查;另外,注册会计师在检查、评价企业的内部控制时,还应当了解企业对固定资产的保险情况

表 7-4 固定资产内部控制调查表

调查内容	是	否	不适用	备注
1. 固定资产是否实行预算管理?				
2. 新增固定资产是否均经过适当的授权批准?				
3. 新增固定资产有无验收手续? 是否按规定计价?				
4. 资本性支出与收益性支出的标准是否易于区别?				
5. 固定资产总账是否均有明细账或登记卡片支持?				
6. 固定资产是否定期盘点、定期核对账卡? 是否能做到账、卡、物三者一致?				
7. 固定资产出售、报废、毁损等是否经过技术鉴定和审批?				
8. 固定资产是否全部投保?				
9. 折旧方法和折旧率是否符合规定? 前后期是否一贯?				
问题与评价				

7.3 应付账款的审计

应付账款是企业在正常经营过程中,因购买材料、商品和接受劳务供应等经营活动而应付给供应商的款项。注册会计师应结合赊购交易进行应付账款的审计。

对于资产类项目,注册会计师应重点关注其是否被高估,也就是应重点关注存在性,对应的审计程序有函证、监盘、查看实物、检查凭证等。而对于负债类项目,注册会计师应重点关注其是否被低估。

由于应付账款是负债类账户,其余额容易被低估,所以审计人员应重点关注应付账款的完整性,以及与完整性相关的截止目标。

7-3 应付账款的审计

7.3.1 审计目标与认定对应关系表

审计目标与认定对应关系表(应付账款)如表 7-5 所示。

表 7-5 审计目标与认定对应关系表(应付账款)

审计目标	财务报表认定				
	存在	完整性	权利和义务	计价和分摊	列报
A. 资产负债表中记录的应付账款是存在的	√				
B. 所有应当记录的应付账款均已记录		√			
C. 资产负债表中记录的应付账款是被审计单位应当履行的现实义务			√		
D. 应付账款以恰当的金额包括在财务报表中,与之相关的计价调整已恰当记录				√	

续表

审计目标	财务报表认定				
	存在	完整性	权利和义务	计价和分摊	列报
E. 应付账款已按照企业会计准则的规定在财务报表中作恰当列报					√

7.3.2 审计目标与审计程序对应关系表

审计目标与审计程序对应关系表（应付账款）如表7-6所示。

表7-6 审计目标与审计程序对应关系表（应付账款）

审计目标	计划实施的实质性程序	索引号	执行人
D	1. 获取或编制应付账款明细表 （1）复核加计是否正确，并与报表数、总账数和明细账合计数核对是否相符； （2）分析出现借方余额的项目，查明原因，必要时作重分类调整； （3）结合预付账款、其他应付款等往来项目的明细余额，调查有无同挂的项目、异常余额或与购货无关的其他款项（如关联方账户或雇员账户），如有，应进行记录，必要时作调整		
BD	2. 根据被审计单位实际情况，对应付账款进行分析性复核 （1）对本期期末应付账款余额与上期期末余额进行比较； （2）分析长期挂账的应付账款，要求被审计单位做出解释，判断被审计单位是否缺乏偿债能力或利用应付账款隐瞒利润。分析对确实无法支付的应付账款的会计处理是否正确，依据是否充分。关注账龄超过3年的大额应付账款在资产负债表日后是否偿还，检查偿还记录及单据，并披露； （3）计算应付账款对存货和流动负债的比率，并与以前期间对比分析，评价应付账款整体合理性		
AB	3. 函证应付账款（详见7.3.3） 选择应付账款的重要项目（包括零账户）函证其余额和交易条款，对未回函的再次发函或实施替代的检查程序，检查原始凭单，如合同、发票、验收单，核实应付账款的真实性		
BD	4. 查找未入账的应付款 （1）检查债务形成的相关原始凭证，如供应商发票、验收报告或入库单等，查找有无未及时入账的应付账款，确定应付账款金额的准确性； （2）获取被审计单位与其供应商之间的对账单（应从非财务部门，如采购部获取），并将对账单和被审计单位财务记录之间的差异进行调节（如在途款项、在途货物、付款折扣、未记录的负债等），查找有无未入账的应付账款，确定应付账款金额的准确性；		

续表

审计目标	计划实施的实质性程序	索引号	执行人
	（3）针对资产负债表日后付款项目，检查银行对账单及有关付款凭证（如银行划款通知、供应商收据等），询问被审计单位内部或外部知情人员，查找有无未及时入账的应付账款； （4）检查资产负债表日后应付账款明细账贷方发生额的相应凭证，关注其购货发票的日期，确认其入账时间是否合理； （5）结合存货盘存程序，检查在资产负债日前后的存货入库资料（验收报告/入库单），检查是否有大额货到单未到的情况，确认相关负债是否计入了正确的会计期间； （6）针对已偿付的应付账款，追查至银行对账单、银行付款单据和其他原始凭证，检查其是否在资产负债表日前真实偿付		
A	5. 针对异常或大额交易及重大调整事项（如大额的购货折扣或退回，会计处理异常的交易，未经授权的交易，或缺乏支持性凭证的交易等），检查相关原始凭证和会计记录，以分析交易的真实性、合理性		
D	6. 检查带有现金折扣的应付账款是否按发票记载的全部应付金额入账（总价法），在实际获得现金折扣时再冲减财务费用		
ABCD	7. 被审计单位与债权人进行债务重组的，检查不同债务重组方式下的会计处理是否正确		
ABCD	8. 检查应付关联方款项的真实性、完整性		
F	9. 检查应付账款是否已按照企业会计准则的规定在财务报表中作恰当列报		

7.3.3 函证应付账款

一般情况下，应付账款不需要函证，因为询证函需要依赖被审计单位的会计记录，包括记账凭证、明细账等，如果被审计单位没有对特定采购业务进行会计处理，而是将其予以隐瞒，注册会计师就无法取得编制询证函的依据，从而使函证程序不能保证查出未记录的应付账款。

函证的主要目的不在于查找未入账应付账款，而是确认应付账款业务是否存在，以及计价是否正确。应付账款函证注意事项如表 7-7 所示。

表 7-7 应付账款函证注意事项

（一）函证对象 1. 金额较大的债权人； 2. 在资产负债表日金额不大甚至为零，但却是企业重要供货商的债权人，因为这种情况下应付账款更可能被低估； 3. 存在关联方交易的债权人	（三）过程控制 注册会计师必须对函证的过程进行控制。要求被函证方直接回函给注册会计师，并根据回函情况，编制与分析函证结果汇总表；对未回函的，决定是否再次进行函证

续表

（二）函证方式 最好采用积极式	（四）替代审计程序 如果存在未回函的重大项目，注册会计师应采用替代审计程序。通常可以检查决算日后应付账款明细账及现金和银行存款日记账，核实其是否已支付；同时检查该笔债务的相关凭证资料（如合同、发票、验收单等），核实交易事项的真实性

7.3.4 应付账款实质性程序工作底稿的填制

在应付账款实质性程序中，应填制的工作底稿包括应付账款审定表、应付账款明细表、应付账款函证结果汇总表、应付账款替代测试表、应付账款核对表、未入账应付账款汇总表，如表7-8至表7-13所示。

表7-8 应付账款审定表

被审计单位：_____　　　　　　索引号：_____
项目：_____应付账款_____　　财务报表截止日/期间：_____
编制人：_____　　　　　　　　复核人：_____
日期：_____　　　　　　　　　日期：_____

项目名称	期末未审数	账项调整		重分类调整		期末审定数	上期末审定数	索引号
		借方	贷方	借方	贷方			
调整分录								
内容	科目	金额	金额					
审计结论：								

表7-9 应付账款明细表

被审计单位：_____　　　　　　索引号：_____
项目：_____应付账款_____　　财务报表截止日/期间：_____
编制人：_____　　　　　　　　复核人：_____
日期：_____　　　　　　　　　日期：_____

债权人名称	内容	金额	1年以内	1~2年	2~3年	3年以上

续表

审计说明:							

表 7-10 应付账款函证结果汇总表

被审计单位名称：　　　　　　　　制表人：　　　　　　　　日期：
结账日：　年　月　日　　　　　　复核人：　　　　　　　　日期：

询证函编号	债权人名称	债权人地址及联系方式	账面金额	函证方式	函证日期		回函日期	替代程序	确认余额	差异金额及说明	备注
					第一次	第二次					
合　计											

表 7-11 应付账款替代测试表

被审计单位：＿＿＿＿＿＿＿ 项目：　　应付账款——（　）替代测试 编制人：＿＿＿＿＿＿＿ 日期：＿＿＿＿＿＿＿	索引号：＿＿＿＿＿＿＿ 财务报表截止日/期间：＿＿＿＿＿＿＿ 复核人：＿＿＿＿＿＿＿ 日期：＿＿＿＿＿＿＿

一、期初余额							
二、贷方发生额							
	入账金额			检查内容（用"√""×"表示）			
序号	日期	凭证号	金额	①	②	③	……
1							
2							
……							
小计							
全年贷方发生额合计							
测试金额占全年贷方发生额的比例							

续表

三、借方发生额							
	入账金额			检查内容（用"√""×"表示）			
序号	日期	凭证号	金额	①	②	③	……
1							
2							
3							
……							
小计							
全年借方发生额合计							
测试金额占全年借方发生额的比例							
四、期末余额							
五、期后付款检查							
检查内容说明：①原始凭证内容是否完整；②记账凭证与原始凭证是否相符；③账务处理是否正确；④……							
审计说明：							

表7-12 应付账款核对表

被审计单位：_____　　　索引号：_____
项目：_____应付账款_____　　　　财务报表截止日/期间：_____
编制人：_____　　　　　复核人：_____
日期：_____　　　　　　日期：_____

序号	明细账凭证			摘要	入库单			购货发票			入库单与发票核对情况	明细账与发票核对情况
	编号	日期	金额		编号	日期	金额	日期	供应商名称	金额		

核对要点：
1. 入库单中的货物名称、数量、单价及金额与购货发票核对是否一致；
2. 记账凭证内容与购货发票核对是否一致。

审计说明：

表 7-13 未入账应付账款汇总表

被审计单位：_____	索引号：_____
项目：_____未入账应付账款_____	财务报表截止日/期间：_____
编制人：_____	复核人：_____
日期：_____	日期：_____

应付账款单位	业务内容	应付金额	未付及未入账原因

编制说明：本表用来汇总实施审计程序后发现的未入账的应付账款。

审计说明：

7.4 固定资产的审计

由于固定资产在企业资产总额中一般占有较大的比例，固定资产的安全、完整对企业的生产经营影响极大，注册会计师应对固定资产的审计给予高度重视。

固定资产审计的范围很广。固定资产项目余额由固定资产科目余额、扣除累计折旧科目余额和固定资产减值准备科目余额构成，这三项无疑属于固定资产的审计范围。

7-4 固定资产的审计

7.4.1 审计目标与认定对应关系表

审计目标与认定对应关系表（固定资产）如表 7-14 所示。

表 7-14 审计目标与认定对应关系表（固定资产）

审计目标	财务报表认定				
	存在	完整性	权利和义务	计价和分摊	列报
A. 资产负债表中记录的固定资产是存在的	√				
B. 所有应记录的固定资产均已记录		√			
C. 记录的固定资产由被审计单位拥有或控制			√		
D. 固定资产以恰当的金额包括在财务报表中，与之相关的计价或分摊已恰当记录				√	
E. 固定资产已按照企业会计准则的规定在财务报表中作恰当列报					√

7.4.2 审计目标与审计程序对应关系表

审计目标与审计程序对应关系表（固定资产）如表 7-15 所示。

表 7-15 审计目标与审计程序对应关系表（固定资产）

审计目标	计划实施的实质性程序	索引号	执行人
D	1. 获取或编制固定资产和累计折旧分类汇总表 检查固定资产的分类是否正确，并与总账数和明细账合计数核对是否相符，结合累计折旧、固定资产减值准备科目与报表数核对是否相符		
ABD	2. 实质性分析程序 （1）分类计算本期计提折旧额、累计折旧额与固定资产原值的比例，并与上期比较，以评价折旧费用和累计折旧是否可能存在错报； （2）计算本期计提折旧额与固定资产原值的比例，并与折旧率比较； （3）计算固定资产修理及维护费用占固定资产原值的比例，并进行本期各月、本期与以前各期的比较，以评价资本性支出与费用化支出是否可能被混淆		
AB	3. 实地查看重要固定资产，确定所记录的固定资产是否存在，关注是否存在已报废但仍未核销的固定资产；检查的重点是本期新增加的重要固定资产，如为首次接受审计，应适当扩大检查范围 主要程序有： （1）可以以固定资产明细分类账为起点，进行实地追查，以证明会计记录中所列固定资产确实存在，并了解其目前的使用状况（存在）； （2）以实地为起点，追查至固定资产明细分类账，以获取实际存在的固定资产均已入账的证据（完整性）		
AC	4. 检查固定资产的所有权或控制权 对于各类固定资产，获取、收集不同的证据以确定其是否归被审计单位所有： （1）对于外购的机器设备等固定资产，审核采购发票、采购合同等； （2）对于房地产类固定资产，查阅有关的合同、产权证明、财产税单、抵押借款的还款凭据、保险单等书面文件； （3）对于融资租入的固定资产，检查有关融资租赁合同； （4）对于汽车等运输设备，检查有关运营证件等； （5）对于受留置权限制的固定资产，结合有关负债项目进行检查		
ABCD	5. 检查本期固定资产的增加 （1）询问管理层当年固定资产的增加情况，并与获取或编制的固定资产明细表进行核对； （2）检查本年度增加固定资产的计价是否正确，手续是否齐备，会计处理是否正确，主要检查内容有： ①对于外购固定资产，通过核对采购合同、发票、保险单、发运凭证等资料，抽查测试其入账价值是否正确，授权批准手续是否齐备，会计处理是否正确，如果购买的是房屋建筑物，还应检查契税的会计处理是否正确，检查分期付款购买固定资产入账价值及会计处理是否正确；		

续表

审计目标	计划实施的实质性程序	索引号	执行人
	②对于在建工程转入的固定资产，应检查固定资产确认时点是否符合企业会计准则的规定，入账价值与在建工程的相关记录是否相符，是否与竣工决算、验收和移交报告等一致，对已经达到预定可使用状态，但尚未办理竣工决算手续的固定资产，检查其是否已按估计价值入账，并按规定计提折旧； ③对于投资者投入的固定资产，检查投资者投入的固定资产是否按投资各方确认的价值入账，并检查确认价值是否公允，交接手续是否齐全，涉及国有资产的，是否有评估报告并经国有资产管理部门评审备案或核准确认； ④对于更新改造增加的固定资产，检查通过更新改造而增加的固定资产增加的原值是否符合资本化条件，是否真实，会计处理是否正确，重新确定的剩余折旧年限是否恰当； ⑤对于融资租赁增加的固定资产，获取融资租入固定资产的相关证明文件，检查融资租赁合同的主要内容，并结合"长期应付款""未确认融资费用"科目检查相关的会计处理是否正确； ⑥对于通过其他途径增加的固定资产，应检查增加固定资产的原始凭证，核对其计价及会计处理是否正确，法律手续是否齐全； （3）检查固定资产是否存在弃置费用，如果存在，检查弃置费用的估计方法和弃置费用现值的计算是否合理，会计处理是否正确		
ABD	6. 检查本期固定资产的减少 （1）结合固定资产清理科目，抽查固定资产账面转销额是否正确； （2）检查出售、盘亏、转让、报废或毁损的固定资产是否经授权批准，会计处理是否正确； （3）检查因修理、更新改造而停止使用的固定资产的会计处理是否正确； （4）检查投资转出固定资产的会计处理是否正确； （5）检查债务重组或非货币性资产交换转出固定资产的会计处理是否正确； （6）检查其他减少固定资产的会计处理是否正确		
D	7. 获取已提足折旧仍继续使用固定资产的相关证明文件，并作相应记录		
CE	8. 检查固定资产的抵押、担保情况。结合对银行借款等的检查，了解固定资产是否存在重大的抵押、担保情况。如存在，应取证，并作相应的记录，同时提请被审计单位作恰当披露		
D	9. 检查累计折旧 （1）获取或编制累计折旧分类汇总表，复核加计是否正确，并与总账数和明细账合计数核对； （2）检查被审计单位制定的折旧政策和方法是否符合相关企业会计准则的规定，确定其所采用的折旧方法能否在固定资产预计使用寿命内合理分摊其成本，前后期是否一致，预计使用寿命和预计净残值是否合理；		

续表

审计目标	计划实施的实质性程序	索引号	执行人
	（3）复核本期折旧费用的计提和分配，主要包括： ①了解被审计单位的折旧政策是否符合规定，计提折旧范围是否正确，确定的使用寿命、预计净残值和折旧方法是否合理，如采用加速折旧法，是否取得批准文件； ②检查被审计单位折旧政策前后期是否一致； ③复核本期折旧费用的计提是否正确，尤其关注已计提减值准备的固定资产的折旧； ④检查折旧费用的分配方法是否合理，是否与上期一致；分配计入各项目的金额占本期全部折旧计提额的比例与上期相比是否有重大差异； ⑤注意固定资产增减变动时有关折旧的会计处理是否符合规定，查明通过更新改造、接受捐赠或融资租入而增加的固定资产的折旧费用计算是否正确； （4）将"累计折旧"账户贷方的本期计提折旧额与相应的成本费用中的折旧费用明细账户的借方相比较，检查本期所计提的折旧金额是否已全部摊入本期产品成本或费用，若存在差异，应追查原因，并考虑是否应建议作适当调整； （5）检查累计折旧的减少是否合理，会计处理是否正确		
D	10.检查固定资产的减值准备 （1）获取或编制固定资产减值准备明细表，复核加计是否正确，并与总账数和明细账合计数核对是否相符； （2）检查被审计单位计提固定资产减值准备的依据是否充分，会计处理是否正确； （3）检查资产组的认定是否恰当，计提固定资产减值准备的依据是否充分，会计处理是否正确； （4）计算本期期末固定资产减值准备占期末固定资产原值的比例，并与期初该比例比较，分析固定资产的质量状况； （5）检查被审计单位处置固定资产时原计提的减值准备是否同时结转，会计处理是否正确； （6）检查是否存在转回固定资产减值准备的情况，确定减值准备在以后会计期间没有转回		
E	11.检查固定资产是否已按照企业会计准则的规定在财务报表中作恰当列报 （1）固定资产的确认条件、分类、计量基础和折旧方法； （2）各类固定资产的使用寿命、预计净残值和折旧率； （3）各类固定资产的期初和期末原价、累计折旧额及固定资产减值准备累计金额； （4）当期确认的折旧费用； （5）对固定资产所有权的限制及其金额和用于担保的固定资产账面价值； （6）准备处置的固定资产名称、账面价值、公允价值、预计处置费用和预计处置时间等		

7.4.3 固定资产实质性程序工作底稿的填制

在固定资产实质性程序中,应填制的工作底稿包括固定资产审定表,固定资产、累计折旧及减值准备明细表,固定资产盘点检查情况表,固定资产增加检查表,固定资产减少检查表,累计折旧计算检查表,如表7-16至表7-21所示。

表7-16 固定资产审定表

被审计单位:_____	索引号:_____
项目:_____固定资产_____	财务报表截止日/期间:_____
编制人:_____	复核人:_____
日期:_____	日期:_____

项目名称	期末未审数	账项调整		重分类调整		期末审定数	上期末审定数
		借方	贷方	借方	贷方		
一、固定资产原值合计							
……							
二、累计折旧合计							
……							
三、减值准备合计							
……							
四、账面价值合计							
……							
调整分录							
内容	科目	金额	金额				
审计结论:							

表7-17 固定资产、累计折旧及减值准备明细表

被审计单位:_____	索引号:_____
项目:__固定资产、累计折旧及减值准备__	财务报表截止日/期间:_____
编制人:_____	复核人:_____
日期:_____	日期:_____

续表

项目名称	期初余额	本期增加	本期减少	期末余额	备注
一、固定资产原值合计					
其中：房屋、建筑物					
机器设备					
办公设备					
运输工具					
……					
二、累计折旧合计					
其中：房屋、建筑物					
机器设备					
办公设备					
运输工具					
……					
三、减值准备合计					
其中：房屋、建筑物					
机器设备					
办公设备					
运输工具					
……					
四、账面价值合计					
其中：房屋、建筑物					
机器设备					
办公设备					
运输工具					
……					
编制说明：备注栏可填列固定资产的使用年限、剩余使用年限、残值率和年折旧率等情况。审计说明：					

表 7-18　固定资产盘点检查情况表

被审计单位：_____　　　索引号：_____
项目：_____固定资产_____　　　　　　财务报表截止日/期间：_____
编制人：_____　　　　　复核人：_____
日期：_____　　　　　　日期：_____

序号	名称	计量单位	账面结存		被审计单位盘点			实际检查			备注
			数量	金额	数量	金额	盈亏（+、-）	数量	金额	盈亏（+、-）	

检查时间：　　　　　检查地点：　　　　　检查人：　　　　　盘点检查比例：
审计说明：

表 7-19　固定资产增加检查表

被审计单位：_____　　　索引号：_____
项目：_____固定资产_____　　　　　　财务报表截止日/期间：_____
编制人：_____　　　　　复核人：_____
日期：_____　　　　　　日期：_____

固定资产名称	取得日期	取得方式	固定资产类别	增加情况		凭证号	核对内容（用"√""×"表示）							
				数量	原价		1	2	3	4	5	6	7	8

核对内容说明：1. 与发票是否一致；2. 与付款单据是否一致；3. 与购买/建造合同是否一致；4. 与验收报告或评估报告等是否一致；5. 审批手续是否齐全；6. 与在建工程转出数核对是否一致；7. 会计处理是否正确（入账日期和入账金额）；8. ……

审计说明：

表 7-20　固定资产减少检查表

被审计单位：_____　　　索引号：_____
项目：_____固定资产_____　　　　　　财务报表截止日/期间：_____
编制人：_____　　　　　复核人：_____
日期：_____　　　　　　日期：_____

续表

固定资产名称	取得日期	处置方式	处置日期	固定资产原价	累计折旧	减值准备	账面价值	处置收入	净损益	索引号	核对内容（用"√""×"表示）				
											1	2	3	4	5

核对内容说明：1. 与收款单据是否一致；2. 与合同是否一致；3. 审批手续是否完整；4. 会计处理是否正确；5. ……

审计说明：

表7-21 累计折旧计算检查表

被审计单位：_____ 索引号：_____
项目：_____累计折旧_____ 财务报表截止日/期间：_____
编制人：_____ 复核人：_____
日期：_____ 日期：_____

固定资产名称	取得时间	使用年限	固定资产原值	残值率	累计折旧期初余额	减值准备期初余额	本期应提折旧	本期已提折旧	差异

审计说明：

7.5 其他项目的审计

7.5.1 预付账款的审计

1. 审计目标与认定对应关系表

审计目标与认定对应关系表（预付账款）如表7-22所示。

第7章 采购与付款循环的审计

表 7-22 审计目标与认定对应关系表（预付账款）

审计目标	财务报表认定				
	存在	完整性	权利和义务	计价和分摊	列报
A. 资产负债表中记录的预付账款是存在的	√				
B. 所有应当记录的预付账款均已记录		√			
C. 记录的预付账款由被审计单位拥有或控制			√		
D. 预付账款以恰当的金额包括在财务报表中，与之相关的计价调整已恰当记录				√	
E. 预付账款已按照企业会计准则的规定在财务报表中作恰当列报					√

2. 审计目标与审计程序对应关系表

审计目标与审计程序对应关系表（预付账款）如表 7-23 所示。

表 7-23 审计目标与审计程序对应关系表（预付账款）

审计目标	计划实施的实质性程序	索引号	执行人
D	1. 获取或编制预付款项明细表 （1）复核加计是否正确，并与总账数和明细账合计数核对是否相符，结合坏账准备科目与报表数核对是否相符； （2）结合应付账款明细账审计，查核有无重复付款或将同一笔已付清的账款在预付账款和应付账款两个科目中同时挂账的情况； （3）发现出现贷方余额的项目，应查明原因，必要时作重分类调整； （4）对期末预付账款余额与上期期末余额进行比较，解释其波动原因		
ABD	2. 分析预付款项账龄及余额构成 （1）确定该笔款项是否根据有关购货合同支付； （2）检查一年以上预付款项未核销的原因及发生坏账的可能性，检查不符合预付账款性质的或因供货单位破产、撤销等原因无法再收到所购货物的是否已转入其他应收款		
ACD	3. 选择预付账款的重要项目，函证其余额和交易条款，对未回函的再次发函或实施替代的检查程序（检查原始凭单，如合同、发票、验收单，核实预付账款的真实性）		
ABCD	4. 实施关联方及其交易的审计程序，检查对关联方的预付款项的真实性、合法性，检查其会计处理是否正确		
D	5. 检查预付款项的坏账准备是否正确		
E	6. 检查预付款项是否已按照企业会计准则的规定在财务报表作恰当列报		

7.5.2 无形资产的审计

1. 审计目标与认定对应关系表

审计目标与认定对应关系表（无形资产）如表 7-24 所示。

表 7-24　审计目标与认定对应关系表（无形资产）

审计目标	财务报表认定				
	存在	完整性	权利和义务	计价和分摊	列报
A. 资产负债表中记录的无形资产是存在的	√				
B. 被审计单位所有应当记录的无形资产均已记录		√			
C. 资产负债表中记录的无形资产由被审计单位拥有或控制			√		
D. 无形资产以恰当的金额包括在财务报表中，与之相关的计价或分摊调整已恰当记录				√	
E. 无形资产已按照企业会计准则的规定在财务报表中作恰当列报					√

2. 审计目标与审计程序对应关系表

审计目标与审计程序对应关系表（无形资产）如表 7-25 所示。

表 7-25　审计目标与审计程序对应关系表（无形资产）

审计目标	计划实施的实质性程序	索引号	执行人
D	1. 获取或编制无形资产明细表，复核加计是否正确，并与总账数和明细账合计数核对是否相符；结合"累计摊销""无形资产减值准备"科目与报表数核对是否相符		
AC	2. 检查无形资产的权属证书原件、非专利技术的持有和保密状况等，并获取有关协议和董事会纪要等文件、资料，检查无形资产的性质、构成内容、计价依据、使用状况和受益期限，确定无形资产是否存在，并由被审计单位拥有或控制		
ABCD	3. 检查无形资产的增加 （1）检查投资者投入的无形资产是否按投资各方确认的价值入账，并检查确认价值是否公允，交接手续是否齐全；涉及国有资产的，是否有评估报告并经国有资产管理部门评审备案或核准确认； （2）对于自行研发取得、购入或接受捐赠的无形资产，检查其原始凭证，确认计价是否正确，法律程序是否完备（如依法登记、注册及变更登记的批准文件和有效期）、会计处理是否正确； （3）对于债务重组或非货币性资产交换取得的无形资产，检查有关协议等资料，检查其计价和会计处理是否正确；		

续表

审计目标	计划实施的实质性程序	索引号	执行人
	（4）检查本期购入土地使用权相关税费计算清缴情况，与购入土地使用权相关的会计处理是否正确		
ABD	4. 检查无形资产的减少 （1）对于取得无形资产处置的相关合同、协议，检查其会计处理是否正确； （2）检查房地产开发企业取得的土地用于建造对外出售的房屋建筑物，相关的土地使用权是否转入所建造房屋建筑物的成本，在土地上自行开发建造厂房等建筑物的，土地使用权和地上建筑物是否分别进行摊销和计提折旧； （3）当土地使用权用于出租或增值时，检查其是否转为投资性房地产核算，会计处理是否正确		
D	5. 检查被审计单位确定无形资产使用寿命的依据，分析其合理性		
AD	6. 检查无形资产的后续支出是否合理，会计处理是否正确		
AD	7. 检查无形资产预计是否能为被审计单位带来经济利益；若否，检查是否将其账面价值予以转销，计入当期营业外支出		
D	8. 检查无形资产的摊销 （1）获取或编制无形资产累计摊销明细表，复核加计是否正确，并与总账数和明细账合计数核对是否相符； （2）检查无形资产各项目的摊销政策是否符合有关规定，是否与上期一致，若改变摊销政策，检查其依据是否充分，注意使用期限不确定的无形资产不应摊销，但应当在每个会计期间对其使用寿命进行复核； （3）检查被审计单位是否在年度终了对使用寿命有限的无形资产的使用寿命和摊销方法进行复核，其复核结果是否合理； （4）检查无形资产的应摊销金额是否为其成本扣除预计残值和减值准备后的余额，检查其预计残值的确定是否合理； （5）复核本期摊销是否正确，与相关科目核对是否相符		
D	9. 检查无形资产减值准备 （1）获取或编制无形资产减值准备明细表，复核加计是否正确，并与总账数和明细账合计数核对是否相符； （2）检查无形资产减值准备计提和转销的批准程序，取得书面报告等证明文件； （3）检查被审计单位计提无形资产减值准备的依据是否充分，会计处理是否正确； （4）检查无形资产转让时，相应的减值准备是否一并结转，会计处理是否正确； （5）对于使用寿命有限的无形资产，逐项检查是否存在减值迹象，并作详细记录，对于使用寿命不确定的无形资产，无论是否存在减值迹象，是否都进行减值测试； （6）通过检查期后事项，以及比较前期无形资产减值准备数与实际发生数，评价无形资产减值准备的合理性		

续表

审计目标	计划实施的实质性程序	索引号	执行人
E	10. 检查无形资产是否已按照企业会计准则的规定在财务报表中作恰当列报 （1）无形资产的期初和期末账面余额、累计摊销额及减值准备累计金额； （2）使用寿命有限的无形资产，其使用寿命的估计情况，使用寿命不确定的无形资产，其使用寿命不确定的判断依据； （3）无形资产的摊销方法； （4）用于担保的无形资产账面价值、当期摊销额等情况； （5）计入当期损益和确认为无形资产的研究开发支出金额		

7.5.3 管理费用的审计

1. 审计目标与认定对应关系表

审计目标与认定对应关系表（管理费用）如表 7-26 所示。

表 7-26 审计关系与认定对应关系表（管理费用）

审计目标	财务报表认定					
	存在	完整性	准确性	截止	分类	列报
A. 利润表中记录的管理费用已发生，且与被审计单位有关	√					
B. 所有应当记录的管理费用均已记录		√				
C. 与管理费用有关的金额及其他数据已恰当记录			√			
D. 管理费用已记录于正确的会计期间				√		
E. 管理费用已记录于恰当的账户					√	
F. 管理费用已按照企业会计准则的规定在财务报表中作恰当列报						√

2. 审计目标与审计程序对应关系表

审计目标与审计程序对应关系表（管理费用）如表 7-27 所示。

表 7-27 审计目标与审计程序对应关系表（管理费用）

审计目标	计划实施的实质性程序	索引号	执行人
C	1. 获取或编制管理费用明细表，复核加计是否正确，并与报表数、总账数及明细账合计数核对是否相符； 2. 将管理费用中的职工薪酬、无形资产摊销、长期待摊费用摊销额等项目与各有关账户进行核对，分析其勾稽关系的合理性，并作相应记录		

续表

审计目标	计划实施的实质性程序	索引号	执行人
ABC	3. 对管理费用进行分析 （1）计算分析管理费用中各项目发生额及占费用总额的比例，将本期、上期管理费用各主要明细项目作比较分析，判断其变动的合理性； （2）将管理费用实际金额与预算金额进行比较； （3）比较本期各月管理费用，对有重大波动和异常情况的项目应查明原因，必要时作适当处理		
E	4. 检查管理费用明细项目的设置是否符合规定的核算内容与范围，结合成本费用的审计，检查是否存在费用分类错误，若有，应提请被审计单位调整		
ABC	5. 检查公司经费（包括行政管理部门职工薪酬、物料消耗、低值易耗品摊销、办公费和差旅费）是否系经营管理中发生或应由公司统一负担，检查相关费用报销内部管理办法及是否有合法原始凭证支持		
ABC	6. 检查董事会费（包括董事会成员津贴、会议费和差旅费等）是否在合规范围内开支，检查相关董事会及股东会决议		
ABC	7. 检查聘请中介机构费、咨询费（含顾问费），检查是否按合同规定支付费用，有无涉及诉讼及赔偿款项支出		
ABC	8. 检查诉讼费用并结合或有事项审计，检查涉及的重大相关诉讼事项是否已经在附注中进行披露，还需进一步关注诉讼状态，判断有无或有负债		
C	9. 检查业务招待费的支出是否合理，如超过规定限额，应在计算应纳税所得额时调整		
C	10. 复核本期发生的房产税、土地使用税、印花税等税费是否正确		
ABC	11. 选择重要或异常的管理费用，检查费用的开支标准是否符合有关规定，计算是否正确，原始凭证是否合法，会计处理是否正确		
D	12. 抽取资产负债表日前后几天的数张凭证，实施截止测试，若存在异常迹象，则考虑是否有必要追加审计程序，对于重大跨期项目，应作必要调整		
E	13. 确定管理费用是否已按照企业会计准则的规定在财务报表中作恰当列报		

本章小结

本章主要学习了采购与付款循环的业务活动，包括制订采购计划、供应商认证及信息维护、请购商品和劳务、编制订购单、验收商品、储存已验收的商品、编制付款凭单、确认与记录负债、办理付款、记录现金和银行存款支出十项内容。

采购与付款循环的内部控制及测试的原理和销售与收款循环的内部控制及测试的原理大同小异。

采购与付款循环涉及的报表项目主要包括"应付账款""固定资产""无形资产""预付账款""管理费用"等，注册会计师应对其实施实质性程序。

本章练习题

一、填空题

1. 一般情况下，应付账款不需要函证，因为函证不能保证查出未记录的应付账款，况且注册会计师能够通过取得购货发票等外部凭证来证实应付账款的余额。但如果某应付账款明细账户（　　）或虽然余额（　　）但（　　），则应进行应付账款的函证。

2. 检查固定资产的增加时，对于外购固定资产，通过核对（　　）、（　　）、保险单、发运凭证等文件，抽查测试其计价是否正确，授权批准手续是否齐备，会计处理是否正确。

3. 检查固定资产的所有权时，对于房地产类固定资产，需要查阅有关的合同、（　　）、（　　）、抵押借款的还款凭据、保险单等书面文件。

4. 对购入的固定资产实施实地观察审计程序时，注册会计师可以以（　　）为起点，进行实地追查，以证明明细所列固定资产确实存在并了解目前的使用状况；也可以以（　　）为起点，追查（　　），以获取实际存在的固定资产均已入账的证据。重点观察的应是本期（　　）的重要固定资产，有时观察的范围也会扩展到以前增加的重要固定资产。

二、单项选择题

1. 注册会计师为了获取实际存在的固定资产均已入账的证据，应当采用的最佳程序是（　　）。

    A. 以固定资产明细分类账为起点，进行实地追查

    B. 以实地为起点，追查至固定资产明细分类账

    C. 先从实地追查至明细分类账，再从明细分类账追查至实地

    D. 先从明细分类账追查至实地，再从实地追查至明细分类账

2. 下列各项目不属于固定资产内部控制的是（　　）。

    A. 授权批准制度　　　　　　　　B. 预算制度

    C. 定期盘点制度　　　　　　　　D. 保险制度

3. 下列各审计程序中，对查找未入账的应付账款最无效的方法是（　　）。

    A. 检查在资产负债表日未处理的不相符的购货发票

    B. 函证应付账款

    C. 检查资产负债表日后收到的购货发票

    D. 检查资产负债表日后应付账款明细账贷方发生额的相应凭证

4. 下列审计程序中，不属于固定资产减少的审计程序的是（　　）。

    A. 复核本期是否有新增加的固定资产替换了原有固定资产

    B. 分析营业外收支账户

    C. 追查停产产品的专用设备的处理

    D. 审核固定资产的验收报告

5. 注册会计师在对应付账款进行函证时，应采用的方式一般为（   ）。
A. 积极式
B. 否定式
C. 积极式和否定式的结合
D. 积极式和否定式均可

三、多项选择题

1. 采购与付款内部控制监督检查的主要内容包括（   ）。
A. 采购与付款业务相关岗位及人员的设置情况
B. 采购与付款业务授权批准制度的执行情况
C. 应付账款和预付账款的管理
D. 有关单据、凭证和文件的使用和保管情况

2. 固定资产的审计目标一般包括（   ）。
A. 确定固定资产是否确归被审计单位所有
B. 确定固定资产的计价是否恰当
C. 确定固定资产的期末余额是否正确
D. 确定固定资产及其累计折旧增减变动的记录是否完整

3. 注册会计师对某公司采购与付款循环进行审计，应选择进行函证的公司明细账往来账户年末余额及本年度进货总额为（   ）。
A. 497 000 元，668 200 元
B. 0 元，47 015 300 元
C. 98 000 元，92 000 元
D. 3 032 000 元，2 897 000 元

4. 检查折旧的计提和分配时，注册会计师应注意（   ）。
A. 计算复核本期折旧费用的计提是否正确
B. 检查折旧费用的分配是否合理
C. 检查折旧费用的分配是否与上期分配方法一致
D. 注意固定资产增减变动时有关折旧的会计处理是否符合规定

5. 下列审计程序中，与查找未入账应付账款有关的是（   ）。
A. 审核期后现金支出的主要凭证
B. 审核期后未付账单的主要凭证
C. 追查年终前签发的验收单至相关的卖方发票
D. 审查应付账款明细账

四、判断题

1. 一般情况下，应付账款不需要函证，因为函证不能保证查出未记录的应付账款，况且注册会计师能够取得购货发票等外部凭证来证实应付账款的余额。（   ）

2. 进行应付账款函证时，注册会计师应选择的函证对象是较大金额的债权人，那些在资产负债表日金额为零的债权人不必函证；同样，当选择重要的应付账款项目进行函证时，不应包括余额为零的项目。（   ）

3. 审计中如果发现被审计单位因重复付款、付款后退货、预付货款等导致应付账款的某些明细账户借方出现较大余额，注册会计师应提请被审计单位编制重分类分录，并将这些借方余额在资产负债表中列为资产。（   ）

4. 对固定资产实施实地观察审计程序时，注册会计师可以以固定资产明细分类账为起点，进行实地追查，以证明明细所列固定资产确实存在并了解目前的使用状况。（　　）

5. 对固定资产实施实地观察审计程序时，注册会计师不能以实地为起点，再追查固定资产明细账，以收集实际存在的固定资产均已入账的证据。（　　）

6. 因更新改造而停止使用的固定资产应继续计提折旧，因大修理而停止使用的固定资产不应再提取折旧。（　　）

7. 在检查融资租赁固定资产时，除可参照经营租赁固定资产检查要点以外，还应注意融资偿付的利息、融资租入固定资产的计价及其会计处理是否正确。（　　）

五、业务题

1. 注册会计师小赵在对冰爽饮料有限公司审计时进行了解和测试，并在相关的审计工作底稿中作了以下记录。

（1）该公司的材料采购需要经授权批准后才可进行，采购部根据批准的请购单发出订购单。货物运达后，验收部根据订购单的要求验收货物，并编制一式多联的未连续编号的验收单。仓库根据验收单验收货物，在验收单签字后，将货物移入仓库加以保管。验收单上有数量、品名、单价等要素。验收单一联交采购部编制付款凭单，付款凭单经批准后，月末交会计部；一联交会计部登记材料明细账；一联由仓库保留并登记材料台账。会计部根据只附验收单的付款凭单登记有关账簿。

（2）会计部月末审核付款凭单后，支付采购款项。该公司授权会计部的经理签署支票，经理将其授权给会计人员小王负责，但保留了支票印章。小王根据已批准的凭单，在确定支票收款人名称与凭单内容一致后签署支票，并在凭单上加盖"已支付"的印章。审计人员对付款控制程序的穿行测试表明，未发现与公司规定有不一致之处。

要求：请指出冰爽饮料有限公司在采购与付款循环内部控制的设计与运行方面存在的缺陷，并提出改进建议。

2. 江苏一会计师事务所于201×年3月11日对天垄公司201×-1年度会计报表的应付账款项目进行实质性测试，相关资料如下。

（1）获取应付账款明细表。审计人员从天垄公司取得了应付账款明细表，如表7-28所示。对明细表中的期初余额、借贷方发生额和合计的期末余额进行了复核，确认准确无误；将其与应付账款明细账、总账相关金额相核对，证明无误。

表7-28　应付账款明细表　　　　　　　　　　　　　　　元

账户名称	期初余额		本期发生额		期末余额	
	借方	贷方	借方	贷方	借方	贷方
A公司		500 000	1 000 000	1 100 000		
B公司		100 000	0	0		
C公司		50 000	150 000	160 000		
D公司		230 000	650 000	860 000		

续表

账户名称	期初余额		本期发生额		期末余额	
	借方	贷方	借方	贷方	借方	贷方
R 公司		56 000	356 000	380 000		
F 公司		170 000	930 000	1 300 000		
G 公司		0	500 000	0		
Y 公司		87 000	400 000	430 000		
W 公司		430 000	2 330 000	2 700 000		
X 公司		200 000	1 600 000	1 400 000		
合计		1 823 000	7 916 000	8 330 000		

（2）函证应付账款。审计人员选择了余额最大的5户明细账及余额较小但本期发生额较大的4户，发出积极式询证函共计9份，收回8份，未发现异常情况。

（3）查找未入账的应付账款。201×-1年12月30日从A公司购入甲材料，共100万元，尚未支付货款，但已包括在12月31日的实物盘点范围内，而购货发票于201×年1月2日才收到，计入了201×年1月份的账内，201×-1年12月无进货和对应的负债记录。

（4）审查长期挂账的应付账款。审计人员在审查过程中发现B公司账户账龄已有3年，据调查，B公司已破产，款项已无法支付。

问题1：请将表7-28的期末余额补充完整。

问题2：请问哪家供应商没有被审计人员选中进行函证？

问题3：审计人员决定对未收回函证的公司实施替代程序，应该怎么做？

问题4：审计人员应如何进行账项调整？

问题5：根据以上内容编制表7-29所示的天堃公司应付账款审定表。

表7-29　天堃公司应付账款审定表

被审计单位：_____　　　　　索引号：__ZY1-1__
项目：_____　　　　　财务报表截止日/期间：_____
编制人：_____　　　　　复核人：__孟×__
日期：_____　　　　　日期：__201X-03-11__

项目名称	期末未审数	账项调整		重分类调整		期末审定数	上期末审定数	索引号
		借方	贷方	借方	贷方			
A								
B								
C								
D								
R								

续表

项目名称	期末未审数	账项调整		重分类调整		期末审定数	上期末审定数	索引号
		借方	贷方	借方	贷方			
F								
G								
Y								
W								
X								
合计								

第 8 章

生产、存货与工薪循环的审计

学习目标

1. 了解生产、存货与工薪循环涉及的主要业务活动及其主要凭证、记录。
2. 理解生产、存货与工薪循环内部控制的关键环节并了解该循环的控制测试。
3. 明确存货的审计目标，并掌握其实质性测试。
4. 明确营业成本的审计目标，并掌握其实质性测试。

教学要求

注重案例教学，通过实务练习，让学生掌握存货、营业成本审计。

导入案例

美国法尔莫公司存货的奥秘

一、前言

上市公司出于完成财务计划、维持或提升股价、增资配股、获取贷款、保住上市资格等目的，常常采用各种手段虚报利润。常见的利润操纵手段包括不恰当核算特殊交易（如债务重组、非货币交易、关联交易等）、滥用会计政策及会计估计变更、错误确认费用及负债、资产造假等。

在形形色色的利润操纵手法中，资产造假占据主要地位。我国近年来影响较大的财务报表舞弊案绝大多数与资产项目的造假有关，上市公司琼民源、蓝田股份、东方锅炉、成都红光就是典型。造假的公司一般使用五种手段来非法提高资产价值和虚增盈利，即虚构收入、虚假的时间差异、隐瞒负债和费用、虚假披露以及资产计价舞弊。其中，资产计价舞弊是资产造假的惯用手法。而存货项目因其种类繁多并且具有流动性强、计价方法多样的特点，又导致存货高估成为资产计价舞弊的主要部分。

中外上市公司中，涉及存货舞弊的案例为数众多，其中比较著名的有斯温道色拉油公司、权益基金、法尔莫公司以及中国的红光实业公司等。这些公司所策划的舞弊方案给注册会计师带来了很大的审计风险。下面就选择其中较为典型的美国法尔莫公司案予以介绍。

二、法尔莫公司案例

从孩提时代开始，米奇·莫纳斯就喜欢几乎所有的运动，尤其是篮球。但是因天资及身高所限，他没有机会到职业球队打球。然而，莫纳斯却拥有一个所有顶级球员共有的特征，那就是有一种无法抑制的求胜欲望。

莫纳斯把无穷的精力从球场转移到他的董事长办公室里。他首先设法获得了位于俄亥俄州的一家药店，在随后的10年中又收购了另外299家药店，从而组建了全国连锁的法尔莫公司。不幸的是，这一切辉煌都是建立在资产造假——未检查出来的存货高估和虚假利润的基础上的，这些舞弊行为最终导致了莫纳斯及其公司的破产，同时也使为其提供审计服务的"五大"会计师事务所损失了数百万美元。下面是这起案件的经过。

自获得第一家药店开始，莫纳斯就梦想着把他的小店发展成一个庞大的药品帝国。他所实施的策略就是"强力购买"，即通过提供大比例折扣来销售商品。莫纳斯首先做的就是在实际上并不盈利且未经审计的药店报表上，加上并不存在的存货和利润。然后凭着自己空谈的天分及一套夸大了的报表，在一年之内骗得了足够的投资，用以收购了8家药店，奠定了他的小型药品帝国的基础。这个帝国后来发展到拥有300家连锁店的规模。一时间，莫纳斯成为金融领域的风云人物，他的公司则赢得了令人崇拜的地位。

在一次偶然的机会导致这个精心设计的至少引起5亿美元损失的财务舞弊事件浮出水面之时，莫纳斯和他的公司炮制虚假利润已达十年之久。这并非一件容易的事。当时，法尔莫公司的财务总监认为因公司以低于成本的价格出售商品而招致了严重的损失，但是莫纳斯认为通过"强力购买"，公司完全可以发展得足够大以使它能顺利地坚持它的销售方式。最终，在莫纳斯的强大压力下，这位财务总监卷入了这起舞弊案件。在随后的数年之中，他和他的几位下属保持了两套账簿，一套用以应付注册会计师的审计，一套反映糟糕的现实。

他们先将所有的损失归入一个所谓的"水桶账户"，然后再将该账户的金额通过虚增存货的方式重新分到公司的数百家成员药店中。他们仿造购货发票、制造增加存货并减少销售成本的虚假记账凭证、确认购货却不同时确认负债、多计或加倍计算存货的数量。财务部门之所以可以隐瞒存货短缺是因为注册会计师只对300家药店中的4家进行存货监盘，而且他们会提前数月告知法尔莫公司将检查哪些药店。管理人员随之将那4家药店堆满实物存货，而把那些虚增的部分分配到其余的296家药店。如果不考虑会计造假，法尔莫公司实际上已濒临破产。在最近一次审计中，其现金已紧缺到供应商因其未能及时支付购货款而威胁取消对其供货的地步。

注册会计师们一直未能发现这起舞弊，他们为此付出了昂贵的代价。这项审计失败使会计师事务所在民事诉讼中损失了3亿美元。那位财务总监被判33个月的监禁，莫纳斯本人则被判入狱5年。

三、案例分析：如何识别存货舞弊

为何注册会计师们一直未能发现法尔莫公司舞弊的迹象呢？或许，他们太信任客户了，他们从报纸上阅读到关于法尔莫公司的文章,从电视中看到关于莫纳斯努力奋斗的报道,从而为这种欺骗性的宣传付出了代价;他们也可能是在错误的假设下执行审计,即认为他们的客户没有进行会计报表舞弊的动机,因为它正在大把大把地赚钱。回顾整个事件,只要任何人问一下这样一个基本的问题,即"一个以低于成本的价格出售商品的公司怎能赚钱",注册会计师们或许就能够发现这起舞弊事件。

此案件给我们敲响了警钟,存货审计是如此重要,也如此复杂,使得存货舞弊并非仅凭简单的监盘就可查出。不过,如果注册会计师能够弄清这些欺骗性操纵是如何进行的,对于发现这些舞弊将会大有帮助,这就意味着注册会计师必须掌握识别存货舞弊的技术。

存货的价值确定涉及两个要素:数量和价格。确定现有存货的数量常常比较困难,因为货物总是在不断地被购入和销售,不断地在不同存放地点间转移以及投入到生产过程之中。存货单位价格的计算同样可能存在问题,因为采用先进先出法、后进先出法、平均成本法以及其他的计价方法所计算出来的存货价值将不可避免地存在较大差异。正因如此,复杂的存货账户体系往往成为舞弊对象。

不诚实的企业常常利用以下几种方法的组合来进行存货造假:虚构不存在的存货、存货盘点操纵,以及错误的存货资本化。所有这些精心设计的方案都有一个共同的目的,即虚增存货的价值。

正如莫纳斯所做的那样,一个极易想到的增加存货资产价值的方法是对实际上并不存在的项目编造各种虚假资料,如没有原始凭证支持的记账凭证、夸大存货盘点表上的存货数量、伪造装运和验收报告以及虚假的订购单,从而虚增存货的价值。因为很难对这些伪造的材料进行有效识别,注册会计师往往需要通过其他途径来证实存货的存在与估价。

虚构资产会使公司的账户失去平衡。与以前的期间相比,销售成本会显得过低,而存货和利润将显得过高。当然,还可能会有其他的迹象。在评估存货高估风险的时候,注册会计师应回答以下问题,回答"是"越多,存货舞弊的风险就越高。

(1) 存货的增长是否快于销售收入的增长?
(2) 存货占总资产的百分比是否逐期增加?
(3) 存货周转率是否逐期下降?
(4) 运输成本所占存货成本的比重是否下降?
(5) 存货的增长是否快于总资产的增长?
(6) 销售成本所占销售收入的百分比是否逐期下降?
(7) 销售成本的账簿记录是否与税收报告相抵触?
(8) 是否存在用以增加存货余额的重大调整分录?
(9) 在一个会计期间结束后,是否发现过入存货账户的重要转回分录?

8.1 生产与存货循环审计概述

原材料经过采购与付款循环进入生产与存货循环,生产与存货循环随着销售与收款循环中商品的销售而结束。因此,生产与存货循环处于销售与收款循环、采购与付款循环之间。

此外，该循环还与人力资源与工薪循环相关。

8.1.1 生产与存货循环的主要凭证与会计记录

8-1 生产与存货循环审计概述

1. 生产指令

生产指令又称生产任务通知单或生产通知单，是企业下达制造产品等生产任务的书面文件，用以通知供应部门组织材料发放，生产车间组织产品制造，会计部门组织成本计算。广义的生产指令也包括用于指导产品加工的工艺规程，如机械加工企业的路线图等。

2. 领发料凭证

领发料凭证是企业为控制材料发出所采用的各种凭证，如材料发出汇总表、领料单、限额领料单、领料登记簿、退料单等。

3. 产量和工时记录

产量和工时记录是登记工人或生产班组在出勤时间内完成产品的数量、质量和生产这些产品所耗费的工时的原始记录。产量和工时记录的内容与格式是多种多样的，在不同的生产企业中，甚至在同一企业的不同生产车间中，由于生产类型不同而采用不同格式的产量和工时记录。常见的产量和工时记录主要有工作通知单、工序进程单、工作班产量报告、产量通知单、产量明细表、废品通知单等。

4. 工薪汇总表及工薪费用分配表

工薪汇总表是为了反映企业全部工薪的结算情况，并据以进行工薪总分类核算和汇总整个企业工薪费用而编制的，它是企业进行工薪费用分配的依据。

工薪费用分配表反映了各生产车间各产品应负担的生产工人工薪及福利费。

5. 材料费用分配表

材料费用分配表是用来汇总反映各生产车间各产品所耗费的材料费用的原始记录。

6. 制造费用分配汇总表

制造费用分配汇总表是用来汇总反映各生产车间各产品所应负担的制造费用的原始记录。

7. 成本计算单

成本计算单是用来归集某一成本计算对象所应承担的生产费用，计算该成本计算对象的总成本和单位成本的记录。

8. 存货明细账

存货明细账是用来反映各种存货增减变动情况和期末库存数量及相关成本信息的会计记录。

8.1.2 生产与存货循环涉及的主要业务活动

生产与存货循环的主要业务活动与相关凭证记录如表 8-1 所示。

第8章 生产、存货与工薪循环的审计

表8-1 生产与存货循环的主要业务活动与相关凭证记录

业务活动	内容	涉及的凭证记录	相关部门
（一）计划和安排生产	1. 生产计划部门的职责是根据客户订购单或者对销售预测和产品需求的分析来决定生产授权； 2. 如决定授权生产，即签发预先顺序编号的生产通知单，此外，通常该部门还需编制一份材料需求报告，列示所需要的材料和零件及其库存	生产指令（生产通知单、材料需求报告）	生产计划部门
（二）发出原材料	1. 仓库部门的责任是根据从生产部门收到的领料单发出原材料； 2. 领料单上必须列示所需的材料数量和种类，以及领料部门的名称； 3. 领料单通常需一式三联，仓库发料后，将其中一联连同材料交给领料部门，一联留在仓库登记材料明细账，一联交会计部门进行材料收发核算和成本核算	领发料凭证（领料单、材料发出汇总表、限额领料单、领料登记簿、退料单等）	仓库部门
（三）生产产品	1. 生产部门在收到生产通知单及领取原材料后，便将生产任务分解到每一个生产工人，并将所领取的原材料交给生产工人，据以执行生产任务； 2. 生产工人在完成生产任务后，将完成的产品交生产部门查点，然后转交检验员验收并办理入库手续，或将所完成的产品移交下一个部门，进行进一步加工	产量和工时记录（工作通知单、工序进程单、工作班产量报告、产量通知单、产量明细表、废品通知单、考勤记录、计工单等）	生产部门
（四）核算产品成本	1. 生产过程中的各种记录、生产通知单、领料单、计工单、入库单等文件资料都要汇集到会计部门，由会计部门对其进行检查和核对，了解和控制生产过程中存货的实物流转； 2. 会计部门要设置相应的会计账户，会同有关部门对生产过程中的成本进行核算和控制	工薪汇总表及工薪费用分配表、材料费用分配表、制造费用分配汇总表、成本计算单	会计部门、人事部门
（五）储存产成品	1. 产成品入库，须由仓库部门先行点验和检查，然后签收，签收后，将实际入库数量通知会计部门； 2. 除此之外，仓库部门还应根据产成品的品质特征分类存放，并填制标签	入库单、存货明细账	仓库部门
（六）发出产成品	1. 产成品的发出须由独立的发运部门进行，装运产成品时必须持经有关部门核准的发运通知单，并据此编制出库单； 2. 出库单一般为一式四联，一联交仓库部门，一联由发运部门留存，一联送交顾客，一联作为给顾客开发票的依据	发运通知单、出库单	发运部门

8.2 生产、存货与工薪循环的内部控制与控制测试

生产、存货与工薪循环的内部控制包括生产、存货的内部控制及工薪循环的内部控制,而生产、存货的内部控制包括存货的内部控制与成本会计制度的内部控制。

8.2.1 生产、存货的内部控制与控制测试

1. 存货的内部控制与控制测试

关于存货的内部控制,由于生产与存货循环与其他业务循环的内在联系,生产与存货循环中某些审计测试,特别是对存货的审计测试,与其他相关业务循环的审计测试同时进行将更为有效。例如,原材料的取

8-2 生产、存货与工薪循环的内部控制与控制测试

得和记录是作为采购与付款循环的一部分进行测试的,而装运产成品和记录营业收入与成本则是作为销售与收款循环审计的一部分进行测试的。这些在前面相应章节已经结合其他循环作了介绍,此处不再赘述。

尽管不同的企业对其存货可能采取不同的内部控制,但从根本上说,均可概括为对存货的数量和计价两个关键因素的控制,这将在本章"存货的审计"中予以阐述。故本节对生产与存货循环的内部控制的讨论,主要关注成本会计制度。

2. 成本会计制度的内部控制与控制测试

成本会计制度的内部控制目标、关键内部控制与控制测试如表 8-2 所示。

表 8-2 成本会计制度的内部控制目标、关键内部控制与控制测试

内部控制目标	关键内部控制	常用的控制测试	常用的实质性程序
生产业务是根据管理层一般或特定的授权进行的(发生)	对以下三个关键点,应履行恰当手续,经过特别审批或一般审批:①生产指令的授权批准;②领料单的授权批准;③工薪的授权批准	检查凭证中是否包括这三个关键点的恰当审批;检查生产指令、领料单、工薪等是否经过授权	
记录的成本为实际发生的而非虚构的(发生)	成本的核算以经过审核的生产通知单、领发料凭证、产量和工时记录、工薪费用分配表、材料费用分配表、制造费用分配表为依据	检查有关成本的记账凭证是否附有生产通知单、领发料凭证、产量和工时记录、工薪费用分配表、材料费用分配表、制造费用分配表等原始凭证的顺序编号是否完整	对成本实施分析程序,将成本明细账与生产通知单、领发料凭证、产量和工时记录、工薪费用分配表、材料费用分配表、制造费用分配表相核对

续表

内部控制目标	关键内部控制	常用的控制测试	常用的实质性程序
所有耗费和物化劳动均已反映在成本中（完整性）	生产通知单、领发料凭证、产量和工时记录、工薪费用分配表、材料费用分配表、制造费用分配表均事先编号并已经登记入账	检查生产通知单、领发料凭证、产量和工时记录、工薪费用分配表、材料费用分配表、制造费用分配表的顺序编号是否完整	对成本实施分析程序；将生产通知单、领发料凭证、产量和工时记录、工薪费用分配表、材料费用分配表、制造费用分配表与成本明细账相核对
成本以正确的金额，在恰当的会计期间及时记录于适当的账户（发生、完整性、准确性、计价和分摊）	采用适当的成本核算方法，并且前后各期一致；采用适当的费用分配方法，并且前后各期一致；采用适当的成本核算流程和账务处理流程；内部核查	选取样本测试各种费用的归集和分配以及成本的计算；测试是否按照规定的成本核算流程和账务处理流程进行核算和账务处理	对成本实施分析程序；抽查成本计算单，检查各种费用的归集和分配，确定成本的计算是否正确；对重大在产品项目进行计价测试
对存货实施保护措施，保管人员与记录、批准人员相互独立（存在、完整性）	存货保管人员与记录人员职务相分离	询问和观察存货与记录的接触控制以及相应的批准程序	
账面存货与实际存货定期核对相符（存在、完整性、计价和分摊）	定期进行存货盘点	询问和观察存货盘点程序	对存货实施监盘程序

8.2.2 工薪循环的内部控制与控制测试

工薪循环的内部控制目标、关键内部控制与控制测试如表8-3所示。

表8-3　工薪循环的内部控制目标、关键内部控制与控制测试

内部控制目标	关键控制程序	常用控制测试程序	常用的实质性测试程序
工薪账项均经正确批准（发生）	对以下五个关键点应履行恰当手续，经过特别审批或一般审批：①批准上工；②工作时间，特别是加班时间；③工资、薪金或佣金；④代扣款项；⑤工薪结算表和工薪汇总表	审查人事档案；检查工时卡的有关核准说明；检查工薪记录中有关内部检查的标记；检查人事档案中的授权；检查工薪记录中有关核准的标记	将工时卡和工时记录等进行比较

续表

内部控制目标	关键控制程序	常用控制测试程序	常用的实质性测试程序
记录的工薪为真实的而非虚构的（发生）	工时卡经领班核准；用生产记录钟记录工时	检查工时卡的核准说明；检查工时卡；复核人事政策、组织结构图	对本期工薪费用的发生情况进行分析性复核；将有关费用明细账与工薪费用分配表、工薪汇总表、工薪结算表相核对
所有已发生的工薪支出已作记录（完整性）	工薪分配表、工薪汇总表完整反映已发生的工薪支出	审查工薪分配表、工薪汇总表、工薪结算表，并核对员工工薪手册、员工手册等	对本期工薪费用的发生情况进行分析性复核；将工薪费用分配表、工薪汇总表、工薪结算表与有关费用明细账相核对
工薪以正确的金额，在恰当的会计期间及时记录于适当的账户（发生、完整性、准确性、计价和分摊）	采用适当的工薪费用分配方法，并且前后各期一致；采用适当的内务处理流程	选取样本测试工薪费用的归集和分配；测试是否按照规定的账务处理流程进行账务处理	对本期工薪费用进行分析性复核；检查工薪的计提是否正确，分配方法是否与上期一致
人事、考勤、工薪发放、记录之间相互分离（准确性）	人事、考勤、工薪发放、记录等职务相互分离	询问和观察各项职责的执行情况	

8.3 存货的审计

通常，存货的重大错报对财务状况和经营成果会产生直接的影响，审计中许多复杂和重大的问题与存货有关。存货、产品生产和销售成本构成了会计、审计乃至企业管理中最为普遍、重要和复杂的问题。

存货审计，尤其是对年末存货余额的测试，通常是审计中最复杂也最费时的部分。对存货存在和存货价值的评估常常十分困难。导致存货审计复杂的主要原因包括以下几个。

第一，存货通常是资产负债表中的一个主要项目，而且通常是构成营运资本的最大项目。

第二，存货存放于不同的地点，这使得对它的实物控制和盘点都很困难。企业必须将存货放置于便于产品生产和销售的地方，但是这种分散也带来了审计的困难。

第三，存货项目的多样性也给审计带来了困难。例如，化学制品、宝石、电子元件以及其他的高科技产品。

第四，存货本身的陈旧以及存货成本的分配也使得对存货的估价存在困难。

第五，不同企业采用的存货计价方法存在多样性。

8.3.1 审计目标与认定对应关系表

审计目标与认定对应关系表（存货）如表 8-4 所示。

表 8-4 审计目标与认定对应关系表（存货）

审计目标	财务报表认定				
	存在	完整性	权利和义务	计价和分摊	列报
A. 资产负债表中记录的存货是存在的	√				
B. 所有应当记录的存货均已记录		√			
C. 记录的存货由被审计单位拥有或控制			√		
D. 存货以恰当的金额包括在财务报表中，与之相关的计价调整已恰当记录				√	
E. 存货已按照企业会计准则的规定在财务报表中作恰当列报					√

8.3.2 审计目标与审计程序对应关系表

审计目标与审计程序对应关系表（存货）如表 8-5 所示。

表 8-5 审计目标与审计程序对应关系表（存货）

审计目标	计划实施的实质性程序	索引号	执行人
D	1. 获取或编制存货相关账户明细表，复核加计是否正确，并与总账数、明细账合计数核对是否相符		
ABD	2. 进行分析性复核 （1）比较前后各期、本期各个月份存货余额及其构成，以评价期末存货余额及其构成的总体合理性； （2）计算原材料周转率、产成品周转率和总的存货周转率，并与以前各期存货行业平均水平相比较，以确定是否存在严重的残、损、呆滞现象； （3）计算各类存货的毛利率，并进行横向或纵向比较，以确定是否错报当期存货，是否存在未入账或虚假存货； （4）比较各项存货的实际单位成本与成本标准，以发现存货成本的高估或低估现象		
ABD	3. 存货监盘程序 选取代表性样本，抽查原材料明细账的数量与盘点记录的原材料数量是否一致，以确定原材料明细账数量的准确性和完整性： （1）从原材料明细账中选取具有代表性的样本，与盘点报告（记录）的数量进行核对；		

续表

审计目标	计划实施的实质性程序	索引号	执行人
D	（2）从盘点报告（记录）中抽取有代表性的样本，与原材料明细账的数量核对，对存货进行监盘和抽点，取得盘点资料和盘盈、盘亏报告表，做重点抽查，并注意查明账实不符原因，确定有关审批手续是否完备，账务处理是否正确；存放在外的库存材料，应当查看或函询核实		
D	4. 存货计价测试 检查存货购入的入账基础和发出的计价方法是否正确，前后期是否一致；并抽取年末结存量较大的存货项目，复核其计算是否正确；若原材料以计划成本计价，还应检查材料成本差异的发生额和结转的金额是否正确		
AB	5. 存货截止测试 查阅资产负债表日前后数天存货增减变动的有关账簿记录和收料报告单等资料，检查有无跨期现象，如有，则应作出记录，必要时作调整		

8.3.3 存货监盘

1. 存货监盘的含义、作用和目的

1）存货监盘的含义

存货监盘是指注册会计师现场观察被审计单位存货的盘点，并对已经盘点的存货进行适当检查。监盘年末存货数量是存货审计的必经程序。

2）存货监盘的作用

存货监盘主要针对的是存货的存在认定、完整性认定、权利和义务认定。

8-3 存货的监盘-1

3）存货监盘的目的

获取有关存货数量和状况的审计证据，以确定被审计单位报表上列示的存货确实存在（存在认定），反映了被审计单位拥有的全部存货（完整性认定），并属于被审计单位的合法财产（权利与义务认定）。

需要说明的是，被审计单位管理层通常制订程序，对存货每年至少进行一次实物盘点，以作为编制财务报表的基础。尽管实施存货监盘，获取有关期末存货数量和状况的充分、适当的审计证据是注册会计师的责任，但这并不能取代被审计单位管理层定期盘点存货，合理确定存货的数量和状况的责任。

2. 存货监盘计划

1）确定存货监盘计划应做好的工作

审计人员应当根据被审计单位存货的特点、盘存制度和存货内部控制的有效性等情况，在评价被审计单位存货盘点计划的基础上，编制存货监盘计划，对存货监盘进行合理安排。在制订盘点计划时，审计人员应与被审计单位人员协调，实施以下几项工作。

（1）了解存货的内容、性质、各存货项目的重要程度及存放场所。这将直接关系到审计人员如何恰当地分配审计资源。

（2）了解存货会计系统及其他相关的内部控制。相关的内部控制包括采购、验收、存储、领用、加工（生产）、装运等方面。

（3）评估与存货相关的重大错报风险及重要性。影响因素有存货的数量和种类、成本归集的难易程度、运输的便捷程度、废旧过时的速度或程度、遭受盗窃的难易程度等。

（4）审阅以前年度的存货监盘工作底稿，了解被审计单位的存货存放情况、存货盘点程序以及其他在以前年度审计中遇到的重大问题。存货盘点的时间安排、识别周转缓慢的存货、存货的截止确认、盘点小组人员分工的确定以及存货的多处存放等，审计人员均应充分关注。

（5）考虑实地察看存货的存放场所。实地察看存货有助于在盘点工作开始之前发现潜在问题，例如难以盘点的存货、周转缓慢的存货、过时的存货、残次品以及代销存货。

（6）考虑是否需要利用专家或其他注册会计师的工作。

（7）考虑是否存在对专业知识提出较高要求的存货项目。

（8）复核或与管理当局讨论其存货盘点计划。

2）存货监盘计划应当包括的主要内容

（1）存货监盘的目标、范围及时间安排。存货监盘的主要目标包括获取被审计单位资产负债表日有关存货数量和状况以及有关管理层存货盘点程序可靠性的审计证据，检查存货的数量是否真实完整，是否归属于被审计单位，存货有无毁损、陈旧、过时、残次和短缺等状况。

存货监盘的范围取决于对存货的内容、性质以及与存货相关的内部控制的完善程度和重大错报风险的评估结果。

存货监盘的时间，包括实地察看盘点现场的时间、观察存货盘点的时间和对已盘点存货实施检查的时间等，应当与被审计单位实施存货盘点的时间相协调。

（2）存货监盘的要点及关注事项。存货监盘的要点主要包括注册会计师实施存货监盘程序的方法、步骤，各个环节应注意的问题以及所要解决的问题。注册会计师需要重点关注的事项包括盘点期间的存货移动、存货的状况、存货的截止确认、存货的各个存放地点、金额等。

（3）参加存货监盘人员的分工。注册会计师应当根据被审计单位参加存货盘点人分组情况、存货监盘工作量的大小和人员素质情况，确定参加存货监盘的人员组成以及各组成人员的职责和具体的分工，并加强督导。

（4）检查存货的范围。注册会计师应当根据对被审计单位存货盘点和对被审计单位内部控制制度的评价结果确定检查存货的范围。在实施观察程序后，如果认为被审计单位内部控制设计良好并得到了有效实施，且存货盘点组织良好，可以相应缩小实施检查程序的范围。

3．存货监盘程序

1）存货监盘的观察程序

（1）在被审计单位盘点存货前，审计人员应当观察盘点现场，确定应纳入盘点范围的存货是否已经适当整理和排列，并附有盘点标识，防止遗漏或重复盘点。对于未纳入盘点范围的存货，审计人员应当查明未

8-4 存货的监盘-2

纳入的原因。

（2）在实施存货监盘的过程中，审计人员应当跟随存货盘点人员，注意观察被审计单位事先制订的存货盘点计划是否得到了贯彻执行，盘点人员是否准确无误地记录了被盘点存货的数量和状况。

（3）存货监盘结束时，应当再次观察盘点现场，确定被审计单位所有应纳入盘点的存货是否均已盘点（有无漏盘存货）；取得并检查已填用、作废及未使用盘点表单的号码记录，确定其是否连续编号，并全部收回。

2）存货监盘的抽查程序

审计人员应当进行适当抽查，将抽查结果与被审计单位盘点记录相核对，并形成相应记录。存货监盘有两条审计线路可以并用，如表8-6所示。

表8-6 存货监盘的两条审计线路

审计起点	测试程序	目的
存货盘点记录	从存货盘点记录中选取项目→存货实物	测试盘点记录的准确性（存在）
存货实物	从存货实物中选取项目→存货盘点记录	测试盘点记录的完整性（完整性）

抽查不仅是为了证实被审计单位的盘点计划已得到适当的执行（控制测试），也是为了证实被审计单位的存货实物总额（实质性测试）。检查的范围通常包括每个盘点小组盘点的存货，以及难以盘点或隐蔽性较强的存货。

3）审计时需要特别注意的问题

（1）存货的移动。要关注存货的移动情况，防止遗漏或重复盘点。为此，最好能在盘点时停止存货收发流动。如果多处进行盘点，应同时停止收发和相互流动，以确保盘点质量。

（2）存货的状况。观察被审计单位是否已经恰当区分所有毁损、陈旧、过时及残次的存货，并追查其处置情况（涉及存货跌价准备的计提）。

（3）关注存货的截止是否正确。通常应当关注以下内容：①所有在截止日期以前入库的存货项目均已包括在盘点范围内并反映在账簿中，且任何在截止日期以后入库的存货项目均未包括在盘点范围内，也未反映在账簿记录中；②所有在截止日期以前装运出库的存货项目均未包括在盘点范围内且未反映在账簿记录中，任何在截止日期以后装运出库的存货项目均已包括在盘点范围内，并已反映在账簿中；③所有已确认为销售但尚未装运出库的商品，均未包括在盘点范围内且未反映在账簿记录中；④所有已记录为购货但尚未入库的存货，均已包括在盘点范围内并已反映在账簿中；⑤在途存货和被审计单位直接向其顾客发运的存货均已得到适当的会计处理。

（4）对特殊类型存货的监盘。注册会计师可能不具备其他专业领域的专长与技能，在确定资产数量或资产实物状况（如矿石堆），或在收集特殊类别存货（如艺术品、稀有玉石、房地产、电子器件、工程设计等）的审计证据时，注册会计师可以考虑利用专家的工作。特殊类型存货的监盘程序如表8-7所示。

第8章 生产、存货与工薪循环的审计

表8-7 特殊类型存货的监盘程序

存货类型	盘点时存在的潜在问题	可供实施的审计程序
木材、钢筋盘条、管子	通常无标签，但在盘点时会做上标记或用粉笔标识；难以确定存货的数量或等级	1. 检查标记或标识； 2. 利用专家或被审计单位内部有经验人员的工作
堆积型存货（如糖、煤、钢废料）	通常既无标签也不做标记；在估计存货数量时存在困难	1. 运用工程估测、几何计算、高空勘测，并依赖详细的存货记录； 2. 如果堆场中的存货堆不高，可进行实地监盘，或通过旋转存货堆进行估计
使用磅秤测量的存货	在估计存货数量时存在困难	1. 在监盘前和监盘过程中均应检验磅秤的精准度，并留意磅秤的位置移动与重新调校程序； 2. 将检查和重新称量程序相结合； 3. 检查称量尺度的换算问题
散装物品（如贮窖存货，使用桶、箱、罐、槽等容器储存的液体、气体、谷类粮食、流体存货等）	在盘点时通常难以识别和确定；在估计存货数量时存在困难；在确定存货质量时存在困难	1. 使用容器进行监盘或通过预先编号的清单列表加以确定； 2. 使用浸蘸、测量棒、工程报告以及依赖永续存货记录； 3. 选择样品进行化验与分析，或利用专家的工作
贵金属、石器、艺术品与收藏品	在存货辨认与质量确定方面存在困难	选择样品进行化验与分析，或利用专家的工作
生产纸浆用木材、牲畜	在存货辨认与数量确定方面存在困难；可能无法对此类存货的移动实施控制	通过高空摄影以确定其存在，对不同时点的数量进行比较，并依赖永续存货记录

（5）当首次接受委托进行审计，未能对上期期末存货实施监盘，且该存货对本期财务报表存在重大影响时，如果已获取有关本期期末存货余额的充分、适当的审计证据，注册会计师应当实施下列一项或多项审计程序，以获取有关本期期初存货余额的充分、适当的审计证据：①查阅前任注册会计师工作底稿；②复核上期存货盘点记录及文件；③检查上期存货交易记录；④运用毛利百分比法等进行分析。

（6）由于各种原因而无法监盘时。

由于存货的性质或位置而无法实施监盘程序时，可考虑实施以下替代审计程序，获取有关期末存货数量和状况的充分、适当的审计证据：①检查进货交易凭证或者生产记录以及其他相关资料；②检查资产负债表日后发生的销货交易凭证；③向顾客或供应商函证。

由于不可预见的因素导致无法在预定日期实施存货监盘，或接受委托时，被审计单位存货盘点已经完成，审计人员应当评估存货内部控制的有效性，对存货进行适当抽查或提请被审计单位另择日期重新盘点，同时测试该期间发生的存货交易，以获得有关期末存货数量和状况的充分、适当的审计证据。

由第三方保管或控制的存货,可以实施以下一种或几种审计程序:①向持有被审计单位存货的第三方函证存货的数量和状况;②实施或安排其他注册会计师进行对第三方的存货监盘;③检查与第三方持有存货有关的文件记录(如仓储单)。

4)存货监盘结果对审计报告的影响

(1)如果无法实施存货监盘,也无法实施替代审计程序获取有关期末存货数量与状况的充分、适当的审计证据,审计人员应当考虑出具保留意见或无法表示意见的审计报告。

(2)如果通过实施存货监盘,发现被审计单位财务报表存在重大错报,且被审计单位拒绝进行调整,审计人员应当考虑出具保留意见或否定意见的审计报告。

(3)如果首次接受委托,并在实施准则规定的必要审计程序后仍未能获取有关本期期初存货余额的充分、适当的审计证据,审计人员应当考虑出具保留意见或无法表示意见的审计报告。

8.3.4 存货计价测试

监盘程序主要是对存货的结存数量予以确认。为验证财务报表上存货余额的真实性,还必须对存货的计价进行审计,即确定存货实物数量和永续盘存记录中的数量是否经过正确的计价和汇总。

1. 样本的选择

计价审计的样本,应从存货数量已经盘点、单价和总金额已经计入存货汇总表的结存存货中选择。选择样本时应着重选择结存余额较大且价格变化比较频繁的项目,同时考虑所选样本的代表性。抽样方法一般采用分层抽样法,抽样规模应足以推断总体的情况。

2. 计价方法的确认

存货的计价方法多种多样,被审计单位应结合企业会计准则的基本要求选择符合自身特点的方法。注册会计师除了解掌握被审计单位的存货计价方法外,还应对这种计价方法的合理性与一贯性予以关注。没有足够理由,计价方法在同一会计年度内不得变动。

3. 计价测试

进行计价测试时,注册会计师首先应对存货价格的组成内容予以审核,然后按照所了解的计价方法对所选择的存货样本进行计价测试。测试时,应尽量排除被审计单位已有计算程序和结果的影响,进行独立测试。测试结果出来后,应与被审计单位账面记录进行对比,编制对比分析表,分析形成差异的原因。如果差异过大,应扩大测试范围,并根据审计结果考虑是否提出审计调整建议。存货计价审计表如表8-8所示。

表8-8 存货计价审计表

日期	摘要	购入			发出			余额		
		数量	单价	金额	数量	单价	金额	数量	单价	金额

续表

日期	摘要	购入			发出			余额		
		数量	单价	金额	数量	单价	金额	数量	单价	金额
1. 计价方法说明：										
2. 情况说明及审计结论：										

8.4 营业成本的审计

对制造企业而言，营业成本＝期初库存产品成本＋本期入库成品成本－期末库存产品成本，故营业成本的审计与存货的审计直接相关。

8.4.1 审计目标与认定对应关系表

审计目标与认定对应关系表（营业成本）如表8-9所示。

表8-9 审计目标与认定对应关系表（营业成本）

审计目标	财务报表认定					
	存在	完整性	准确性	截止	分类	列报
A. 利润表中记录的营业成本已发生，且与被审计单位有关	√					
B. 所有应当记录的营业成本均已记录		√				
C. 与营业成本有关的金额及其他数据已恰当记录			√			
D. 营业成本已记录于正确的会计期间				√		
E. 营业成本已记录于恰当的账户					√	
F. 营业成本已按照企业会计准则的规定在财务报表中作恰当列报						√

8.4.2 审计目标与审计程序对应关系表

审计目标与审计程序对应关系表（营业成本）如表8-10所示。

表8-10 审计目标与审计程序对应关系表（营业成本）

审计目标	计划实施的实质性程序	索引号	执行人
（一）主营业务成本			
C	1. 获取或编制主营业务成本明细表，复核加计是否正确，并与总账数和明细账合计数核对是否相符；结合其他业务成本科目与营业成本报表数核对是否相符		

续表

审计目标	计划实施的实质性程序	索引号	执行人
ABC	2. 实质性分析程序 （1）比较当年度与以前年度不同品种产品的主营业务成本和毛利率，并查明产生异常情况的原因； （2）比较当年度与以前年度各月主营业务成本的波动趋势，并查明产生异常情况的原因； （3）比较被审计单位与同行业的毛利率，并查明产生异常情况的原因； （4）比较当年度与以前年度主要产品的单位产品成本，并查明产生异常情况的原因		
ABC	3. 检查主营业务成本的内容和计算方法是否符合会计准则规定，前后期是否一致 （1）直接材料的审计； （2）直接人工的审计； （3）制造费用的审计； （4）生产成本的审计； （5）主营业务成本的审计		
ABC	4. 复核主营业务成本明细表的正确性，编制生产成本与主营业务成本倒轧表，并与相关科目交叉索引		
AB	5. 抽查某月主营业务成本结转明细清单，比较计入主营业务成本的品种、规格、数量和主营业务收入的口径是否一致，是否符合配比原则		
ABCD	6. 针对主营业务成本中的重大调整事项（如销售退回）、非常规项目，检查相关原始凭证，评价真实性和合理性，检查其会计处理是否正确		
AB	7. 结合期间费用的审计，判断被审计单位是否通过将应计入生产成本的支出计入期间费用，或将应计入期间费用的支出计入生产成本等手段调节生产成本，从而调节主营业务成本		
（二）其他业务成本			
C	8. 获取或编制其他业务成本明细表，复核加计是否正确，并与总账数和明细账合计数核对是否相符；结合主营业务成本科目与营业成本报表数核对是否相符		
ABC	9. 与上期其他业务收入/成本相比较，检查是否有重大波动，如有，应查明原因		
ABCDE	10. 检查其他业务成本内容是否真实，计算是否正确，会计处理是否正确，择要抽查原始凭证予以核实		
ABC	11. 复核其他业务成本明细表的正确性，并与相关科目交叉核对		
（三）列报			
F	12. 检查营业成本是否已按照企业会计准则的规定在财务报表中作恰当列报		

8.4.3 营业成本实质性程序工作底稿的填制

在营业成本实质性程序中,应填制的工作底稿包括营业成本审定表、主营业务成本明细表、主营业务成本与上期比较分析表、主要产品单位主营业务成本分析表、主营业务成本检查表、主营业务成本倒轧表、其他业务成本明细表,如表8-11至表8-17所示。

表8-11 营业成本审定表

被审计单位:_____ 索引号:_____
项目:_____营业成本_____ 财务报表截止日/期间:_____
编制人:_____ 复核人:_____
日期:_____ 日期:_____

项目名称	本期未审数	账项调整		本期审定数	上期审定数	索引号
		借方	贷方			
一、主营业务成本						
……						
二、其他业务成本						
……						
营业成本合计						
调整分录						
内容	科目	金额	金额			
审计结论:						

表8-12 主营业务成本明细表

被审计单位:_____ 索引号:_____
项目:_____主营业务成本_____ 财务报表截止日/期间:_____
编制人:_____ 复核人:_____
日期:_____ 日期:_____

续表

主营业务成本明细项目	月份												合计
	1	2	3	4	5	6	7	8	9	10	11	12	
合计													
上期数													
变动额													
变动比例													
审计说明:													

表8-13 主营业务成本与上期比较分析表

被审计单位：_____　　　索引号：_____
项目：___主营业务成本与上期比较分析___　　财务报表截止日/期间：_____
编制人：_____　　　　　复核人：_____
日期：_____　　　　　　日期：_____

产品类别	本期			上期			差额			索引号	备注
	数量	平均单位成本	总成本	数量	平均单位成本	总成本	数量	平均单位成本	总成本		
审计说明:											

表8-14 主要产品单位主营业务成本分析表

被审计单位：_____　　　索引号：_____
项目：___主要产品单位主营业务成本___　　　财务报表截止日/期间：_____
编制人：_____　　　　　复核人：_____
日期：_____　　　　　　日期：_____

续表

月份	产品_____			产品_____			产品_____			产品_____		
	单位营业成本	与全年平均数差额	分析结论	单位营业成本	与全年平均数差额	分析结论	单位营业成本	与全年平均数差额	分析结论	单位营业成本	与全年平均数差额	分析结论

审计说明：

表8－15　主营业务成本检查表

被审计单位：_____　　　　　索引号：_____
项目：　__主营业务成本__　　　　　财务报表截止日/期间：_____
编制人：_____　　　　　　　复核人：_____
日期：_____　　　　　　　　日期：_____

记账日期	凭证编号	业务内容	对应科目	金额	核对内容（用"√""×"表示）					备注
					1	2	3	4	5	

核对内容说明：1. 原始凭证是否齐全；2. 记账凭证与原始凭证是否相符；3. 账务处理是否正确；4. 是否记录于恰当的会计期间；5. ……

审计说明：

表8－16　主营业务成本倒轧表

被审计单位：_____　　　　　索引号：_____
项目：　__主营业务成本__　　　　　财务报表截止日/期间：_____
编制人：_____　　　　　　　复核人：_____
日期：_____　　　　　　　　日期：_____

存货种类	未审数	审定数	索引号
原材料期初余额			
加：本期购进净额			
减：原材料期末余额			
减：其他原材料发出额			

续表

直接材料成本			
加:直接人工成本			
加:制造费用			
产品生产成本			
加:在产品期初余额			
减:在产品期末余额			
库存商品成本			
加:库存商品期初余额			
减:库存商品期末余额			
主营业务成本			
审计说明:			

表 8-17 其他业务成本明细表

被审计单位:_____ 索引号:_____
项目:_____其他业务成本_____ 财务报表截止日/期间:_____
编制人:_____ 复核人:_____
日期:_____ 日期:_____

种类	本期数		上年同期数	
	金额	结构比	金额	结构比
销售材料				
活塞				
连杆				
曲轮				
凸轮轴				
合计				

8.5 应付职工薪酬的审计

8.5.1 审计目标与认定对应关系表

审计目标与认定对应关系表(应付职工薪酬)如表 8-18 所示。

第8章 生产、存货与工薪循环的审计

表 8-18 审计目标与认定对应关系表（应付职工薪酬）

审计目标	财务报表认定				
	存在	完整性	权利和义务	计价和分摊	列报
A. 资产负债表中记录的应付职工薪酬是存在的	√				
B. 所有应当记录的应付职工薪酬均已记录		√			
C. 记录的应付职工薪酬是被审计单位应当履行的现时义务			√		
D. 应付职工薪酬以恰当的金额包括在财务报表中，与之相关的计价调整已恰当记录				√	
E. 应付职工薪酬已按照企业会计准则的规定在财务报表中作恰当列报					√

8.5.2 审计目标与审计程序对应关系表

审计目标与审计程序对应关系表（应付职工薪酬）如表 8-19 所示。

表 8-19 审计目标与审计程序对应关系表（应付职工薪酬）

审计目标	计划实施的实质性程序	索引号	执行人
D	1. 获取或编制应付职工薪酬明细表，复核加计是否正确，并与报表数、总账数和明细账合计数核对是否相符		
ABD	2. 实质性分析程序 （1）比较被审计单位员工人数的变动情况，检查被审计单位各部门各月工资费用的发生额是否有异常波动，若有，则查明波动原因是否合理； （2）比较本期与上期工资费用总额，要求被审计单位解释其增减变动原因，或取得公司管理当局关于员工工资标准的决议； （3）结合员工社保缴纳情况，明确被审计单位员工范围，检查是否与关联公司员工工资混淆列支； （4）比较本期应付职工薪酬余额与上期应付职工薪酬余额，确定是否有异常变动		
ABD	3. 检查工资、奖金、津贴和补贴 （1）检查计提是否正确，依据是否充分；将执行的工资标准与有关规定核对，并对工资总额进行测试；被审计单位如果实行工效挂钩的，应取得有关主管部门确认的效益工资发放额认定证明，结合有关合同文件和实际完成的指标，检查其计提额是否正确，是否应作纳税调整； （2）检查分配方法与上年是否一致，除因解除与职工的劳动关系给予的补偿直接计入管理费用外，被审计单位是否根据职工提供服务的受益对象，分下列情况进行处理：		

续表

审计目标	计划实施的实质性程序	索引号	执行人
	①应由生产产品、提供劳务负担的职工薪酬,计入产品成本或劳务成本; ②应由在建工程、无形资产负担的职工薪酬,计入建造固定资产或无形资产; ③其他职工薪酬,计入当期损益; (3) 检查发放金额是否正确,代扣的款项及其金额是否正确; (4) 检查是否存在属于拖欠性质的职工薪酬,并了解拖欠的原因		
ABD	4. 检查社会保险费(包括医疗、养老、失业、工伤、生育保险费)、住房公积金、工会经费和职工教育经费等计提(分配)和支付(或使用)的会计处理是否正确,依据是否充分		
ABD	5. 检查非货币性福利 (1) 检查以自产产品发放给职工的非货币性福利,是否根据受益对象,按照该产品的公允价值,计入相关资产成本或当期损益,同时确认应付职工薪酬;对于难以认定受益对象的非货币性福利,是否直接计入当期损益和应付职工薪酬; (2) 检查无偿向职工提供住房的非货币性福利,是否根据受益对象,将该住房每期应计提的折旧计入相关资产成本或当期损益,同时确认应付职工薪酬;对于难以认定受益对象的非货币性福利,是否直接计入当期损益和应付职工薪酬		
ABC	6. 检查应付职工薪酬的期后付款情况,并关注在资产负债表日至财务报表批准报出日之间,是否有确凿证据表明需要调整资产负债表日原确认的应付职工薪酬事项		
E	7. 检查应付职工薪酬是否已按照企业会计准则的规定在财务报表中作恰当列报		

8.5.3 应付职工薪酬实质性程序工作底稿的填制

在应付职工薪酬实质性程序中,应填制的工作底稿包括应付职工薪酬审定表、应付职工薪酬明细表、应付职工薪酬分配情况检查表、应付职工薪酬(支付)检查情况表,如表8-20至表8-23所示。

表8-20 应付职工薪酬审定表

被审计单位:_____ 索引号:_____
项目:_____应付职工薪酬_____ 财务报表截止日/期间:_____
编制人:_____ 复核人:_____
日期:_____ 日期:_____

续表

项目名称	期末未审数	账项调整		重分类调整		期末审定数	上期末审定数	索引号
		借方	贷方	借方	贷方			
合计								
调整分录								
内容	科目	金额	金额					
审计结论:								

表 8-21 应付职工薪酬明细表

被审计单位：_____　　　　索引号：_____
项目：____应付职工薪酬____　　财务报表截止日/期间：_____
编制人：_____　　　　　　复核人：_____
日期：_____　　　　　　　日期：_____

项目名称	期初数	本期增加	本期减少	期末数	备注
1. 工资					
2. 奖金					
3. 津贴					
4. 补贴					
5. 职工福利					
6. 社会保险费					
（1）医疗保险费					
（2）养老保险费					
（3）失业保险费					
（4）工伤保险费					
（5）生育保险费					
7. 住房公积金					
8. 工会经费					
9. 职工教育经费					
10. 非货币性福利					

续表

11. 辞退福利					
12. 以现金结算的股份支付					
……					
合计					
审计说明:					

表 8－22　应付职工薪酬分配情况检查表

被审计单位：_____　　　索引号：_____
项目：____应付职工薪酬分配情况____　　财务报表截止日/期间：_____
编制人：_____　　　　　复核人：_____
日期：_____　　　　　　日期：_____

项目名称	生产成本	制造费用	管理费用	研发支出	合计	核对是否正确	差异原因
1. 工资							
2. 奖金							
3. 津贴							
4. 补贴							
5. 职工福利							
6. 社会保险费							
（1）医疗保险费							
（2）养老保险费							
（3）失业保险费							
（4）工伤保险费							
（5）生育保险费							
7. 住房公积金							
8. 工会经费							
9. 职工教育经费							
10. 非货币性福利							
11. 辞退福利							
12. 以现金结算的股份支付							
……							
合计							

续表

审计说明：

表8-23 应付职工薪酬（支付）检查情况表

被审计单位：_____　　　　　　索引号：_____
项目：___应付职工薪酬（支付）___　　　财务报表截止日/期间：_____
编制人：_____　　　　　　　　复核人：_____
日期：_____　　　　　　　　　日期：_____

记账日期	凭证编号	业务内容	对应科目	金额	核对内容（用"√""×"表示）					备注
					1	2	3	4	5	

核对内容说明：1. 原始凭证是否齐全；2. 记账凭证与原始凭证是否相符；3. 账务处理是否正确；4. 是否记录于恰当的会计期间；5. ……

审计说明：

本章小结

本章主要学习了生产、存货循环的业务活动，包括计划和安排生产、发出原材料、生产产品、核算产品成本、储存产成品、发出产成品六项内容。

生产、存货与工薪循环的内部控制主要包括存货的内部控制、成本会计制度的内部控制与工薪循环的内部控制三部分内容。

生产、存货与工薪循环涉及的报表项目主要包括"存货""营业成本""应付职工薪酬"等，注册会计师应对其实施实质性程序。

本章练习题

一、填空题

1. 存货监盘是一项复合程序，是（　　　）程序和（　　　）程序的结合运用。

2. 存货监盘的目的是获取有关存货（　　　）和（　　　）的审计证据。

3. 企业根据自身规模和存货的特点，可能选择不同的存货盘存制度，包括（　　　）或（　　　）。

4. 注册会计师应当从存货盘点记录中选取项目追查至存货实物，以测试盘点记录的（   ）；还应当从存货实物中选取项目追查至存货盘点记录，以测试存货盘点记录的（   ）。

5. 注册会计师对被审计单位的存货如果无法实施监盘，也无法实施替代审计程序以获取有关期末存货数量和状况的充分、适当的审计证据，应当考虑出具（   ）或（   ）的审计报告。

6. 存货监盘所得到的是（   ）证据。

二、判断题

1. 人事部门应负责对结束雇佣的员工签发离职通知，离职通知应尽快送达工资部门，以防止对离职人员继续发放工资。（   ）

2. 存货正确截止的关键在于存货实物纳入盘点范围的时间和存货引起的借贷双方会计科目的入账时间都处于同一会计期间。（   ）

3. 存货监盘仅仅是为了获取有关存货数量的审计证据。（   ）

4. 企业实施存货盘点的时间可能是资产负债表日前后，也可能是资产负债表日。（   ）

5. 在永续盘存制下，如果永续盘存记录与存货盘点结果之间出现重大差异，注册会计师应当实施追加的审计程序，查明原因，并检查永续盘存记录是否已作适当的调整。如果认为被审计单位的盘点方式及其结果无效，注册会计师应当提请被审计单位重新盘点。（   ）

6. 如果通过实施存货监盘发现被审计单位财务报表存在重大错报，且被审计单位拒绝调整，注册会计师应当考虑出具"保留意见"或"否定意见"的审计报告。（   ）

7. 定期盘点存货，合理确定存货的数量和状况是注册会计师的责任。（   ）

8. 对于企业存放于公共仓库或由外部人员保管的存货，可以直接向公共仓库或外部有关单位进行函证。（   ）

三、单项选择题

1. K 公司实行实地盘存制。在复核 20×9 年 1 月 2 日对 K 公司的存货监盘备忘录及相关审计工作底稿时，注意到以下情况，其中做法正确的是（   ）。

A. 监盘前将抽盘范围告知 K 公司，以便其做好相关准备

B. 索取全部盘点表并按编号顺序汇总后，进行账账、账实核对

C. 抽盘后将抽盘记录交予 K 公司，要求 K 公司据以修正盘点表

D. 未能监盘期初存货，根据期末监盘结果倒推期初存货余额，并予以确认

2. 仓库部门向生产部门发货的依据是从生产部门收到的（   ）。

A. 验收单　　　B. 发料单　　　C. 领料单　　　D. 保管单

3. 注册会计师观察被审计单位存货盘点的主要目的是（   ）。

A. 查明被审计单位是否漏盘某些重要的存货项目

B. 鉴定存货的质量

C. 了解存货的种类

D. 获得存货期末是否实际存在以及其状况的证据

4. 产成品入库，须由（   ）部门先行点验和检查，然后签收。签收后，填制产成品

入库单，并将实际入库数量通知会计部门。

A. 仓库　　　　　B. 采购　　　　　C. 生产　　　　　D. 验收

5. 下列各项中，属于生产成本业务实质性测试程序的是（　　）。

A. 审查有关凭证是否经过适当审批

B. 检查产成品入库验收手续是否齐备

C. 对成本项目进行分析性复核

D. 检查不相容职责是否分离

四、多项选择题

1. 存货监盘计划应当包括（　　）。

A. 存货监盘的目标　　　　　　B. 存货监盘的要点及关注事项

C. 参加存货监盘人员的分工　　D. 抽查的范围

2. 注册会计师对某公司 20×9 年度财务报表进行审计时，实施存货截止测试程序可查明（　　）。

A. 少计 20×9 年度的存货和应付账款

B. 多计 20×9 年度的存货和应付账款

C. 虚增 20×9 年度的利润

D. 虚减 20×9 年度的利润

3. 如果由于被审计单位存货的性质或位置等原因导致无法实施存货监盘，注册会计师应当考虑能否实施替代审计程序，获取有关存货数量和状况的充分、适当的审计证据。注册会计师实施的替代审计程序主要包括（　　）。

A. 检查进货交易凭证或生产记录以及其他相关资料

B. 复核上期盘点记录

C. 检查资产负债表日后发生的销货交易凭证

D. 向顾客和供应商函证

4. 对被审计单位存货进行审计是最复杂、最费时的部分，其原因是（　　）。

A. 存货占资产比重大

B. 存货放置地点不同，实物控制不便

C. 存货项目的种类繁多

D. 存货计价方法多样化

5. 注册会计师观察客户存货盘点可以（　　）。

A. 查明客户是否漏盘或重盘某些存货项目

B. 观察存货的品质和状况

C. 了解盘点计划是否得到执行

D. 获得存货是否实际存在的证据

五、业务题

1. 江苏一会计师事务所接受委托于 20×9 年 3 月 11 日对甲股份有限公司 20×9-1 年度资产负债表的存货项目进行审计。

注册会计师于20×9年3月14日对存货进行了监盘，其总账数据资料、明细账数据资料、存货监盘情况分别如表8-24、表8-25、表8-26所示。

表8-24 甲公司总账数据资料　　　　　　　　　　　　　　　　　　　　　　　　　元

项目	期末余额
原材料	624 000
库存商品	825 000
合计	1 449 000

表8-25 甲公司明细账数据资料

原材料	期末结存			库存商品	期末结存		
	数量/件	单价/（元·件$^{-1}$）	金额/元		数量/件	单价/（元·件$^{-1}$）	金额/元
甲材料	4 000	100	400 000	A产品	2 100	250	525 000
乙材料	2 800	80	224 000	B产品	1 500	200	300 000
合计			624 000	合计			825 000

表8-26 甲公司存货监盘情况

存货类别	存货名称	盘点数量/件
原材料	甲材料	4 500
	乙材料	2 790
库存商品	A产品	2 100
	B产品	1 400

要求：根据表8-24至表8-26的资料，填写表8-27所示的存货监盘结果汇总表，以及表8-28所示的存货审定表。

表8-27 甲公司存货监盘结果汇总表

存货类别	存货名称	单位	监盘数量	未经确认报告数量	差异数量	差异原因	索引号	审计确认报告数量
原材料	甲材料	件						
	乙材料	件						
库存商品	A产品	件						
	B产品	件						

表 8-28 甲公司存货审定表

存货项目	期末未审数	账项调整		重分类调整		期末审定数	上期末审定数
		借方	贷方	借方	贷方		
存货账面余额							
甲材料							
乙材料							
A 产品							
B 产品							
合计							

2. 天大公司的会计政策规定，入库产成品按实际生产成本入账，发出产成品按先进先出法核算。20×9年12月31日，该公司库存商品甲期末结存数量为1 200件，期末余额为5 210万元，该公司甲产品的相关明细资料如表8-29所示（假定期初余额和所有的数量、入库单价均无误）。

表 8-29 甲产品的相关明细资料

日期	摘要	入库			发出			结存		
		数量/件	单价/(万元·件$^{-1}$)	金额/万元	数量/件	单价/(万元·件$^{-1}$)	金额/万元	数量/件	单价/(万元·件$^{-1}$)	金额/万元
1.1	期初余额							500		2 500
3.1	入库	400	5.1	2 040				900		4 540
4.1	销售				800	5.2	4 160	100		380
8.1	入库	1 600	4.6	7 360				1 700		7 740
10.3	销售				400	4.6	1 840	1 300		5 900
12.1	入库	700	4.5	3 150				2 000		9 050
12.31	销售				800	4.8	3 840	1 200		5 210
12.31	本年合计	2 700		12 550	2 000		9 840	1 200		5 210

要求：（1）请编制如表8-30所示的库存商品甲计价测试表，重新计算出库存商品甲的营业成本的实际金额。

表 8-30 库存商品甲计价测试表

日期	摘要	入库			发出			结存		
		数量/件	单价/(万元·件$^{-1}$)	金额/万元	数量/件	单价/(万元·件$^{-1}$)	金额/万元	数量/件	单价/(万元·件$^{-1}$)	金额/万元
1.1										
3.1										

续表

日期	摘要	入库			发出			结存		
		数量/件	单价/(万元·件$^{-1}$)	金额/万元	数量/件	单价/(万元·件$^{-1}$)	金额/万元	数量/件	单价/(万元·件$^{-1}$)	金额/万元
4.1										
8.1										
10.3										
12.1										
12.31										
12.31										
本年合计										

（2）在进行相关测试后，注册会计师应提出的审计调整建议是（　　）。

A. 调增营业成本 350 万元　　　　　B. 调减营业成本 350 万元

C. 调增营业成本 240 万元　　　　　D. 调减营业成本 240 万元

第9章

货币资金审计

学习目标

1. 了解货币资金与各交易循环的关系。
2. 掌握货币资金控制的关键控制点以及主要的实质性程序。

教学要求

注重案例教学,通过实务练习,让学生掌握库存现金、银行存款审计。

导入案例

2019年4月30日,某上市药企发布了一份"关于前期会计差错更正的公告",称由于核算账户资金时存在错误,造成货币资金多计299.44亿元。由此,该药企300亿资金"不翼而飞"一事便开始不断发酵,最终牵出公司财务造假的黑幕。资深投资银行人士称,这可能是中国证券史上最大的一笔"会计差错"了。

9.1 货币资金审计概述

9.1.1 货币资金与业务循环

货币资金是企业资产的重要组成部分,是企业资产中流动性最强的一种资产。货币资金审计是企业财务报表审计的一个重要组成部分。货币资金与各交易循环直接相关,一方面由于货币资金收支业务容易出现舞弊行为,而有关舞弊行为将影响其他业务循环;另一方面,对货币资金进行审计有助于确定其他有关项目的正确性。因此,审计人员在审计过程中既要审核货币资金项目本身,同时也要关注货币资金项目与其他相关业务循环之间的关系。货币资金与业务循环的关系如图9-1所示。根据货币资金存放地点及用途,货币资金分为库存现金、银行存款及其他货币资金。本章重点介绍库存现金和银行存款审计。

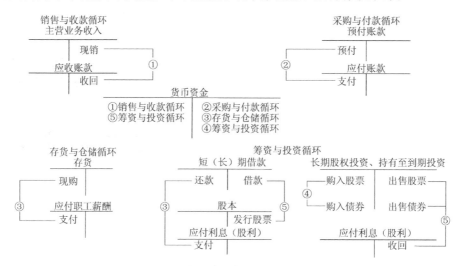

图 9-1 货币资金与业务循环的关系

9.1.2 货币资金审计涉及的凭证和会计记录

货币资金审计涉及的凭证和会计记录主要有现金盘点表、银行对账单、银行存款余额调节表，以及有关科目的记账凭证和有关会计账簿。

9.2 货币资金的内部控制与控制测试

9.2.1 货币资金的内部控制

货币资金是企业流动性最强的资产，企业必须加强对货币资金的管理，建立良好的货币资金内部控制制度，以确保全部应收取的货币资金均能收取，并及时正确地予以记录；全部货币资金支出是按照经批准的用途进行的，并及时正确地予以记录；库存现金、银行存款报告正确，并得到恰当保管；正确预测企业正常经营所需的货币资金收支额，确保企业有充足又不过剩的货币资金余额。

9-1 货币资金内部控制

一般而言，一个良好的货币资金内部控制应该做到以下几点。

1. 岗位分工及授权批准

（1）企业应当建立货币资金业务的岗位责任制，明确相关部门和岗位的职责权限，确保办理货币资金业务的不相容岗位相互分离、制约和监督。出纳人员不得兼任稽核、会计档案保管和收入、支出、费用、债权债务账目的登记工作。企业不得由一人办理货币资金业务的全过程。

（2）企业应当对货币资金业务建立严格的授权批准制度，明确审批人对货币资金业务的授权批准方式、权限、程序、责任和相关控制措施，规定经办人办理货币资金业务的职责范围和工作要求。审批人应当根据货币资金授权批准制度的规定，在授权范围内进行审批，不得超越审批权限。经办人应当在职责范围内，按照审批人的批准意见办理货币资金业务。对于审批人超越授权范围审批的货币资金业务，经办人员有权拒绝办理，并及时向审批人的上级授权部门报告。

（3）按照规定的程序办理货币资金支付业务：①支付申请；②支付审批；③支付复核；④办理支付。

（4）对于重要货币资金支付业务，应当实行集体决策和审批，并建立责任追究制度，防范贪污、侵占、挪用货币资金等行为。

（5）严禁未经授权的机构或人员办理货币资金业务或直接接触货币资金。

2. 现金和银行存款的管理

（1）企业应当加强现金库存限额的管理，超过库存限额的现金应及时存入银行。

（2）企业必须根据《现金管理暂行条例》的规定，结合本企业的实际情况，确定本企业现金的开支范围。不属于现金开支范围的业务应当通过银行办理转账结算。

（3）企业现金收入应当及时存入银行，不得用于直接支付企业自身的支出。因特殊情况需坐支现金的，应事先报经开户银行审查批准。企业借出款项必须执行严格的授权批准程序，严禁擅自挪用、借出货币资金。

（4）企业取得的货币资金收入必须及时入账，不得私设"小金库"，不得账外设账，严禁收款不入账。

（5）企业应当严格按照《支付结算办法》等国家有关规定，加强对银行账户的管理，严格按照规定开立账户，办理存款、取款和结算业务。

（6）企业应当严格遵守银行结算纪律，不准签发没有资金保证的票据或远期支票，套取银行信用；不准签发、取得和转让没有真实交易和债权债务的票据，套取银行和他人资金；不准无理拒绝付款，任意占用他人资金；不准违反规定开立和使用银行账户。

（7）企业应当指定专人定期核对银行账户（每月至少核对一次），编制银行存款余额调节表，使银行存款账面余额与银行对账单调节相符。如调节不符，应查明原因，及时处理。

（8）企业应当定期和不定期地进行现金盘点，确保现金账面余额与实际库存相符。发现不符时，及时查明原因并作出处理。

3. 票据及有关印章的管理

（1）企业应当加强与货币资金相关的票据的管理，明确各种票据的购买、保管、领用、背书转让、注销等环节的职责权限和程序，并专设登记簿进行记录，防止空白票据的遗失和被盗用。

（2）企业应当加强银行预留印鉴的管理。财务专用章应由专人保管，个人签名章必须由本人或其授权人员保管。严禁一人保管支付款项所需的全部印章。按规定需要有关负责人签字或盖章的经济业务，必须严格履行签字或盖章手续。

4. 监督检查

企业应当建立对货币资金业务的监督检查制度，明确监督检查机构或人员的职责权限，定期和不定期地进行检查。货币资金监督检查的内容主要包括以下几项。

（1）货币资金业务相关岗位及人员的设置情况。重点检查是否存在货币资金业务不相容职务混岗的现象。

（2）货币资金授权批准制度的执行情况。重点检查货币资金支出的授权批准手续是否健全，是否存在越权审批行为。

（3）支付款项印章的保管情况。重点检查是否存在办理付款业务所需的全部印章由一人保管的现象。

（4）票据的保管情况。重点检查票据的购买、领用、保管手续是否健全，票据保管是否存在漏洞。

总结以上内容，货币资金内部控制的关键风险控制点、控制目标及控制措施如表 9-1 所示。

表 9-1　货币资金内部控制的关键风险控制点、控制目标及控制措施

风险控制点	控制目标	控制措施
审批	合法性	未经授权不得办理资金收付业务，明确不同级别的管理人员的权限
复核	真实性与合法性	会计对相关凭证进行横向复核和纵向复核
收支点	收入入账完整，支出手续完备	出纳根据审核后的相关收付款原始凭证收款和付款，并加盖戳记
记账	真实性	出纳人员根据资金收付凭证登记日记账，会计人员根据相关凭证登记有关明细分类账，主管会计登记总分类账
对账	真实性和财产安全	账证核对、账表核对与账实核对
保管	财产安全与完整	授权专人保管资金，定期或不定期盘点
银行账户管理	防范"小金库"，加强业务管控	开设、使用与撤销的授权；是否有账外账
票据与印章管理	财产安全	票据统一印制或购买，由专人保管；印章与空白票据分管；财务专用章与企业法人章分管

9.2.2　货币资金的控制测试

货币资金的控制测试与各循环的内部控制测试结合在一起，体现在各个循环的控制测试中。针对货币资金可能出现的重大错报，货币资金内部控制的测试一般分为三个步骤。

1. 了解货币资金内部控制制度的内容

通过调查询问和实地了解，对内部控制制度的内容以书面说明、编制调查表或编制流程图等方法列示。

2. 测试货币资金的内部控制制度

抽取并检查收付款凭证，抽取现金日记账、银行存款日记账与总账进行核对；抽取银行存款余额调节表，验证其是否按月正确编制并采用复核等方法测试内部控制有效性。

3. 评价货币资金的内部控制

审计人员完成上述程序之后，即可对货币资金的内部控制进行评价，首先确定内部控制

9-2　货币资金审计中需要关注的事项或情形

的可信赖程度及存在的薄弱环节和缺点，再据以确定所采用的实质性程序。具体工作底稿的填制见9.2.3。

9.2.3 货币资金内部控制测试的工作底稿

了解货币资金内部控制的工作底稿如模板9-1所示。控制测试中以抽查收款凭证为例，其工作底稿如模板9-2所示。

[模板9-1]   **了解货币资金内部控制的工作底稿**

了解货币资金内部控制		
被审计单位：_____	索引号：_____	
项目：_____	财务报表截止日/期间：_____	
编制人：_____	复核人：_____	
日期：_____	日期：_____	

货币资金—了解内部控制—问卷调查。

使用说明：问卷由企业恰当的人员填写后（可以是电子形式，但要求书面确认），审计人员基于企业的回答决定测试程序。

内部控制问卷调查

	问卷				控制测试索引
	问题	是	否	备注	
1	银行账户（含银行汇票存款、银行本票存款、外埠存款、信用证存款、外币存款）的开立是否有规定的审批手续？				
2	货币资金收付业务的出纳、审核与记录的职务是否相互分开？				
3	银行票据与有关印章保管的职务是否相互分开？				
4	登记银行存款日记账、现金日记账、其他货币资金明细账与登记总分类账的职务是否分开？				
5	记账凭证与原始凭证的核对是否由稽核人员进行？				
6	银行存款日记账与银行对账单是否及时进行核对？				
7	是否按月编制银行存款调节表？未达账项是否得到检查？				
8	外币存付款是否采用复币记账法？月末是否按规定计算汇兑损益？				
9	收付凭证是否按顺序连续编号？				
10	货币资金收付款业务的发生是否经有关业务主管或领导批准，并经授权人经办？				

11	出纳是否根据审核无误的会计凭证登记银行存款日记账、现金日记账和其他货币资金明细账?				
12	办理结算业务后的结算凭证是否加盖"收讫"或"付讫"戳记?				
13	作废支票及其他银行票据是否加盖"作废"戳记?				
14	库存现金是否由出纳专门保管?出纳工作是否定期进行轮换?				
15	库存现金是否在稽核人员的监督下定期进行盘点?				
16	是否采取措施限制非出纳人员接近现金?				
17	外埠存款支用及收回是否有规定的审批手续?				
18	对信用卡等有价证券有无管理规定?				
19	是否存在与本单位经营无关的款项收支情况?				
20	是否存在出租、出借银行账户的情况?				

结果:

审计人员:

结论:对了解的内部控制进行简要的评价。

[模板9-2] **货币资金控制测试的工作底稿(抽查收款凭证)**

货币资金内部控制测试

被审计单位:_____　　索引号:_____

项目:_____　　财务报表截止日/期间:_____

编制人:_____　　复核人:_____

日期:_____　　日期:_____

　　货币资金——控制测试——收款。

　　测试目的:收款符合企业的内部控制。

　　测试方法:检查凭证。

　　测试总体:库存现金、银行存款。

　　抽样方法:选取30笔样本,样本选取的标准为:

库存现金、银行存款、收款检查表

序号	日期	凭证编号	业务内容	对应科目	金额	核对内容					
						1	2	3	4	5	6
合计											

核对内容说明：1. 记账凭证对应的原始凭证恰当且内容完整；
2. 业务内容与企业经营活动相关；
3. 收款凭证和存入银行账号的日期和金额是否相符；
4. 对于赊销，收款凭证和应收账项账簿记录一致；
5. 账务处理合理。

9.3 货币资金的实质性测试

9.3.1 货币资金审计目标与可选择的审计程序

在审计实务中，由于货币资金流动性大、牵扯面广，审计人员在年报审计中需根据相关的审计目标对货币资金进行细节测试，形成的主要审计工作底稿如下。

（1）货币资金实质性程序列出了货币资金的认定、审计目标、可供选择的审计程序之间的内在关系，如表9-2、表9-3所示，可供审计人员根据被审计单位的具体情况选择。

（2）货币资金审定表属于货币资金审计的汇总类底稿，汇总了库存现金、银行存款和其他货币资金的明细情况，并直接得出货币资金发生额是否可以确认的审计结论，如表9-4所示。

（3）其他重要的审计底稿在后面具体阐述。

表9-2 审计目标与审计认定对应关系表（货币资金）

审计目标	财务报表认定				
	存在	完整性	权利和义务	计价和分摊	列报
A. 资产负债表中记录的货币资金是存在的	√				
B. 应当记录的货币资金均已记录		√			

续表

审计目标	财务报表认定				
	存在	完整性	权利和义务	计价和分摊	列报
C. 记录的货币资金由被审计单位拥有或控制			√		
D. 货币资金以恰当的金额包括在财务报表中，与之相关的计价调整已恰当记录				√	
E. 货币资金已按照企业会计准则的规定在财务报表中作恰当列报					√

表9-3 审计目标与审计程序对应关系表（货币资金）

审计目标	计划实施的实质性程序	索引号	执行人
（一）库存现金			
D	1. 核对库存现金日记账与总账的金额是否相符，检查非记账本位币库存现金的折算汇率及折算金额是否正确		
ABCD	2. 监盘库存现金 （1）制订监盘计划，确定监盘时间； （2）将盘点金额与现金日记账余额进行核对，如有差异，应要求被审计单位查明原因并作适当调整，如无法查明原因，应要求被审计单位按管理权限批准后进行调整； （3）在非资产负债表日进行盘点时，应调整至资产负债表日的金额； （4）若有充抵库存现金的借条、未提现支票、未作报销的原始凭证，须在盘点表中注明，如有必要应作调整，特别关注数家公司混用现金保险箱的情况		
ABD	3. 抽查大额库存现金收支，检查原始凭证是否齐全，记账凭证与原始凭证是否相符，账务处理是否正确，是否记录于恰当的会计期间等项内容		
（二）银行存款			
D	4. 获取或编制银行存款余额明细表 （1）复核加计是否正确，并与总账数和日记账合计数核对是否相符； （2）检查非记账本位币银行存款的折算汇率及折算金额是否正确		
AC	5. 函证银行存款余额，编制银行函证结果汇总表，检查银行回函 （1）向被审计单位在本期存过款的银行发函，包括零余额账户和账户已结清的银行； （2）确定被审计单位账面余额与银行函证结果的差异，对不符事项作出适当处理		
ABD	6. 取得并检查银行对账单及银行存款余额调节表 （1）取得被审计单位的银行存款余额对账单，并与银行询证函回函核对，确认是否一致，抽样核对账面记录的已付票据金额及存款金额是否与对账单记录一致；		

续表

审计目标	计划实施的实质性程序	索引号	执行人
	（2）获取资产负债表日的银行存款余额调节表，检查调节表中加计数是否正确，调节后银行存款日记账余额与银行对账单余额是否一致； （3）检查调节事项的性质和范围是否合理； （4）检查是否存在未入账的利息收入和利息支出； （5）检查是否存在其他跨期收支事项		
CE	7. 关注是否存在质押、冻结等对变现有限制或存放在境外的款项，是否已作必要的调整和披露		
ABD	8. 抽查大额银行存款收支的原始凭证，检查原始凭证是否齐全，记账凭证与原始凭证是否相符，账务处理是否正确，是否记录于恰当的会计期间等内容；检查是否存在非营业目的的大额货币资金转移，并核对相关账户的进账情况；如有与被审计单位生产经营无关的收支事项，应查明原因并作相应的记录		
E	9. 检查货币资金是否已按照企业会计准则的规定在财务报表中作恰当列报 附注是否按库存现金、银行存款、其他货币资金分别列示货币资金情况，对因质押或冻结等对使用有限制、存放在境外、有潜在回收风险的款项应单独说明		

表9-4 货币资金审定表

被审计单位：＿＿＿＿＿＿＿＿＿＿＿＿＿＿＿ 索引号：＿＿＿＿＿＿＿＿＿＿＿＿＿＿＿

项目：＿＿＿＿＿货币资金＿＿＿＿＿ 财务报表截止日/期间：＿＿＿＿＿＿＿＿

编制人：＿＿＿＿＿＿＿＿＿＿＿＿＿＿＿ 复核人：＿＿＿＿＿＿＿＿＿＿＿＿＿＿＿

日期：＿＿＿＿＿＿＿＿＿＿＿＿＿＿＿ 日期：＿＿＿＿＿＿＿＿＿＿＿＿＿＿＿

项目名称	期末未审数	账项调整		重分类调整		期末审定数	上期末审定数	索引号
		借方	贷方	借方	贷方			
库存现金								
银行存款								
其他货币资金								
合计								

审计结论：

9.3.2 库存现金监盘

库存现金监盘是证实资产负债表中货币资金项目下所列库存现金是否存在的一项重要审

计程序。

1. 监盘的目标

对被审计单位现金盘点实施的监盘程序是用作控制测试还是实质性程序，取决于注册会计师对风险评估结果、审计方案和实施的特定程序的判断。

如果注册会计师基于风险评估的结果判断无须对现金盘点实施控制测试，则仅实施实质性程序。

9-3 库存现金的监盘

2. 监盘的范围

企业盘点库存现金，通常包括对已收到但未存入银行的现金、零用金、找换金等的盘点。监盘范围一般包括被审计单位各部门经管的所有现金。

3. 监盘人员

盘点库存现金的时间和人员应视被审计单位的具体情况而定，但现金出纳员和被审计单位会计主管人员必须参加，并由注册会计师进行监盘。

4. 监盘时间

查看被审计单位制订的盘点计划，以确定监盘时间。对库存现金的监盘最好实施突击性的检查，时间最好选择在上午上班前或下午下班时。

如被审计单位库存现金存放部门有两处或两处以上，应同时进行盘点。

5. 监盘的具体程序

(1) 查阅库存现金日记账并同时与现金收付凭证相核对。

(2) 检查被审计单位现金实存数，并将该监盘金额与库存现金日记账余额进行核对，如有差异，应要求被审计单位查明原因，必要时应提请被审计单位作出调整。

(3) 由出纳员盘点，由注册会计师编制库存现金监盘表。

(4) 在非资产负债表日进行监盘时，应将监盘金额调整至资产负债表日的金额，并对变动情况实施程序。

库存现金监盘表如表9-5所示。

表9-5 库存现金监盘表

检查盘点记录			实有库存现金盘点记录		
项目	项次	人民币	面额	人民币	
				张	金额
上一日账面库存余额	①		100元		
盘点日未记账凭证收入金额	②		50元		
盘点日未记账凭证支出金额	③		20元		
盘点日账面应有金额	④=①+②-③		10元		
盘点实有库存现金数额	⑤		5元		
盘点日应有与实有差异	⑥=④-⑤		2元		

续表

检查盘点记录			实有库存现金盘点记录		
项目	项次	人民币	面额	人民币	
				张	金额
差异原因分析	白条抵库（张）		1元		
			0.5元		
			0.2元		
			0.1元		
			合计		
追溯调整	报表日至审计日库存现金付出总额				
	报表日至审计日库存现金收入总额				
	报表日库存现金应有余额				
	报表日账面汇率				
	报表日余额折合本位币金额				
	本位币合计				

9.3.3 银行存款的实质性程序

1. 银行存款明细表

复核银行存款明细表的加计是否正确，并与总账数和日记账合计数核对是否相符；检查非记账本位币银行存款的折算汇率及折算金额是否正确。银行存款明细表如表9-6所示。

9-4 银行存款的实质性程序

表9-6 银行存款明细表

被审计单位：_____ 索引号：_____
项目：_____银行存款_____ 财务报表截止日/期间：_____
编制人：_____ 复核人：_____
日期：_____ 日期：_____

开户行	账号	是否系质押、冻结等对变现有限制或存在境外的款项	期初余额 ①	本期增加 ②	本期减少 ③	期末余额 ④=①+②-③	银行对账单余额 ⑤	银行存款余额调节表索引号	调整后是否相符

续表

合计									

编制说明：1. 若账面余额（原币数）与银行对账单金额不一致，应另行检查银行存款余额调节表；
　　　　　2. 银行存款、其他货币资金审计时均可使用该表，当其他货币资金使用时应修改索引号。

审计说明：

2. 取得并检查银行对账单和银行存款余额调节表

取得并检查银行对账单和银行存款余额调节表是证实资产负债表中所列银行存款是否存在的重要程序。银行存款余额调节表通常应由被审计单位根据不同的银行账户及货币种类分别编制。具体测试流程包括以下几步。

1）取得并检查银行对账单

（1）取得被审计单位加盖银行印章的银行对账单，必要时，亲自到银行获取对账单，并对获取过程保持控制。

（2）将获取的银行对账单余额与银行日记账余额进行核对，如存在差异，获取银行存款余额调节表。

（3）将被审计单位资产负债表日的银行对账单与银行询证函回函进行核对，确认是否一致。

2）取得并检查银行存款余额调节表

（1）检查银行存款余额调节表中加计数是否正确，调节后，银行存款日记账余额与银行对账单余额是否一致。

（2）检查调节事项。对于企业已收付而银行尚未入账的事项，检查相关收付款凭证，并取得期后银行对账单，确认未达账项是否存在，银行是否已于期后入账；对于银行已收付而企业尚未入账的事项，检查期后企业入账的收付款凭证，确认未达账项是否存在，必要时，提请被审计单位进行调整。

（3）关注长期未达账项，查看是否存在挪用资金等事项。

（4）特别关注银付企未付、企付银未付中支付异常的领款事项。

对银行存款余额调节表的检查如表9-7所示。

表9-7　对银行存款余额调节表的检查

被审计单位： _____	索引号： _____
项目：　对银行存款余额调节表的检查	财务报表截止日/期间： _____
编制人： _____	复核人： _____
日期： _____	日期： _____

续表

开户银行：		银行账号：		币种：	
项目		金额	调节项目说明	是否需要审计调整	
银行对账单余额					
加：企业已收，银行尚未入账合计金额					
其中：1.					
2.					
减：企业已付，银行尚未入账合计金额					
其中：1.					
2.					
调整后银行对账单余额					
企业银行存款日记账余额					
加：银行已收，企业尚未入账合计金额					
其中：1.					
2.					
减：银行已付，企业尚未入账合计金额					
其中：1.					
2.					
调整后企业银行存款日记账余额					
经办会计人员（签字）：			会计主管（签字）：		
审计说明：					

3. 函证银行存款余额

编制银行函证结果汇总表，检查银行回函。应注意：向被审计单位在本期存过款的银行发函，包括零余额账户和在本期内注销的账户；确定被审计单位账面余额与银行函证结果的差异，对不符事项作出适当处理。通过向往来银行函证，审计人员不仅可以了解企业资产的存在，还可以了解企业账面反映所欠银行债务的情况，并有助于发现企业未入账的银行借款和未披露的或有负债。

审计人员应当对银行存款（包括零余额账户和在本期内注销的账户）及与金融机构往来的其他重要信息实施函证程序，除非有充分证据表明某一银行存款及与金融机构往来的其他重要信息对财务报表不重要且与之相关的重大错报风险很低。如果不对这些项目实施函证程序，审计人员应当在审计工作底稿中说明理由。银行存款函证结果汇总表如表9-8所示。银行询证函可参考模板9-3。

表 9-8 银行存款函证结果汇总表

被审计单位：_____ 索引号：_____
项目：_____银行存款函证结果_____ 财务报表截止日/期间：_____
编制人：_____ 复核人：_____
日期：_____ 日期：_____

开户银行	账号	币种	函证情况					冻结、质押等事项说明	备注
			对账单余额	函证日期	回函日期	回函金额	金额差异		

[模板 9-3]

银行询证函

银行询证函

编号：_____

_____（银行）：

　　本公司聘请的_____会计师事务所正在对本公司_____年_____月财务报表进行审计，按照中国审计人员审计准则的要求，应当询证本公司与贵行相关的信息。下列信息出自本公司记录，如与贵行记录相符，请在本函下端"信息证明无误"处签章证明；如有不符，请在"信息不符"处列明不符项目及具体内容；如存在与本公司有关的未列入本函的其他重要信息，也请在"信息不符"处列出其详细资料。回函请直接寄至_____会计师事务所。

　　回函地址：_____　　　邮编：_____

　　电话：_____　传真：_____　联系人：_____

　　截至 20_____ 年 3 月 31 日，本公司与贵行相关的信息列示如下。

1. 银行存款

账户名称	银行账号	币种	利率	余额	起止日期	是否被质押、用于担保或存在其他使用限制	备注

除上述列示的银行存款外，本公司并无在贵行的其他存款。

注："起止日期"一栏仅适用于定期存款，如为活期或保证金存款，可只填写"活期"或"保证金"字样。

2. 银行借款

借款人名称	币种	本息余额	借款日期	到期日期	利率	借款条件	抵（质）押品/担保人	备注

除上述列示的银行借款外，本公司并无自贵行的其他借款。

注：此项仅函证截至资产负债表日本公司尚未归还的借款。

3. 截至函证日之前 12 个月内注销的账户

账户名称	银行账号	币种	注销账户日

除上述列示的账户外，本公司并无截至函证日之前 12 个月内在贵行注销的其他账户。

4. 担保

（1）本公司为其他单位提供的、以贵行为担保受益人的担保

被担保人	担保方式	担保金额	担保期限	担保事由	担保合同编号	被担保人与贵行就担保事项往来的内容（贷款等）	备注

除上述列示的担保外，本公司并无其他以贵行为担保受益人的担保。

注：如采用抵押或质押方式提供担保，应在备注中说明抵押或质押物情况。

（2）贵行向本公司提供的担保

被担保人	担保方式	担保金额	担保期限	担保事由	担保合同编号	备注

除上述列示的担保外，本公司并无贵行提供的其他担保。

5. 本公司存放于贵行的有价证券或其他产权文件

有价证券或其他产权文件名称	产权文件编号	数量	金额

除上述列示的有价证券或其他产权文件外，本公司并无存放于贵行的其他有价证券或其他产权文件。

6. 其他重大事项

注：此项应填列审计人员认为重大且应予函证的其他事项，如信托存款等；如无，则应填写"不适用"。

(公司盖章)

年　　月　　日

_____以下仅供被询证银行使用_____

结论：

1. 信息证明无误。 (银行盖章) 年　　月　　日 经办人：	2. 信息不符，请列明不符项目及具体内容（对于在本函前述漏列的其他重要信息，请列出详细资料）。 (银行盖章) 年　　月　　日 经办人：

4. 抽查大额货币资金收支检查情况

审计人员抽取样本检查货币资金收支情况的原始凭证是否齐全，记账凭证与原始凭证是否相符，账务处理是否正确，是否记录于恰当的会计期间。货币资金收支情况检查表如表9-9所示。

表9-9 货币资金收支情况检查表

被审计单位：_____	索引号：_____
项目：__货币资金收支情况__	财务报表截止日/期间：_____
编制人：_____	复核人：_____
日期：_____	日期：_____

记账日期	凭证编号	业务内容	对应科目	金额	核对内容（用"√""×"表示）					备注
					1	2	3	4	5	

核对内容说明：1. 原始凭证是否齐全；2. 记账凭证与原始凭证是否相符；3. 账务处理是否正确；4. 是否记录于恰当的会计期间；5. ……

对不符事项的处理：

备注：当企业规模和业务量较大时，可分"库存现金""银行存款""其他货币资金"科目分别使用该表，应注意修改索引号。

审计说明：

本章小结

货币资金审计是指对企业的现金、银行存款和其他货币资金收付业务及其结存情况的真实性、正确性和合法性所进行的审计。了解货币资金内部控制并对内部控制进行测试，在此基础上对货币资金进行实质性测试。货币资金实质性测试应重点做好如下工作：对库存现金进行监盘；获取银行对账单，检查银行存款余额调节表；函证全部银行账户，包括零余额账户和在本期内注销的账户；抽查大额收支情况。经过上述审计程序，将相关审计风险降到较低水平。

本章练习题

一、单项选择题

1. 以下对货币资金业务内部控制的要求中，（　　）与银行存款无直接关系。
   A. 按月盘点现金，以做到账实相符　　B. 当日现金收入及时送存银行
   C. 加强对货币资金业务的内部审计　　D. 收支与记账岗位分离
2. 在对库存现金进行盘点时，时间最好选择在上午上班前或下午下班时进行，主要是

为了便于证实（　　）。

A. 真实性　　　　B. 准确性　　　　C. 截止　　　　D. 完整性

3. 向开户银行函证，可以证实若干项目标，其中最基本的目标是（　　）。

A. 银行存款是否真实存在　　　　B. 是否有欠银行的债务

C. 是否有漏列的负债　　　　D. 是否有充作抵押担保的存货

4. 如果在资产负债表日后对库存现金进行盘点，应当根据盘点数、资产负债表日至（　　）的现金数，倒推计算资产负债表上所包含的现金数是否正确。

A. 审计报告日　　　　B. 资产负债表日

C. 盘点日　　　　D. 外勤工作结束日

5. 如果注册会计师已经从被审计单位内部获得了银行对账单，该注册会计师（　　）。

A. 不需再向银行函证　　　　B. 仍需再向银行函证

C. 复核银行对账单　　　　D. 可根据实际需要，确定是否向银行函证

二、多项选择题

1. 为了做到银行存款在财务报表上的正确截止，对于以下的未达账项，注册会计师应当要求被审计单位编制会计分录调整的有（　　）。

A. 银行已付而企业未入账的支出　　　　B. 银行已收而企业未入账的收入

C. 企业已付而银行未入账的支出　　　　D. 企业已收而银行未入账的收入

2. 对库存现金进行盘点时，参与盘点的人员有（　　）。

A. 被审计单位的出纳人员　　　　B. 被审计单位的管理人员

C. 注册会计师　　　　D. 被审计单位会计主管人员

3. 下列审计程序中，属于证实银行存款存在的重要程序的是（　　）。

A. 盘点库存现金　　　　B. 审查银行存款余额调节表

C. 函证银行存款余额　　　　D. 审查银行存款收支截止的正确性

4. 下列属于库存现金实质性程序的有（　　）。

A. 盘点库存现金　　　　B. 库存现金的控制测试

C. 检查现金收支的正确截止　　　　D. 抽查大额现金收支

5. 下列属于银行存款实质性程序的有（　　）。

A. 审查银行存款余额调节表　　　　B. 函证银行存款余额

C. 检查银行存款收支的正确截止　　　　D. 银行存款的控制测试

6. 出纳人员不得同时负责的工作有（　　）。

A. 会计档案保管　　　　B. 收入支出账目的登记

C. 债权债务账目的登记　　　　D. 稽核

7. 货币资金监督检查的内容主要包括（　　）。

A. 检查是否存在货币资金业务不相容和职务混岗的现象

B. 检查货币资金支出的授权批准手续是否健全

C. 检查支付款项印章的保管情况

D. 检查票据的保管情况

三、判断题

1. 若被审计单位财会人员较少，出纳员可以负责债权债务账目的登记工作。（ ）
2. 对于重要货币资金支付业务，单位应当实行集体决策和审批制，并建立责任追究制度。（ ）
3. 被审计单位因特殊情况需坐支现金的，应事先报经开户银行审查批准。（ ）
4. 单位应当指定专人定期核对银行账户，每月至少核对两次。（ ）
5. 审查结算日银行存款余额调节表是为了检查资产负债表所列货币资金中银行存款是否存在。（ ）
6. 若被审计单位短期借款账户的余额为零，则注册会计师一般不对其实施函证。（ ）

四、综合业务题

东莞某会计师事务所于2019年3月11日对甲股份有限公司2018年度资产负债表有关货币资金项目进行审计，相关资料如下。

1. 期初（2018年1月1日）库存现金余额为15 000元（无外币），银行存款余额为4 885 000元；期末（2018年12月31日）库存现金余额为29 200元（无外币），银行存款余额为6 470 800元，无其他货币资金。

2. 审计人员于2019年3月11日对库存现金进行了监盘，资料如下：100元币50张，50元币70张，10元币150张，5元币80张，2元币120张，1元币50张，1角币100张，共计10 700元，库存现金账面余额为10 700元。1月1日至3月10日现金付出总额为545 000元，现金收入总额为526 500元。

3. 报表日（12月31日），甲公司银行存款日记账和总账余额均为6 470 800元，12月31日银行对账单余额为6 481 400元，经核对后发现下列未达账项。

（1）12月25日，公司开出一张8 500元的转账支票，持票人未到银行办理转账结算。

（2）12月30日，委托银行收款10 500元，银行已托收入账，但收账通知尚未到达公司。

（3）12月31日，银行代付水费8 400元，付款通知尚未到达公司。

4. 审计人员抽查有关货币资金如下。

5月10日，38#凭证以支票支付广告费50 000元；10月20日，45#凭证以现金支付招待费5 000元；11月8日，33#凭证以支票支付办公费4 200元；12月27日，56#凭证以现金支付管理人员奖金560 000元。记账凭证及原始凭证完整，有授权批准，账务处理正确。

要求：根据上述资料填制如表9-10至表9-13所示的审计工作底稿。

表9-10　甲公司库存现金监盘表

被审计单位：_____	索引号：　ZA1-1
项目：_____	财务报表截止日/期间：_____
编制人：_____	复核人：　习×
日期：_____	日期：2019-03-11

续表

	检查盘点记录				实有库存现金盘点记录					
项目	项次	人民币	美元	外币	面额	人民币		美元		外币	
						张	金额	张	金额	张	金额
上一日账面库存余额	①										
盘点日未记账凭证收入金额	②										
盘点日未记账凭证支出金额	③										
盘点日账面应有金额	④ = ① + ② − ③				100 元						
盘点实有库存现金数额	⑤				50 元						
盘点日应有与实有差异	⑥ = ④ − ⑤				10 元						
差异原因分析	白条抵库（张）				5 元						
					2 元						
					1 元						
					0.5 元						
					0.1 元						
					合计						
追溯调整	报表日至审计日库存现金付出总额										
	报表日至审计日库存现金收入总额										
	报表日库存现金应有余额										
	报表日账面汇率										
	报表日余额折合本位币金额										
	本位币合计										

出纳员： 会计主管人员： 监盘人： 检查日期：

审计说明：盘点日账面库存现金与盘点日实际库存现金一致，报表日库存现金与报表日实际库存现金一致。这说明该公司现金管理状况良好。

表 9−11　对甲公司银行存款余额调节表的检查

被审计单位：	索引号： ZA1−2
项目：	财务报表截止日/期间：
编制人：	复核人： 习 ×
日期：	日期：2019−03−11

续表

开户银行：工商银行××营业所		银行账号：_____	币种：人民币
项目	金额	调节项目说明	是否需要审计调整
银行对账单余额			
加：企业已收，银行尚未入账合计金额			
其中：1.			
2.			
减：企业已付，银行尚未入账合计金额			
其中：1.			
2.			
调整后银行对账单余额			
企业银行存款日记账余额			
加：银行已收，企业尚未入账合计金额			
其中：1.			
2.			
减：银行已付，企业尚未入账合计金额			
其中：1.			
2.			
调整后企业银行存款日记账余额			
经办会计人员（签字）：		会计主管（签字）：	
审计说明：通过未达账项的调整，企业银行存款日记账余额和银行对账单余额一致。			

表9-12　甲公司货币资金收支检查情况表

被审计单位：_____　　　索引号：___ZA1-3___
项目：_____　　　财务报表截止日/期间：_____
编制人：_____　　　复核人：___习×___
日期：_____　　　日期：2019-03-11

记账日期	凭证编号	业务内容	对应科目	金额	核对内容（用"√""×"表示）					
					1	2	3	4	5	6

续表

核对内容说明：1. 原始凭证是否齐全；2. 记账凭证与原始凭证是否相符；3. 账务处理是否正确；4. 是否记录于恰当的会计期间；5.……
对不符事项的处理：无
备注：当企业规模和业务量较大时，可分库存现金、银行存款、其他货币资金科目分别使用该表，应注意修改索引号。
审计说明：记账凭证及原始凭证完整，有授权批准，账务处理正确。

表 9-13　甲公司货币资金审定表

被审计单位：_____　　　　　索引号：__ZA1-4__
项目：_____　　　　　财务报表截止日/期间：_____
编制人：_____　　　　　复核人：__习×__
日期：_____　　　　　日期：__2019-03-11__

项目名称	期末未审数	账项调整		重分类调整		期末审定数	上期末审定数
		借方	贷方	借方	贷方		
库存现金							
银行存款							
其他货币资金							
合计							

审计结论：账务处理正确，无须调整。

第 10 章

审计报告

学习目标

1. 了解审计报告的定义、基本内容及特征。
2. 重点掌握审计报告的意见类型，区分无保留意见审计报告和非无保留意见审计报告的类型。
3. 掌握非无保留意见审计报告的类型、差异。
4. 能够区分不同情况下出具何种审计报告，掌握不同意见类型相关意见段的表达等。

教学要求

注重通过案例教学，多视角讲解审计报告的内容、特点等相关知识点；采用启发式、探讨式教学，加强课堂案例讨论，注重对案例进行总结。

导入案例

吉林紫鑫药业股份有限公司（以下简称"紫鑫药业"）于1998年5月成立，是一家集科研、开发、生产、销售、药用动植物种养殖为一体的高科技股份制企业。紫鑫药业主要从事中成药的研发、生产、销售和中药材种植业务，以治疗心脑血管、消化系统疾病和骨伤类中成药为主导品种。

紫鑫药业2007年3月2日在深圳证券交易所上市。由于产品规模不大，同时产品缺乏特色，紫鑫药业一直业绩平平，在资本市场也不被投资者注意。但从2010年下半年开始，由于人参贸易和人参深加工概念炒作，公司业绩开始一飞冲天，实现营业收入6.4亿元，同比增长151%；净利润1.73亿元，同比增长184%。2011年上半年实现营收3.7亿元，净利润1.11亿元，分别同比增长226%和325%。紫鑫药业凭借其惊人业绩为众多券商推荐，股价一路飙升。

但好景不长，由于公司战绩太过辉煌，引来了不少媒体的怀疑，最终《上海证券报》

的调查结论揭露了这神话般业绩的真实面孔——关联交易，自买自卖。一时间，紫鑫药业成为投资市场惹人非议的焦点，被质疑是"第二个银广夏"，而关于它财务造假和审计失败的一系列问题也逐渐浮出水面。2011年10月19日，紫鑫药业因涉嫌关联交易等违法违规行为，最终被证监会立案稽查。

1. 具体违法违规行为

1）虚构下游客户

据紫鑫药业2010年年报，公司营业收入前五名客户分别为四川平大生物制品有限责任公司、亳州千草药业饮品厂、吉林正德药业有限公司、通化立发人参贸易有限公司、通化文博人参贸易有限公司。这五家公司在2010年一共为紫鑫药业带来2.3亿元的营业收入，占紫鑫药业当年营业收入的比例为36%。

2）虚构上游供应商

紫鑫药业的上游客户——延边嘉益、延边耀宇、延边欣鑫、延边劲辉的成立时间、经营范围、公司住所具有很高的相似性：均成立于2010年，经营范围同为"人参及人参粗加工"，最初的住所也均在延边州新兴工业集中区，最终控制方为同一个人。在这些公司的注册、变更、高管、股东等信息中都很难忽略紫鑫药业及其关联方的影子，但这些并未在紫鑫药业的年报中充分披露。

3）关联交易方式小结

紫鑫药业通过注册空壳公司、进行隐蔽的关联交易虚构业绩，实质为进行体内自买自卖。

2. 原因分析

（1）审计证据获取不足。

中准会计师事务所签字注册会计师在对收入、关联方交易、预付账款等方面未获取充分、适当的审计证据的情况下，对紫鑫药业的年报出具了"标准无保留意见"的审计报告，严重违反了中国注册会计师审计准则和职业道德操守。

（2）监管机构处罚力度不足。

紫鑫药业财务造假充分暴露了证券市场存在会计师和审计机构责任制度上的漏洞，而这正是由于监管机构对于财务造假所造成的恶劣影响未引起足够的重视，对造假公司的处罚力度未起到应有的震慑作用。例如，时隔两年，证监会的调查结论迟迟没有公布，而紫鑫药业在度过风口时期后仍然存在公司股东算准时机、大规模购股、推高股价的行为。这使得越来越多的上市公司肆无忌惮，使财务造假愈演愈烈。

（3）独立董事未发挥应有的监督职能。

事实上，紫鑫药业一直设有独立董事，甚至还是会计、法律和医学界的权威人士，但是，针对紫鑫药业的"延边系""通化系"频繁关联交易且涉及金额重大、会计数据反常的情况，独立董事对公司的决议并未提出任何意见。这显然不是其专业水平不足，而是独立董事未履行过监督职能。紫鑫药业的所谓独立董事实质上形同虚设，使得财务造假的主导者更加肆无忌惮。

3. 案例启示

分析紫鑫药业财务造假事件，可以很轻易地揪出三大责任方：证监会、紫鑫药业、中准会计师事务所。和以往财务造假手段类似，借助关联方交易自买自卖是紫鑫药业事件的核心。关联方交易由于其隐蔽性和复杂性，一直是独立审计关注的风险领域。那么，应该如何避免财务造假呢？

1）站在政府的立场上

（1）政府审计与内部审计相结合，严防舞弊作假行为。

内部审计可以利用其开展工作经常性、及时性的优势，将日常审计工作中获得的第一手资料提供给政府审计人员，配合政府审计更好地完成审计工作。同时，强有力的政府审计也可以促使企业健全内部审计机构，使内部审计工作规范化，从而提高审计工作效率。

（2）政府自身的监督体制进一步完善。

紫鑫药业设置空壳公司炒作人参股概念就是借了吉林省支持人参产业发展的东风，因此，杜绝官商勾结，不因政绩而助长甚至支持企业的作假行为，做到财政源头的干净是政府自身工作的重点。同时，政府监管部门应进一步加强事前审计监管和治理，严格监管签字审计师资格和审计师任期，维持审计市场秩序，加大惩罚力度和职业违规的成本，确保审计职业独立、客观、公正地发表审计意见，维护社会公众利益。

2）站在中准会计师事务所的立场上

（1）保持审计职业怀疑和批判性思维，注重分析性程序。

职业怀疑要求审计师考虑责任方不诚实的可能性，所以审计师不应依赖以往审计中对管理层、治理层诚信形成的判断，不能因轻信管理层和治理层而满足于说服力不够的审计证据，更不能使用管理层声明替代应当获取的充分、适当的审计证据以得出审计结论。

（2）加强会计师事务所内部控制建设，严格执行风险导向审计。

紫鑫药业事件中，为其提供审计服务的中准会计师事务所的签字注册会计师之一受到过监管部门的惩戒，这位"带病"的注册会计师再次违规，足以反映中准会计师事务所内部控制尤其是质量控制存在严重缺陷，也反映了注册会计师没有严格执行风险导向审计准则。审计准则明确规定，注册会计师在财务报表审计中负有发现、报告可能导致报表严重失实的错误与舞弊的审计责任。注册会计师如果没有严格遵循审计准则的要求，导致未能将报表中严重失实的错误和舞弊揭露出来，便构成审计失败，应当承担相应的过失责任。因此，在评价客户内部控制的同时，会计师事务所自身的内部控制建设也应尽快完善。

10.1　审计报告概述

10.1.1　审计报告的含义及特征

1. 审计报告的含义

审计报告是指注册会计师按照审计准则的要求，执行完审计工作后，就财务报表在所有重大方面是否公允正确发表的审计意见，是一种书面的文件。

2. 审计报告的特征

（1）注册会计师应当按照审计准则的规定执行审计工作。

（2）注册会计师在实施审计工作的基础上，只有满足出具审计报告的要求才能出具审计报告。

(3) 注册会计师通过对财务报表发表意见履行业务约定书约定的责任。

(4) 注册会计师出具的审计报告应该是以书面形式出具的。

10.1.2 审计报告的作用

1. 鉴证作用

注册会计师签发的审计报告,以独立公正的第三方身份对被审计单位财务报表的合法性和公允性发表审计意见,最后出具相应的鉴证报告。这种意见具有鉴证作用。

2. 保护作用

注册会计师作为独立的第三方,站在公正公允的角度上通过实施审计程序、发表审计意见,对被审计单位在所有重大方面是否存在重大错报发表审计意见。经注册会计师审计以后的财务报表,不管是何种类型的审计报告,都可以提高或降低财务报表使用者对财务报表的信赖程度,在一定程度上对被审计单位的财产、债权人和股东的权益及企业利害关系人的利益起到保护作用。

3. 证明作用

最终出具的审计报告,表明注册会计师已经完成审计的相关工作。审计报告是对注册会计师审计任务完成情况及其结果所作的总结,它可以表明审计工作的质量并明确注册会计师的审计责任。

10.1.3 审计意见的形成和审计报告的类型

1. 审计意见的形成

注册会计师应当就财务报表是否在所有重大方面按照适用的财务报告编制基础编制并实现公允反映形成审计意见。为了形成审计意见,注册会计师应该针对财务报表整体去判断财务报表是否不存在由于舞弊或错误导致的重大错报,注册会计师应当得出结论,并确定是否已就此获取合理保证。

10-1 审计意见的形成和审计报告的类型

在形成审计结论、发表审计意见时,注册会计师应当从以下几个方面考虑发表的审计意见是否恰当。

(1) 评价是否已获取充分、适当的审计证据。

(2) 评价未更正错报单独或汇总起来是否构成重大错报。

(3) 评价财务报表是否在所有重大方面按照适用的财务报告编制基础编制。

(4) 评价财务报表是否实现公允反映。

(5) 评价财务报表是否恰当提及或说明适用的财务报告编制基础。

2. 审计报告的类型

从大类上分,审计报告分为标准审计报告和非标准审计报告。

1) 标准审计报告

标准审计报告是指不含有说明段、强调事项段、其他事项段或其他任何修饰性用语的无保留意见的审计报告。

其中，无保留意见是指当注册会计师认为财务报表在所有重大方面按照适用的财务报告编制基础编制并实现公允反映时发表的审计意见。包含其他报告责任段，但不含有强调事项段或其他事项段的无保留意见的审计报告也被视为标准审计报告。

强调事项段和其他事项段的目的都是提醒相关财务报表的使用人，去关注财务报表中已披露的事项（对阅读财务报表十分重要）和财务报表中未披露的事项（该事项能够帮助财务报表的使用人理解审计工作、注册会计师的责任和其他事项等）。

2）非标准审计报告

非标准审计报告是指含有强调事项段或其他事项段的无保留意见的审计报告，以及非无保留意见的审计报告。非无保留意见的审计报告包括保留意见的审计报告、否定意见的审计报告和无法表示意见的审计报告。

10.2 审计报告的基本内容

10.2.1 审计报告的要素

1. 标题

审计报告应当具有标题，统一规范为"审计报告"。

2. 收件人

审计报告的收件人一般是指审计业务的委托人。审计报告应当按照审计业务的约定载明收件人的全称。

10-2 审计报告的基本内容

3. 审计意见

审计意见部分由两部分构成。第一部分指出已审计财务报表，应当包括：①指出被审计单位的名称；②说明财务报表已经审计；③指出构成整套财务报表的每一财务报表的名称；④提及财务报表附注；⑤指明构成整套财务报表的每一财务报表的日期或涵盖的期间。第二部分应当说明注册会计师发表的审计意见。

4. 形成审计意见的基础

审计报告应当包含此部分，主要包括：①说明注册会计师按照审计准则的规定执行了审计工作；②提及审计报告中用于描述审计准则规定的注册会计师责任的部分；③声明注册会计师按照与审计相关的职业道德要求对被审计单位保持了独立性，并履行了职业道德方面的其他责任，声明中应当指明适用的职业道德要求，如《中国注册会计师职业道德守则》；④说明注册会计师是否相信获取的审计证据是充分、适当的，为发表审计意见提供了基础。

5. 关键审计事项

审计准则要求注册会计师在上市实体整套通用目的财务报表审计报告中增加关键审计事项部分，用于沟通关键审计事项。

6. 管理层对财务报表的责任

审计报告应当说明管理层负责按照适用的财务报告编制基础编制财务报表，使其实现公允反映，并设计、执行和维护必要的内部控制，以使财务报表不存在由于舞弊或错误导致的重大错报；评估被审计单位的持续经营能力和使用持续经营假设是否适当，并披露与持续经营相关的事项（如适用）。对管理层评估责任的说明应当包括描述在何种情况下使用持续经营假设是适当的。

7. 注册会计师对财务报表审计的责任

这部分应当包括：①说明注册会计师的目标是对财务报表整体是否不存在由于舞弊或错误导致的重大错报获取合理保证，并出具包含审计意见的审计报告；②说明合理保证是高水平的保证，但按照审计准则执行的审计并不能保证一定会发现存在的重大错报；③说明错报可能由于舞弊或错误导致；④说明在按照审计准则执行审计工作的过程中，注册会计师运用了职业判断，并保持了职业怀疑；⑤通过说明注册会计师的责任，对审计工作进行描述。

8. 按照相关法律法规的要求报告的事项

在某些情况下，相关法律法规可能要求或允许注册会计师将对这些其他责任的报告作为对财务报表出具的审计报告的一部分，此时，审计报告应当区分为"对财务报表出具的审计报告"和"按照相关法律法规的要求报告的事项"两部分。在另外一些情况下，相关法律法规可能要求或允许注册会计师在单独出具的报告中进行报告。

9. 注册会计师的签名和盖章

审计报告应当由项目合伙人和另一名负责该项目的注册会计师签名和盖章。对上市实体整套通用目的财务报表出具的审计报告应当注明项目合伙人。

10. 事务所名称、地址和盖章

审计报告应当注明事务所名称、地址，并盖章。

11. 报告日期

审计报告应当注明报告日期。

10.2.2 审计报告的示例

例10-1 基于对上市实体财务报表出具的无保留意见的审计报告进行说明。

例10-1

审计报告

ABC 股份有限公司全体股东：

一、对财务报表出具的审计报告

（一）审计意见

我们审计了 ABC 股份有限公司（以下简称"ABC 公司"）财务报表，包括 20×1 年 12 月 31 日的资产负债表，20×1 年度的利润表、现金流量表、股东权益变动表以及相关财务报表附注。

我们认为，后附的财务报表在所有重大方面按照企业会计准则的规定编制，公允反映了 ABC 公司 20×1 年 12 月 31 日的财务状况以及 20×1 年度的经营成果和现金流量。

（二）形成审计意见的基础

我们按照中国注册会计师审计准则的规定执行了审计工作。审计报告的"注册会计师对财务报表审计的责任"部分进一步阐述了我们在这些准则下的责任。按照《中国注册会计师职业道德守则》，我们独立于 ABC 公司，并履行了职业道德方面的其他责任。我们相信，我们获取的审计证据是充分、适当的，为发表审计意见提供了基础。

(三) 关键审计事项

关键审计事项是根据我们的职业判断,认为对本期财务报表审计最为重要的事项。这些事项是在对财务报表整体进行审计并形成意见的背景下进行处理的,我们不对这些事项提供单独的意见。

(按照《中国注册会计师审计准则第 1504 号——在审计报告中沟通关键审计事项》的规定描述每一关键审计事项。)

(四) 管理层和治理层对财务报表的责任

管理层负责按照企业会计准则的规定编制财务报表,使其实现公允反映,并设计、执行和维护必要的内部控制,以使财务报表不存在由于舞弊或错误导致的重大错报。

在编制财务报表时,管理层负责评估 ABC 公司的持续经营能力,披露与持续经营相关的事项(如适用),并运用持续经营假设,除非计划清算 ABC 公司、停止营运或别无其他现实的选择。

治理层负责监督 ABC 公司的财务报告过程。

(五) 注册会计师对财务报表审计的责任

我们的目标是对财务报表整体是否不存在由于舞弊或错误导致的重大错报获取合理保证,并出具包含审计意见的审计报告。合理保证是高水平的保证,但并不能保证按照审计准则执行的审计在某一重大错报存在时总能发现。错报可能由于舞弊或错误导致,如果合理预期错报单独或汇总起来可能影响财务报表使用者依据财务报表做出的经济决策,则通常认为错报是重大的。

在按照审计准则执行审计的过程中,我们运用了职业判断,保持了职业怀疑。我们同时:

(1) 识别和评估由于舞弊或错误导致的财务报表重大错报风险,对这些风险有针对性地设计和实施审计程序;获取充分、适当的审计证据,作为发表审计意见的基础。由于舞弊可能涉及串通、伪造、故意遗漏、虚假陈述或凌驾于内部控制之上,未能发现由于舞弊导致的重大错报的风险高于未能发现由于错误导致的重大错报的风险。

(2) 了解与审计相关的内部控制,以设计恰当的审计程序,但目的并非对内部控制的有效性发表意见。

(3) 评价管理层选用会计政策的恰当性和作出会计估计及相关披露的合理性。

(4) 对管理层使用持续经营假设的恰当性得出结论。同时,根据获取的审计证据,就可能导致对 ABC 公司持续经营能力产生重大疑虑的事项或情况是否存在重大不确定性得出结论。如果我们得出结论认为存在重大不确定性,审计准则要求我们在审计报告中提请报表使用者注意财务报表中的相关披露;如果披露不充分,我们应当发表非无保留意见。我们的结论基于审计报告日可获得的信息。然而,未来的事项或情况可能导致 ABC 公司不能持续经营。

(5) 评价财务报表的总体列报、结构和内容(包括披露),并评价财务报表是否公允反映相关交易和事项。

我们与治理层就计划的审计范围、时间安排和重大审计发现(包括我们在审计中识别的值得关注的内部控制缺陷)等事项进行沟通。

我们还就遵守关于独立性的相关职业道德要求向治理层提供声明,并就可能被合理认为影响我们独立性的所有关系和其他事项，以及相关的防范措施（如适用）与治理层进行沟通。

从与治理层沟通的事项中，我们确定哪些事项对本期财务报表审计最为重要，因而构成关键审计事项。我们在审计报告中描述这些事项，除非法律法规禁止公开披露这些事项，或在极其罕见的情形下，如果合理预期在审计报告中沟通某事项造成的负面后果超过在公众利益方面产生的益处，我们确定不应在审计报告中沟通该事项。

二、按照相关法律法规的要求报告的事项

[本部分的格式和内容，取决于法律法规对其他报告责任的性质的规定。法律法规规范的事项（其他报告责任）应当在本部分处理，除非其他报告责任与审计准则所要求的报告责任涉及相同的主题。如果涉及相同的主题，其他报告责任可以在审计准则所要求的同一报告要素部分中列示。当其他报告责任和审计准则规定的报告责任涉及同一主题，并且审计报告中的措辞能够将其他报告责任与审计准则规定的责任予以清楚地区分（如差异存在）时，允许将两者合并列示（即包含在"对财务报表出具的审计报告"部分中，并使用适当的副标题）。]

××会计师事务所　　　　　　　　　中国注册会计师：×××（签名并盖章）
　　（盖章）　　　　　　　　　　　　中国注册会计师：×××（签名并盖章）
　中国××市　　　　　　　　　　　　　　　　　20×2年×月×日

10.3　沟通关键审计事项

10.3.1　关键审计事项的含义及作用

1. 含义

关键审计事项，是指注册会计师根据职业判断认为对当期财务报表审计最为重要的事项。

2. 作用

（1）可以提高已执行审计工作的透明度，从而提高审计报告的决策相关性和有用性。

10-3　沟通关键审计事项

（2）能够为财务报表使用者提供额外的信息，以帮助其了解被审计单位、已审计财务报表中涉及重大管理层判断的领域，以及注册会计师根据职业判断认为对当期财务报表审计最为重要的事项。

（3）能够为财务报表预期使用者就与被审计单位、已审计财务报表或已执行审计工作相关的事项进一步与管理层和治理层沟通提供基础。

10.3.2　确定关键审计事项的决策框架

1. 以"与治理层沟通的事项"为起点选择关键审计事项

审计准则要求注册会计师与被审计单位治理层沟通审计过程中的重大发现，包括注册会计师对被审计单位的重要会计政策、会计估计和财务报表披露等会计实务的看法，审计过程中遇到的重大困难，已与治理层讨论或需要书面沟通的重大事项等，以便治理层履行其监督财务报告过程的职责，应从与治理层沟通事项中选取关键审计事项。

2. 从"与治理层沟通的事项"中选出"在执行审计工作时重点关注过的事项"

注册会计师重点关注过的领域通常与财务报表中复杂、重大的管理层判断领域相关，因而通常涉及困难或复杂的注册会计师职业判断。

注册会计师在确定重点关注过的事项时，需要特别考虑下列三个方面。

（1）评估的重大错报风险较高的领域或识别出的特别风险。

（2）与财务报表中涉及重大管理层判断的领域相关的重大审计判断。

（3）当期重大交易或事项对审计的影响。

3. 从"在执行审计工作时重点关注过的事项"中选出"最为重要的事项"，从而构成关键审计事项

注册会计师可能已就需要重点关注的事项与治理层进行了较多的互动，就这些事项与治理层进行沟通的性质和范围，通常能够表明哪些事项对审计而言最为重要。

1）考虑因素

在确定某一与治理层沟通过的事项的相对重要程度以及该事项是否构成关键审计事项时，可能考虑的相关因素如下。

（1）该事项对预期使用者理解财务报表整体的重要程度，尤其是对财务报表的重要性。

（2）与该事项相关的会计政策的性质，或者与同行业其他实体相比，管理层在选择适当的会计政策时涉及的复杂程度或主观程度。

（3）从定性和定量方面考虑，与该事项相关的由于舞弊或错误导致的已更正错报和累积未更正错报（如有）的性质和重要程度。

（4）为应对该事项需要付出的审计努力的性质和程度。

（5）在实施审计程序、评价实施审计程序的结果、获取相关和可靠的审计证据以作为发表审计意见的基础时，注册会计师遇到的困难的性质和严重程度，尤其是当注册会计师的判断变得更加主观时。

（6）识别出的与该事项相关的控制缺陷的严重程度。

（7）该事项是否涉及数项可区分但又相互关联的审计考虑。

2）注意事项

（1）从需要重点关注的事项中，确定哪些事项以及多少事项对本期财务报表审计最为重要，属于职业判断问题。

（2）"最为重要的事项"并不意味着只有一项。

（3）最初确定为关键审计事项的事项越多，注册会计师越需要重新考虑每一事项是否符合关键审计事项的定义。

10.3.3 在审计报告中沟通关键审计事项

1. 在审计报告中单设关键审计事项部分

注册会计师应当在审计报告中单设一部分，以"关键审计事项"为标题，并在该部分

使用恰当的子标题逐项描述关键审计事项。关键审计事项部分的引言应当同时说明下列事项。

（1）关键审计事项是注册会计师根据职业判断，认为对本期财务报表审计最为重要的事项。

（2）关键审计事项的应对以对财务报表整体进行审计并形成审计意见为背景，注册会计师对财务报表整体形成审计意见，而不对关键审计事项单独发表意见。

导致非无保留意见的事项、可能导致对被审计单位持续经营能力产生重大怀疑的事项或情况存在重大不确定性等，虽然符合关键审计事项的定义，但这些事项在审计报告中专门的部分披露，不在关键审计事项部分披露。

2. 描述单一关键审计事项

为帮助财务报表使用者了解注册会计师确定的关键审计事项，注册会计师应当在审计报告中逐项描述关键审计事项，并同时说明下列内容。

（1）该事项被认定为审计中最为重要的事项之一，因而被确定为关键审计事项。

（2）该事项在审计中是如何应对的。注册会计师可以描述下列要素：①审计应对措施或审计方法中，与该事项最为相关或对评估的重大错报风险最有针对性的方面；②对已实施审计程序的简要概述；③实施审计程序的结果；④对该事项作出的主要看法。

在描述时，注册会计师还应分别索引至财务报表的相关披露，以使预期使用者能够进一步了解管理层在编制财务报表时如何应对这些事项。

注册会计师可能需要注意用于描述关键审计事项的语言，使之：①不暗示注册会计师在对财务报表形成审计意见时尚未恰当解决该事项；②将该事项与被审计单位的具体情形紧密结合，避免使用通用或标准化的语言；③考虑该事项在相关财务报表披露中是如何处理的；④不包含或暗示对财务报表单一要素单独发表的意见。

在描述关键审计事项时，注册会计师需要避免不恰当地提供与被审计单位相关的原始信息。对关键审计事项的描述通常不构成有关被审计单位的原始信息，这是由于关键审计事项是在审计的背景下描述的。

10.3.4 不在审计报告中沟通关键审计事项的情形

一般而言，在审计报告中沟通关键审计事项有助于提高审计的透明度，是符合公众利益的。但是，在罕见的情况下，关键审计事项可能涉及某些"敏感信息"，沟通这些信息可能为被审计单位带来较为严重的负面影响。在某些情况下，法律法规也可能禁止公开披露某事项。例如，公开披露某事项可能妨碍司法机关对某项违法行为或疑似违法行为的调查。

因此，除非法律法规禁止公开披露某事项，或者在极其罕见的情况下，合理预期在审计报告中沟通某事项造成的负面后果超过产生的公众利益方面的益处，注册会计师应在审计报告中沟通该事项。注册会计师应在审计报告中逐项描述关键审计事项。

10.3.5 就关键事项与治理层沟通

注册会计师就下列方面与治理层沟通。

（1）注册会计师确定的关键审计事项。

（2）根据被审计单位和审计业务的具体情况，注册会计师确定不存在需要在审计报告中沟通的关键审计事项（如适用）。

注意，就关键审计事项与治理层沟通，能够使治理层了解注册会计师就关键审计事项做出的审计决策的基础以及这些事项将如何在审计报告中进行描述，也能够使治理层考虑鉴于这些事项将在审计报告中沟通作出新的披露或提高披露质量是否有用。此外，注册会计师可以在讨论计划的审计范围和时间安排时沟通有关关键审计事项的初步看法，也可以在沟通审计发现时进一步讨论这些事项。

10.4 非无保留意见审计报告

10.4.1 非无保留意见的含义及类型

10-4 非无保留意见审计报告

1. 非无保留意见的含义

非无保留意见是指保留意见、否定意见或无法表示意见。

当存在下列情形之一时，注册会计师应当在审计报告中发表非无保留意见。

（1）根据获取的审计证据，得出财务报表整体存在重大错报的结论。

（2）无法获取充分、适当的审计证据，不能得出财务报表整体不存在重大错报的结论。

如果注册会计师能够通过实施替代程序获取充分、适当的审计证据，则无法实施特定的程序并不构成对审计范围的限制。

下列情形可能导致注册会计师无法获取充分、适当的审计证据（也称为审计范围受到限制）：①超出被审计单位控制的情形；②与注册会计师工作的性质或时间安排相关的情形；③管理层施加限制的情形。

2. 确定非无保留意见的类型

注册会计师确定哪种非无保留意见类型，取决于下列事项。

（1）导致非无保留意见的事项的性质。是财务报表存在重大错报，还是在无法获取充分、适当的审计证据的情况下，财务报表可能存在重大错报。

（2）注册会计师就导致非无保留意见的事项对财务报表产生或可能产生影响的广泛性作出的判断。

根据注册会计师的判断，对财务报表的影响具有广泛性的情形包括：①不限于对财务报表的特定要素、账户或项目产生影响；②虽然仅对财务报表的特定要素、账户或项目产生影响，但这些要素、账户或项目是或可能是财务报表的主要组成部分；③当与披露相关时，产生的影响对财务报表使用者理解财务报表至关重要。

3. 注意事项

需要注意的事项有以下三个。

（1）在承接审计业务后，如果注意到管理层对审计范围施加了限制，且认为这些限制可能导致对财务报表发表保留意见或无法表示意见，注册会计师应当要求管理层消除这些限制。如果管理层拒绝消除限制，除非治理层全部成员参与管理被审计单位，注册会计师应当就此事项与治理层沟通，并确定能否实施替代程序以获取充分、适当的审计证据。

（2）如果受到的限制产生的影响重大且具有广泛性，应当在可行时解除业务约定，如果在出具审计报告之前解除业务约定被禁止或不可行，应当出具无法表示意见的审计报告。注册会计师可能认为需要在审计报告中增加其他事项段，解释不能解约的原因。

（3）如果认为有必要对财务报表整体发表否定意见或无法表示意见，注册会计师不应在同一审计报告中对按照相同财务报告编制基础编制的单一财务报表或者财务报表特定要素、账户或项目发表无保留意见。

10.4.2 非无保留意见的审计报告的格式和内容

1. 导致非无保留意见的事项段

（1）审计报告格式和内容的一致性。如果对财务报表发表非无保留意见，注册会计师应当直接在审计意见段之后增加一个部分，并使用恰当的标题，如"形成保留意见的基础""形成否定意见的基础""形成无法表示意见的基础"，说明导致发表非无保留意见的事项。

（2）量化财务影响。

（3）存在与叙述性披露相关的重大错报。

（4）存在与应披露而未披露信息相关的重大错报。

（5）无法获取充分、适当的审计证据。

（6）披露其他事项。

2. 审计意见段

（1）标题。

（2）发表保留意见。当由于财务报表存在重大错报而发表保留意见时，注册会计师应当根据适用的财务报告编制基础在审计意见段中说明："注册会计师认为，除了形成保留意见的基础部分所述事项产生的影响外，财务报表在所有重大方面按照适用的财务报告编制基础编制，并实现公允反映。"

当无法获取充分、适当的审计证据而导致发表保留意见时，注册会计师应当在审计意见段中使用"除……可能产生的影响外"等措辞。

当注册会计师发表保留意见时，在审计意见段中使用"由于上述解释"或"受……影响"等措辞是不恰当的，因为这些措辞不够清晰或没有足够的说服力。

（3）发表否定意见。当发表否定意见时，注册会计师应当根据适用的财务报告编制基础在审计意见段中说明："注册会计师认为，由于形成否定意见的基础部分所述事项的重要性，财务报表没有在所有重大方面按照适用的财务报告编制基础编制，未能实现公允反映。"

（4）发表无法表示意见。当由于无法获取充分、适当的审计证据而发表无法表示意见时，注册会计师应当在审计意见段中说明："由于形成无法表示意见的基础部分所述事项的重要性，注册会计师无法获取充分、适当的审计证据以为发表审计意见提供基础，因此，注册会计师不对这些财务报表发表审计意见。"

3. 非无保留意见对审计报告要素内容的修改

1）保留意见的审计报告（由于财务报表存在重大错报）

（1）审计意见段的标题表明非无保留意见的类型。

（2）注册会计师应当根据适用的财务报告编制基础，在审计意见段中说明发表的保留意见。

（3）注册会计师应当增加一个部分，如"形成保留意见的基础"，说明导致发表保留意见的事项。

（4）如果财务报表中存在与具体金额（包括定量披露）相关的重大错报，注册会计师应当在导致非无保留意见的事项段中说明并量化该错报的财务影响。

（5）当发表保留意见时，注册会计师应当修改形成审计意见的基础部分的描述。

保留意见的审计报告（由于财务报表存在重大错报）参考例10-2（选取对审计报告要素作了相应修改的部分内容）。

例10-2

审计报告

ABC 股份有限公司全体股东：

一、对财务报表出具的审计报告

（一）保留意见

我们审计了 ABC 股份有限公司（以下简称"ABC 公司"）财务报表，包括20×1年12月31日的资产负债表，20×1年度的利润表、现金流量表、股东权益变动表以及相关财务报表附注。

我们认为，除"形成保留意见的基础"部分所述事项产生的影响外，后附的财务报表在所有重大方面按照企业会计准则的规定编制，公允反映了 ABC 公司20×1年12月31日的财务状况以及20×1年度的经营成果和现金流量。

（二）形成保留意见的基础

ABC 公司20×1年12月31日资产负债表中存货的列示金额为×元。管理层根据成本对存货进行计量，而没有根据成本与可变现净值孰低的原则进行计量，这不符合企业会计准则的规定。ABC 公司的会计记录显示，如果管理层以成本与可变现净值孰低来计量存货，存货列示金额将减少×元。相应地，资产减值损失将增加×元，所得税、净利润和股东权益将分别减少×元、×元和×元。

我们按照中国注册会计师审计准则的规定执行了审计工作。审计报告的"注册会计师对财务报表审计的责任"部分进一步阐述了我们在这些准则下的责任。按照《中国注册会计师职业道德守则》，我们独立于 ABC 公司，并履行了职业道德方面的其他责任。我们相信，我们获取的审计证据是充分、适当的，为发表保留意见提供了基础。

2）否定意见的审计报告（由于财务报表存在重大错报）

（1）审计意见段的标题表明非无保留意见的类型。

（2）注册会计师应当根据适用的财务报告编制基础，在审计意见段中说明发表的否定意见。

(3) 注册会计师应当增加一个部分，如"形成否定意见的基础"，说明导致发表否定意见的事项。

(4) 如果无法量化财务影响，注册会计师应当在形成否定意见的基础部分说明这一情况。

(5) 当发表否定意见时，注册会计师应当修改形成审计意见的基础部分的描述。

否定意见的审计报告（由于财务报表存在重大错报）参考例10-3（选取对审计报告要素作了相应修改的部分内容）。

例10-3

审计报告

ABC 股份有限公司全体股东：

一、对财务报表出具的审计报告

（一）否定意见

我们审计了 ABC 股份有限公司（以下简称"ABC 公司"）财务报表，包括20×1年12月31日的资产负债表，20×1年度的利润表、现金流量表、股东权益变动表以及相关财务报表附注。

我们认为，由于"形成否定意见的基础"部分所述事项的重要性，后附的财务报表没有在所有重大方面按照企业会计准则的规定编制，未能公允反映 ABC 公司20×1年12月31日的财务状况以及20×1年度的经营成果和现金流量。

（二）形成否定意见的基础

如财务报表附注×所述，20×1年 ABC 公司通过非同一控制下的企业合并获得对 XYZ 公司的控制权，因未能取得购买日 XYZ 公司某些重要资产和负债的公允价值，故未将 XYZ 公司纳入合并财务报表的范围，而是按成本法核算对 XYZ 公司的股权投资。ABC 公司的这项会计处理不符合企业会计准则的规定。如果将 XYZ 公司纳入合并财务报表的范围，ABC 公司合并财务报表的多个报表项目将受到重大影响。但我们无法确定未将 XYZ 公司纳入合并范围对财务报表产生的影响。

我们按照中国注册会计师审计准则的规定执行了审计工作。审计报告的"注册会计师对财务报表审计的责任"部分进一步阐述了我们在这些准则下的责任。按照《中国注册会计师职业道德守则》，我们独立于 ABC 公司，并履行了职业道德方面的其他责任。我们相信，我们获取的审计证据是充分、适当的，为发表否定意见提供了基础。

3）无法表示意见的审计报告（由于无法获取充分、适当的审计证据）

(1) 审计意见段的标题表明非无保留意见的类型。

(2) 注册会计师应当根据适用的财务报告编制基础，在审计意见段中说明发表的无法表示意见。

(3) 注册会计师应当增加一个部分，如"形成无法表示意见的基础"，说明导致发表无法表示意见的事项。

(4) 当发表无法表示意见时，注册会计师应当修改无保留意见审计报告中形成审计意见的基础部分。

（5）当发表无法表示意见时，注册会计师不得在审计报告中沟通关键审计事项，除非法律法规要求沟通。

无法表示意见的审计报告（由于无法获取充分、适当的审计证据）参考例10-4（选取对审计报告要素作了相应修改的部分内容）。

例10-4

审计报告

ABC股份有限公司全体股东：

一、对财务报表出具的审计报告

（一）无法表示意见

我们接受委托，审计ABC股份有限公司（以下简称"ABC公司"）财务报表，包括20×1年12月31日的资产负债表、20×1年度的利润表、现金流量表、股东权益变动表以及相关财务报表附注。

我们不对后附的ABC公司财务报表发表审计意见。由于"形成无法表示意见的基础"部分所述事项的重要性，我们无法获取充分、适当的审计证据以作为财务报表发表审计意见的基础。

（二）形成无法表示意见的基础

我们于20×2年1月接受ABC公司的审计委托，因而未能对ABC公司20×1年年初金额为×元的存货和年末金额为×元的存货实施监盘程序。此外，我们也无法实施替代审计程序获取充分、适当的审计证据。并且，ABC公司于20×1年9月采用新的应收账款电算化系统，由于存在系统缺陷导致应收账款出现大量错误。截至报告日，管理层仍在纠正系统缺陷并更正错误，我们也无法实施替代审计程序，以对截至20×1年12月31日的应收账款总额×元获取充分、适当的审计证据。因此，我们无法确定是否有必要对存货、应收账款以及财务报表其他项目作出调整，也无法确定应调整的金额。

（三）管理层和治理层对财务报表的责任（略）

（四）注册会计师对财务报表审计的责任

我们的责任是按照中国注册会计师审计准则的规定，对ABC公司的财务报表执行审计工作，以出具审计报告。但由于"形成无法表示意见的基础"部分所述的事项，我们无法获取充分、适当的审计证据以作为发表审计意见的基础。

按照《中国注册会计师职业道德守则》，我们独立于ABC公司，并履行了职业道德方面的其他责任。

10.5 在审计报告中增加强调事项段和其他事项段

10.5.1 审计报告的强调事项段

1. 强调事项段的含义

审计报告的强调事项段是指审计报告中含有的一个段落，该段落提及已在财务报表中恰当列报或披露的事项，根据注册会计师的职业判断，该事项对财务报表使用者理解财务报表至关重要。

2. 增加强调事项段的情形

如果认为有必要提醒财务报表使用者关注已在财务报表中列报或披露，且根据职业判断认为对财务报表使用者理解财务报表至关重要的事项，在同时满足下列条件时，注册会计师应当在审计报告中增加强调事项段：该事项不会导致注册会计师发表非无保留意见；该事项未被确定为在审计报告中沟通的关键审计事项。

10-5 在审计报告中增加强调事项段和其他事项段

审计准则对特定情况下在审计报告中增加强调事项段提出了具体要求。这些情形包括：法律法规规定的财务报告编制基础不可接受，但其是由法律法规作出的规定；提醒财务报表使用者注意财务报表按照特殊编制基础编制；注册会计师在审计报告日后知悉了某些事实，且出具了新的审计报告或修改了审计报告。

注册会计师可能认为需要增加强调事项段的情形举例如下。

（1）异常诉讼或监管行动的未来结果存在不确定性。

（2）提前应用（在允许的情况下）对财务报表有广泛影响的新会计准则。

（3）存在已经或持续对被审计单位财务状况产生重大影响的特大灾难。

强调事项段的过多使用会降低注册会计师沟通所强调事项的有效性。强调事项段应当仅提及已在财务报表中列报或披露的信息。

3. 在审计报告中增加强调事项段时注册会计师应采取的措施

如果在审计报告中增加强调事项段，注册会计师应当采取下列措施。

（1）作为单独的一部分置于审计报告中，并使用含有"强调事项"这一术语的适当标题。

（2）明确提及被强调事项以及相关披露的位置，以便能够在财务报表中找到对该事项的详细描述。

（3）指出审计意见没有因该强调事项段而改变。

4. 强调事项段的示例

强调事项段可参考例10-5。

例10-5　审计报告示例（强调事项段）

（一）强调事项——火灾的影响

我们提醒财务报表使用者关注，财务报表附注×描述了火灾对ABC公司的生产设备造成的影响。本段内容不影响已发表的审计意见。

（二）强调事项——未决诉讼的影响

我们提醒财务报表使用者关注，如财务报表附注×所述，截至财务报表批准日，XYZ公司对ABC公司提出的诉讼尚在审理当中，其结果具有不确定性。本段内容不影响已发表的审计意见。

10.5.2 审计报告的其他事项段

1. 其他事项段的含义

其他事项段是指审计报告中含有的一个段落，该段落提及未在财务报表中列报或披露，但根据注册会计师的职业判断，与财务报表使用者理解审计工作、注册会计师责任或审计报告相关的事项。

2. 需要增加其他事项段的情形

对于未在财务报表中列报或披露，但根据职业判断认为与财务报表使用者理解审计工作、注册会计师的责任或审计报告相关的事项，在同时满足下列条件时，注册会计师应当在审计报告中增加其他事项段：未被法律法规禁止；该事项未被确定为在审计报告中沟通的关键审计事项。

注册会计师应当将该段落作为单独的一部分，并使用"其他事项"或其他适当标题。

需要在审计报告中增加其他事项段的情形包括以下四种。

（1）与使用者理解审计工作相关的情形。
（2）与使用者理解注册会计师的责任或审计报告相关的情形。
（3）对两套以上财务报表出具审计报告的情形。
（4）限制审计报告分发和使用的情形。

如果拟在审计报告中增加强调事项段或其他事项段，注册会计师应当就该事项和拟使用的措辞与治理层沟通。

3. 其他事项段的示例

其他事项段可参考例10-6。

例10-6　审计报告示例（其他事项段）

（三）其他事项

2019年12月31日的资产负债表，2019年度的利润表、现金流量表和所有者权益变动表以及财务报表附注由其他会计师事务所审计，并于2020年3月31日发表了无保留意见。

本章小结

本章内容主要包括审计意见的形成、审计报告的基本格式，以及审计报告中的关键审计事项、强调事项段和其他事项段等相关知识。学生需要掌握审计报告的构成要素及分类、审计意见的形成等，重点掌握非无保留意见审计报告的几种类型，以及不同情况下审计意见的表达。本章是重点章节，需要同学们重点理解和掌握。

本章练习题

一、单选题

1. 包含其他报告责任段，但不含有强调事项段或其他事项段的无保留意见的审计报告被视为（　　）。
    A. 标准审计报告　　　　　　　　B. 非标准审计报告
    C. 通用审计报告　　　　　　　　D. 特殊审计报告
  2. 以下各项中，属于标准审计报告的是（　　）。
    A. 含有说明段的无保留意见审计报告
    B. 含有强调事项段的无保留意见审计报告
    C. 含有其他事项段的无保留意见审计报告
    D. 含有其他报告责任段的无保留意见审计报告
  3. 审计报告的收件人应该是（　　）。
    A. 审计业务的委托人　　　　　　B. 社会公众
    C. 被审计单位的治理层　　　　　D. 被审计单位管理层
  4. 以下关于审计报告的叙述中，正确的是（　　）。
    A. 审计报告应该由两位注册会计师签名盖章，且其中一位必须是主任会计师
    B. 注册会计师如果出具非无保留意见的审计报告，应在意见段之前增加导致非无保留意见的事项段
    C. 审计报告的日期是指编写完成审计报告的日期
    D. 审计报告的收件人是指被审计单位管理层
  5. A 与 B 注册会计师于 2016 年 2 月 8 日进驻甲公司审计其 2015 年度财务报表。3 月 10 日，注册会计师与甲公司进行沟通，3 月 15 日，甲公司正式签署 2015 年度财务报表，3 月 20 日对外公布其财务报表，通常情况下，审计报告日是（　　）。
    A. 2016 年 2 月 8 日　　　　　　B. 2016 年 3 月 10 日
    C. 2016 年 3 月 15 日　　　　　 D. 2016 年 3 月 20 日
  6. 如果拟在审计报告中增加强调事项段或其他事项段，注册会计师应当就该事项和拟使用的措辞与（　　）沟通。
    A. 管理层　　　B. 治理层　　　C. 监管机构　　　D. 专家
  7. A 注册会计师负责审计甲公司 2016 年度财务报表，确定的重要性水平是 20 万元，利润总额是 150 万元，财务报表存在的错报是 50 万元，则应该发表的审计意见类型是（　　）。
    A. 无保留意见　　B. 保留意见　　C. 否定意见　　D. 无法表示意见
  8. A 注册会计师负责审计甲公司 2016 年度财务报表，在审计中发现其他信息存在对事实的重大错报，但管理层拒绝修改，则 A 注册会计师首先应该采取的措施是（　　）。
    A. 对财务报表发表保留意见　　　B. 将对其他信息的疑虑告知治理层
    C. 拒绝出具审计报告　　　　　　D. 解除业务约定
  9. 下列属于由被审计单位管理层造成的审计范围受到限制的情况是（　　）。
    A. 外国子公司的存货无法监盘
    B. 被审计单位重要的部分会计资料被洪水冲走，无法进行检查
    C. 截至资产负债表日处于外海的远洋捕捞船队的捕鱼量无法监盘
    D. 管理层不允许注册会计师观察存货盘点
  10. 如果注册会计师无法就关联方和关联方交易获取充分、适当的审计证据，应视同审

计范围受到限制,并根据其对财务报表的影响程度,出具(　　)审计报告。

A. 无保留意见或否定意见　　　　B. 否定意见或无法表示意见

C. 保留意见或否定意见　　　　　D. 保留意见或无法表示意见

二、多选题

1. 在评价财务报表是否在所有重大方面按照适用的财务报告编制基础的规定编制时,注册会计师应当考虑的内容有(　　)。

A. 选择和运用的会计政策是否符合适用的财务报告编制基础,并适合被审计单位的具体情况

B. 管理层作出的会计估计是否合理

C. 财务报表反映的信息是否具有相关性、可靠性、可比性和可理解性

D. 财务报表是否作出充分披露,使财务报表使用者能够理解重大交易和事项对财务报表所传递的信息的影响

2. 下列属于标准无保留意见的审计报告应该包括的基本内容有(　　)。

A. 财务报表批准报出日　　　　　B. 注册会计师的责任段

C. 注册会计师签名并盖章　　　　D. 强调事项段

3. 下列选项中,属于审计报告特征的有(　　)。

A. 注册会计师应当按照审计准则的规定执行审计工作

B. 注册会计师在实施审计工作的基础上才能出具审计报告

C. 注册会计师通过对财务报表发表意见履行业务约定书约定的责任

D. 注册会计师可以以口头形式出具审计报告

4. 下列关于审计报告作用的说法中,正确的有(　　)。

A. 审计报告具有鉴证作用

B. 审计报告可以提高财务报表使用者对财务报表的信赖程度,能够在一定程度上对被审计单位的财产、债权人和股东的权益及企业利害关系人的利益起到保护作用

C. 审计报告可以降低财务报表使用者对财务报表的信赖程度,能够在一定程度上对被审计单位的财产、债权人和股东的权益及企业利害关系人的利益起到保护作用

D. 审计报告可以表明审计工作的质量并明确注册会计师的审计责任

5. 下列情况中,注册会计师应当发表保留意见或无法表示意见的有(　　)。

A. 因审计范围受到被审计单位限制,注册会计师无法就可能存在的对财务报表产生重大影响的错误与舞弊获取充分、适当的审计证据

B. 因审计范围受到被审计单位限制,注册会计师无法就对财务报表可能产生重大影响的违反或可能违反法规行为获取充分、适当的审计证据

C. 注册会计师无法确定已发现的错误与舞弊对财务报表的影响程度

D. 被审计单位管理层拒绝就对财务报表具有重大影响的事项提供必要的书面声明,或拒绝就重要的口头声明予以书面确认

6. 下列情况中,注册会计师可能对K公司的财务报表出具无法表示意见的审计报告的有(　　)。

A. K公司管理层拒绝向注册会计师出具管理层声明书

B. 在存在疑虑的情况下，注册会计师不能就 K 公司持续经营假设的合理性获取必要的审计证据

C. 审计范围受到限制

D. K 公司财务报表整体上没有按照企业会计准则进行编制

7. A 注册会计师负责甲上市公司 2016 年度财务报表审计工作，A 注册会计师在编写审计报告的引言段时，下列有关表述正确的有（　　）。

A. 我们审计了后附的甲股份有限公司（以下简称"甲公司"）的财务报表，包括 2016 年 12 月 31 日的资产负债表，2016 年度的利润表、股东权益变动表和现金流量表

B. 我们接受委托，审计后附的甲股份有限公司（以下简称"甲公司"）的财务报表，包括 2016 年 12 月 31 日的资产负债表，2016 年度的利润表、股东权益变动表和现金流量表

C. 我们接受委托，审计后附的甲股份有限公司（以下简称"甲公司"）的财务报表，包括 2016 年 12 月 31 日的资产负债表，2016 年度的利润表、股东权益变动表和现金流量表以及财务报表附注

D. 我们审计了后附的甲股份有限公司（以下简称"甲公司"）的财务报表，包括 2016 年 12 月 31 日的资产负债表，2016 年度的利润表、股东权益变动表和现金流量表以及财务报表附注

三、综合题

大华会计师事务所于 2015 年 12 月 30 日接受了 ABC 股份有限公司的审计委托，该公司注册资本为 2 000 万元，审计前会计报表的资产总额为 5 000 万元。

大华会计师事务所委派该所注册会计师甲和乙共同承担 ABC 公司的审计业务。他们在计划阶段确定的重要性水平为 90 万元，而在完成阶段确定的重要性水平为 100 万元。注册会计师甲和乙于 2016 年 2 月 15 日完成了对 ABC 股份有限公司 2015 年 12 月 31 日资产负债表及该年度的利润表、现金流量表的外勤审计工作，在复核工作底稿时，发现以下需要考虑的事项。

（1）该公司一幢建于 1970 年、原值 200 万元、预计使用年限为 50 年、已提折旧 136 万元的办公大楼因为未经核实的原因出现裂缝，经过专家鉴定后，将预计使用年限改为 40 年，决定从 2015 年起改变年折旧率，该公司已在 2015 年年末报表中作相应披露。

（2）该公司在国外一家联营企业内据称有 67.5 万元的长期投资，投资收益为 36.5 万元，这些金额已列入 2015 年的净收益中，但甲和乙未能取得上面所述的联营企业经审计的会计报表。受公司记录性质的限制，也未能采取其他程序查明此项长期投资和投资收益的金额是否属实。

（3）该公司全部存货占资产总额的 50% 以上，放置于邻近单位仓库内。由于此仓库倒塌，尚未清理完毕，不仅无法估计损失，也无法实施监盘程序。

（4）由于存货使用受到仓库倒塌的限制，正常业务受到严重影响，因而无力支付 2016 年 4 月 10 日即将到期的 150 万元债务。这一情况均已在会计报表附注中进行了充分、适当的披露。

（5）2015 年 11 月间，该公司被控侵犯专利权，对方要求收取专利权费及罚款 200 万元，公司已提出辩护。此案正在审理之中，最终结果无法确定。

(6) 由于财务困难,公司没有预付下年度的 15 万元广告费。

(7) 甲和乙从公司职员处了解到,该公司在 2016 年 5 月份将进行大规模人事变动。

要求:逐一分析上述 7 种情况,分别指出每种情况中应出具的审计报告类型,并简要说明理由,将答案填入表 10-1 中。

表 10-1 审计报告类型及原因

标号	审计报告类型	简明原因
(1)		
(2)		
(3)		
(4)		
(5)		
(6)		
(7)		

第 11 章

内部控制审计

学习目标

1. 了解财务报告内部控制，理解内部控制审计（简称"内控审计"）与财务报表审计（简称"财报审计"）的关系。

2. 掌握内部控制审计的范围和目标，理解内部控制审计计划工作。

3. 能够按照自上而下的方法实施内部控制审计工作，能具体应用内部控制缺陷的认定和处理。

4. 掌握内部控制审计报告的基本内容及不同意见审计报告的编制。

教学要求

结合案例教学，使学生熟悉内部控制审计工作底稿，会撰写内部控制审计报告。

导入案例

内控审计与财报审计如何"完美结合"

在实践中，内控审计与财报审计结合起来应用会取得相互促进、相得益彰的效果。但如何将两者更好地结合起来，业界还研究得不多，有关思路、措施等还较为零散，有必要进行系统化的整合。

1. 两者结合可降低审计成本

2008 年，财政部、证监会等五部委联合发布《企业内部控制基本规范》。2010 年，五部委再次联合发布了企业内部控制配套指引，并对我国企业提出具体要求：自 2011 年开始，上市公司需要逐步进行内控审计，注册会计师可以进行独立的内控审计，也可以将内控审计与财报审计相结合。

财报审计在我国发展时间较长，体系已经比较成熟；而内控审计出现较晚，还处于刚刚起步阶段。

虽然从审计范围、使用方法和审计流程上来看，财报审计和内控审计存在很大的不同，但从注册会计师为两种审计所提供的审计服务来看，内控审计和财报审计的目标都是保证鉴证业务的合理性，确保财务报表具有参考价值。因此，两种审计具有很大的相似之处，可以互相借鉴，进行有效结合。

将内控审计和财报审计相结合，可以更加有效地完成审计工作，降低成本，提高效率，提升审计结果的准确性。

2. 两种审计在不同阶段的结合

内控审计与财报审计一样，都包括计划阶段、测试阶段、发现缺陷阶段和报告阶段。在不同的阶段，内控审计与财报审计相结合的侧重点也有所不同。

在计划阶段，内控审计工作主要涉及企业内部风险管理、企业审计工作所需时间等，财报审计工作主要包括制订详细的企业总体审计策划等。对企业而言，内控是否存在巨大风险或者漏洞，是以会计报告是否发生重大错报为依据的。

因此，在内控审计过程中需要高度重视财报审计，并对财报审计工作进行详细了解。而如果注册会计师可以通过内控审计发现财报方面存在的重大问题，将有利于财报审计的下一步进行。在审计计划的初期采取内控审计和财报审计相结合的方式，可降低审计成本，增强审计的准确性。

对审计进行测试是财报审计和内控审计的关键步骤。财报审计大多采用实质性测试的方法，内控审计大多使用控制测试的方法。实质性测试可以对审计结果进行一定的支持。但是，当财报审计认为财报内容可能具有重大风险而财报审计过程中存在程序缺失时，就需要内控审计控制测试的配合。

进行内控审计控制测试的主要目的是获取更加充足的证据，以对内控审计的有效性和财报审计的风险分析结果加以佐证。因此，只有内控审计和财报审计的测试有效进行，才能保证内控审计和财报审计相结合的有效性，确保审计结果的合理性。

任何制度都存在一定的缺陷，内控制度也不例外。

内控缺陷可以划分为设计上的缺陷和因运行不畅造成的缺陷，而缺陷的严重程度也会对内控产生重要影响。有些内控制度的缺陷会对企业生产经营产生严重的影响，而某些缺陷可能对企业生产经营只产生很小的影响。

因此，评估内控缺陷对于审计报告的出具具有重要意义。注册会计师在进行审计时需要了解内控缺陷的严重性，并确定缺陷到底会对内控产生什么影响。内控缺陷影响程度可以通过相关性分析等方式来确定。

在报告阶段，注册会计师需要综合分析证据价值，对控制的测试结果、财报中的风险等问题，不可随了事。而根据我国内控审计的相关规定，将内控审计和财报审计相结合的审计需要同时出具两份审计报告。在出具内控审计报告和财报审计报告时，需要注明该注册会计师同时进行了内控审计和财报审计，并说明审计意见类型。

3. 内控审计与财报审计结合的关键点

为了将内控审计与财报审计进行"完美结合"，注册会计师在审计过程中应注意如下几点。

第一，注重划分审计界限。虽然相关规定明确可以同时进行内控审计和财报审计，但是内控审计和财报审计仍然存在较为明显的不同。因此，需要明确划分内控审计和财报审计的审计界限，以防内控审计和财报审计独立性的缺失，影响审计结果的准确性。注册会计师在进行内控审计时不可直接使用财报审计的结论数据，同样，在进行财报审计时也不可以直接引用内控审计的结果数据。

第二，从财报审计中查找内控审计的突破口。《企业内部控制审计指引》明确指出，注册会计师应当按照自上而下的方法实施审计工作。这种审计手段最先出现在财报审计领域。注册会计师要先对财报的风险进行整体评估，之后再逐步深入，把握重要项目的重点问题。由于财务报表是注册会计师可以较快获得的一手资料，因此注册会计师需要快速找到财报审计的关键点。财报反映出的问题，在某些时候也是内部控制失效所致。因此，通过财报中反映出的问题，还可以寻找到内控审计的突破口。

第三，注重财报细节把控，查找内部控制缺陷。在进行财报审计分析时，注册会计师一般会关注财务报表的各项内容，并对其中的重点项目进行重点分析。只有对财务报表中某些关键细节进行把握，才能更好地将内控审计与财报审计相结合，减少审计工作量。同时，在识别财务报表的重要项目后，注册会计师还需要确定财务报表中存在风险的这些项目的可能来源及发生原因。对财务报表寻根究底的分析态度，有助于注册会计师快速发现财报中隐含的风险，找到企业内控存在的问题，做出正确的财报审计和内控审计判断。

每个公司的内控制度都不是十全十美的，或多或少存在着一定的缺陷，某些重大的内控缺陷将导致企业面临极大的经营风险。在进行内控审计时，一旦发现了内控制度的缺陷，注册会计师就要准确判断，通过综合测评等方式全面了解内控缺陷的严重性，并确定该内控缺陷对企业进行内控造成了哪些方面的影响。

第四，把握企业整体风险，寻找有效的审计方式。内控审计和财报审计相结合的方式，可以促进注册会计师更快速、更准确地把握企业整体风险，寻找更加有效的审计方式。同时，有效的审计手段将会减少注册会计师的审计工作量，减少注册会计师审计"绕弯"情况的出现。另外，对企业整体风险的把握有利于审计的顺利进行。只有整体把握风险，才能集中力量寻找审计工作中的关键问题，最终出具合理有效的审计报告。

第五，加强学习培训，合理配置审计小组成员。内控审计在我国起步较晚，审计模式并没有完全成熟。这对于很多注册会计师而言也是一个全新的领域，需要对该方面的审计流程进行重新学习。而将内控审计和财报审计相结合，对注册会计师提出了更高的要求。如果没有把握内控审计或财报审计中的任何一个方面，将会造成整体审计分析结果存在偏差，为注册会计师从业带来较大风险。同时，审计小组的人员配置将直接影响审计结果的准确性。因此，会计师事务所需要合理挑选审计小组成员，并进行相应的培训，降低注册会计师的从业风险，提高审计报告质量。

（资料来源：王宗慧．内控审计与财报审计如何"完美结合"[N]．中国会计报．2016 - 12 - 09）

11.1 内部控制审计概述

11.1.1 内部控制审计的定义

内部控制审计,是指会计师事务所接受委托,对特定基准日内部控制设计与运行的有效性进行审计。依据《企业内部控制基本规范》和《企业内部控制审计指引》(以下简称《审计指引》),我国的内部控制审计是注册会计师针对被审计单位的内部控制实施合理保证(高水平保证)的鉴证业务。

11-1 审计范围与目标

11.1.2 内部控制审计的业务范围界定

内部控制审计的范围问题,主要指注册会计师是对企业财务报告内部控制进行审计,还是对企业所有内部控制(即包括财务报告内部控制和非财务报告内部控制)进行审计。

财务报告内部控制,是指企业为了合理保证财务报告及相关信息的真实完整而设计和运行的内部控制,以及用于保护资产安全的内部控制中与财务报告可靠性目标相关的控制。

非财务报告内部控制,是指除财务报告内部控制之外的其他控制,它通常是指为了合理保证除财务报告及相关信息、资产安全外的其他控制目标的实现而设计和运行的内部控制。

综合考虑国外的成功经验、注册会计师的胜任能力、审计的标准、成本和效益、投资者需求等因素,内部控制审计只能重点解决内部控制弱化可能产生虚假财务信息的问题。目前,国内外已颁布的内部控制审计相关规范普遍规定,内部控制审计范围应当限于与财务报告有关的内部控制。

但是,如果企业仅关注财务报告内部控制,不利于内部控制规范的全面实施以及企业风险管控能力的提升,因此,《审计指引》第四条规定,注册会计师应当对财务报告内部控制的有效性发表审计意见,并对内部控制审计过程中注意到的非财务报告内部控制的重大缺陷,在内部控制审计报告中增加"非财务报告内部控制重大缺陷描述段"予以披露。

可见,我国内部控制审计的定位主要针对的是财务报告内部控制,但是也合理涵盖了非财务报告内部控制。

11.1.3 内部控制审计的时间范围界定

注册会计师基于基准日(如每年的12月31日)内部控制的有效性发表意见,而非对财务报表涵盖的整个期间(如1年)的内部控制有效性发表意见。但这并不意味着注册会计师只关注企业基准日当天的内部控制,而是要考察企业一个时期内(足够长的一段时间)内部控制的设计和运行情况。例如,注册会计师可能在5月份对企业的内部控制进行测试,发现问题后提请企业进行整改,如6月份整改,企业的内部控制在整改后要运行一段时间(假设至少需要1个月),8月份注册会计师再对整改后的内部控制进行测试。因此,虽然是对企业12月31日(基准日)内部控制的设计和运行发表意见,但这里的基准日不是一个简单的时点概念,它体现了内部控制这个过程向前的延续性。注册会计师所采用的内部控制审计的程序和方法，也体现了这种延续性。

11.1.4 内部控制审计的目标

《审计指引》规定，注册会计师应当对财务报告内部控制的有效性发表审计意见。

财务报告内部控制的有效性也可以根据其目标来理解，即如果公司的财务报告内部控制为财务报告的可靠性和对外财务报表的编制符合公认会计原则提供了合理保证，就可认为是有效的。一般来说，财务报告内部控制的有效性包括设计和运行两个方面。

1. 设计有效性

设计有效性也称设计合理性，是指公司是否适当地设计了能够防止或发现财务报表中存在重大错报的有关控制政策和程序。设计有效的财务报告内部控制，有助于防止或及时发现引起财务报表产生重大错报的错误或舞弊，使合理保证财务报表公允性的所有控制政策和程序都处在恰当的位置并由称职的人执行和监督。当缺乏实现控制目标的必要控制或即使按照设计的控制运行仍无法实现控制目标时，财务报告内部控制的设计就存在缺陷。

设计有效性的根本判断标准是设计出来的内部控制制度是否能为内部控制目标的实现提供合理保证。

2. 运行有效性

运行有效性是指有关的控制政策和程序是否能够如其设计的一样发挥机能，它涉及公司如何运用这些控制政策和程序、谁来执行这些政策和程序等内容。当设计合理的控制没有按照设计要求运行，或者执行控制者没有必要的授权或资格时，财务报告内部控制的运行就存在缺陷。

具体而言，在评价内部控制的运行有效性时，应当着重考虑以下几个方面。

（1）内部控制在所评价期间内的不同时点是如何运行的。

（2）内部控制是否得到了一贯执行。

（3）内部控制由谁执行。

（4）内部控制以何种方式执行（例如，手工控制还是自动控制）。

11.1.5 内部控制审计中注册会计师的责任

1. 被审计单位的内部控制责任

《审计指引》指出，建立健全和有效实施内部控制，评价内部控制的有效性是企业董事会的责任。换言之，内部控制本身有效与否是被审计单位的责任。

2. 会计师事务所的内部控制审计责任

按照《审计指引》的要求，在实施审计工作的基础上对内部控制的有效性发表审计意见，是注册会计师的责任。即是否遵循《审计指引》开展内部控制审计并发表恰当的审计意见，才是注册会计师的责任。但是，注册会计师应当对发表的审计意见独立承担责任，其责任不因利用企业内部审计人员、内部控制评价人员和其他相关人员的工作而减轻。因此，注册会计师在实施内部控制审计之前，应当在业务约定书中明确双方的责任；在发表内部控制审计意见之前，应当取得有关内部控制的管理层声明书。

内部控制审计对审计人员的专业判断能力提出了更高的要求，也加大了审计人员的风险、责任。因此，在面临内部控制审计这项全新的任务时，审计人员需要重新学习，以迎接前所未有的机会和挑战。

11.1.6 内部控制审计与财务报表审计的关系

1. 内部控制审计与财务报表审计的联系

《审计指引》规定，注册会计师可以单独进行内部控制审计，也可以将内部控制审计与财务报表审计整合进行（简称"整合审计"）。

财务报告内部控制审计与财务报表审计通常使用相同的重要性（或重要性水平），而且审计准则所要求的风险导向审计与内部控制规范体系所要求的风险评估，在理念和方法上是趋于一致的，因此，整合审计具有较强的经济性与可行性。

实务中，注册会计师可以利用在一种审计中获得的结果为另一种审计中的判断和拟实施的程序提供信息。例如，注册会计师在审计财务报表时需获得的信息，在很大程度上依赖注册会计师对内控有效性得出的结论。

整合审计的目的，就是在内部控制审计中获取充分、适当的证据，支持注册会计师在财务报表审计中对内部控制的风险评估结果；同时，在财务报表审计中获取充分、适当的证据，支持注册会计师在内部控制审计中对内部控制的有效性发表的意见。

2. 内部控制审计与财务报表审计的区别

内部控制审计与财务报表审计在审计目标等方面存在一定的区别，如表 11-1 所示。

表 11-1　内部控制审计与财务报表审计的区别

项目	内部控制审计	财务报表审计
审计目的	对财务报告内部控制的有效性发表审计意见，并对内部控制审计过程中注意到的非财务报告内部控制的重大缺陷，在内部控制审计报告中增加"非财务报告内部控制重大缺陷描述段"予以披露	对财务报表是否符合企业会计准则、是否公允反映被审计单位的财务状况和经营成果发表意见
了解和测试内部控制的目的	了解和测试内部控制的直接目的是对内部控制设计和运行的有效性发表意见	财务报表审计按风险导向审计模式进行，了解内部控制是为了评估重大错报风险，测试内部控制是为了进一步证明了解内部控制时得出的初步结论，了解和测试内部控制的最终目的服务于对财务报表发表审计意见的目的
测试范围	对所有重要账户、各类交易和列报的相关认定，都要了解和测试相关的内部控制	在财务报表审计中，只有在以下两种情况下才强制要求对内部控制进行测试：①在评估认定层次重大错报风险时，预期控制的运行是有效的；②仅实施实质性程序并不能够提供认定层次充分、适当的审计证据。在其他情况下，注册会计师可以不测试内部控制

续表

项目	内部控制审计	财务报表审计
测试时间	对特定基准日内部控制的有效性发表意见，不需要测试整个会计期间，但要测试足够长的期间	一旦确定需要测试，则需要测试内部控制在整个拟信赖的期间的运行有效性
测试样本量	对结论可靠性的要求高，测试的样本量大	对结论的可靠性要求取决于计划从控制测试中得到的保证程度，样本量相对要小
结果报告	1. 对外披露；2. 以正面、积极的方式对内部控制是否有效发表审计意见	1. 通常不对外披露内部控制情况，除非内部控制影响到对财务报表发表的审计意见；2. 以管理建议书的方式向管理层或治理层报告财务报表审计过程中发现的内部控制重大缺陷，但注册会计师没有义务专门实施程序，以发现和报告内部控制缺陷

11.2 业务承接与审计计划

审计人员根据所掌握的控制环境及其对财务报告完整性的影响，制订审计计划，确定项目负责人和项目团队成员，界定角色、责任和资源，制订项目计划、方法和报告要求。同时，将对风险的考虑贯穿整个计划过程，并考虑利用其他相关人员的工作。

11-2 审计业务约定书与审计计划

11.2.1 审计业务约定书

只有当内部控制审计的前提条件得到满足，并且会计师事务所符合独立性要求、具备专业胜任能力时，会计师事务所才能接受或保持内部控制审计业务。

1. 内部控制审计的前提条件

1）确定内部控制审计的前提条件是否得到满足

在确定内部控制审计的前提条件是否得到满足时，注册会计师应当确定被审计单位采用的内部控制标准是否适当，并且就被审计单位认可并理解其责任与治理层和管理层达成一致意见。

2）被审计单位的责任

（1）按照适用的内部控制标准，建立健全和有效实施内部控制，以使财务报表不存在由于舞弊或错误导致的重大错报。

（2）对内部控制的有效性进行评价并编制内部控制评价报告。

（3）向注册会计师提供必要的工作条件，包括允许注册会计师接触与内部控制审计相关的所有信息（如记录、文件和其他事项），允许注册会计师在获取审计证据时不受限制地接触其认为必要的内部人员和其他相关人员等。

2. 签订单独的内部控制审计业务约定书

如果决定接受或保持内部控制审计业务,会计师事务所应当与被审计单位签订单独的内部控制审计业务约定书。业务约定书应当至少包括下列内容。

(1)内部控制审计的目标和范围。

(2)注册会计师的责任。

(3)被审计单位的责任。

(4)被审计单位采用的内部控制标准。

(5)注册会计师拟出具的内部控制审计报告的形式和内容,以及对在特定情况下出具的内部控制审计报告可能不同于预期形式和内容的说明。

(6)审计收费。

内部控制审计业务约定书如例11-1所示。

例11-1

内部控制审计业务约定书

甲方:ABC 股份有限公司

乙方:××会计师事务所

兹由甲方委托乙方对截至20×1年12月31日的财务报告内部控制进行审计,经双方协商,达成以下约定。

一、内部控制审计的目标和范围

乙方接受甲方委托,对甲方截至20×1年12月31日按照《企业内部控制基本规范》和相关规定建立的财务报告内部控制进行审计,并对其有效性发表审计意见。

二、甲方的责任

1. 根据《中华人民共和国会计法》及《企业内部控制基本规范》,甲方有责任设计、执行和维护有效的内部控制,制定本公司的内部控制制度并组织其实施,并对本公司内部控制的有效性进行自我评价,披露年度自我评价报告。

2. 甲方应当及时为乙方的审计工作提供与审计有关的所有记录、文件和所需的其他信息(如果在审计过程中需要补充资料,亦应及时提供),并保证所提供资料的真实性和完整性。

3. 甲方应确保乙方不受限制地接触其认为必要的甲方内部人员和其他相关人员。

(下段适用于集团内部控制审计业务,使用时需根据客户/约定项目的特定情况修改,如果加入此段,应相应修改本约定书第一项关于业务范围的表述,并调整下面其他条款的编号。)

[4. 为满足乙方对甲方财务报告内部控制的有效性发表审计意见的需要,甲方须确保:

乙方和对组成部分内部控制执行相关工作的组成部分注册会计师之间的沟通不受任何限制。

乙方及时获悉组成部分注册会计师与组成部分治理层和管理层之间的重要沟通(包括就内部控制重大缺陷进行的沟通)。

乙方及时获悉组成部分治理层和管理层与监管机构就与内部控制有关的事项进行的重要沟通。

在乙方认为必要时,允许乙方接触组成部分的信息、组成部分管理层或组成部分注册会计师(包括组成部分注册会计师的工作底稿),并允许乙方对组成部分的内部控制执行相关工作。]

4. 甲方管理层应对其作出的与内部控制审计有关的声明予以书面确认。

5. 甲方应为乙方派出的有关工作人员提供必要的工作条件和协助,乙方将于外勤工作开始前提供主要事项清单。

6. 甲方应按照本约定书的约定及时足额支付审计费用以及乙方人员在审计期间的交通、食宿和其他相关费用。

7. 乙方的审计不能减轻甲方及甲方管理层的责任。

三、乙方的责任

1. 乙方的责任是在执行审计工作的基础上对甲方财务报告内部控制的有效性发表审计意见。乙方根据《企业内部控制审计指引》及相关中国注册会计师执业准则的规定执行审计工作,该指引及相关执业准则要求注册会计师遵守《中国注册会计师职业道德守则》,计划和执行审计工作,以对甲方在所有重大方面是否保持了有效的财务报告内部控制获取合理保证。

(下段适用于集团内部控制审计业务,使用时需根据客户/约定项目的特定情况修改,如果加入此段,应相应修改本约定书第一项关于业务范围的表述,并调整下面其他条款的编号。)

[2. 对不由乙方执行相关工作的组成部分内部控制,乙方不单独出具报告;有关的责任由对该组成部分执行相关工作的组成部分注册会计师及其所在的会计师事务所承担。]

2. 审计工作涉及实施审计程序,以获取与财务报告内部控制有关的审计证据。选择的审计程序取决于乙方的判断,包括评估重大缺陷存在的风险,根据评估的风险测试和评价内部控制设计和运行的有效性。审计工作还包括实施乙方认为必要的其他程序。

3. 内部控制具有固有局限性,存在不能防止和发现错报的可能性。此外,由于情况的变化,可能导致内部控制变得不恰当,或对控制政策和程序遵循程度降低,因此,根据内部控制审计结果推测未来内部控制的有效性具有一定风险。

4. 在审计过程中,乙方若发现甲方存在内部控制重大缺陷、重要缺陷,应以书面形式向甲方治理层或管理层通报。但乙方通报的各种事项,并不代表已全面说明所有可能存在的缺陷或已提出所有可行的改进建议。甲方在实施乙方提出的改进建议前应全面评估其影响。未经乙方书面许可,甲方不得向任何第三方提供乙方出具的沟通文件。

5. 按照约定时间完成审计工作,出具审计报告。乙方应于20×2年×月×日前出具审计报告。

6. 除下列情况外,乙方应当对执行业务过程中知悉的甲方信息予以保密。

(1) 法律法规允许披露,并取得甲方的授权。

(2) 根据法律法规的要求,为法律诉讼、仲裁准备文件或提供证据,以及向监管机构报告发现的违法行为。

(3) 在法律法规允许的情况下,在法律诉讼、仲裁中维护自己的合法权益。

(4) 接受注册会计师协会或监管机构的执业质量检查,答复其询问和调查。

（5）法律法规、执业准则和职业道德规范规定的其他情形。

四、审计收费

1. 本次审计服务的收费是以乙方各级别工作人员在本次工作中所耗费的时间为基础计算的。乙方预计本次审计服务的费用总额为人民币××万元。

2. 甲方应于本约定书签署之日起××日内支付×%的审计费用，其余款项于审计报告草稿完成日结清。

3. 如果由于无法预见的原因，致使乙方从事本约定书所涉及的审计服务实际时间较本约定书签订时预计的时间有明显增加或减少，甲、乙双方应通过协商，相应调整本部分第1段所述的审计费用。

4. 如果由于无法预见的原因，致使乙方人员抵达甲方的工作现场后，本约定书所涉及的审计服务中止，甲方不得要求退还预付的审计费用。如上述情况发生于乙方人员完成现场审计工作，并离开甲方的工作现场之后，甲方应另行向乙方支付人民币××元的补偿费，该补偿费应于甲方收到乙方的收款通知之日起××日内支付。

5. 与本次审计有关的其他费用（包括交通费、食宿费等）由甲方承担。

五、审计报告和审计报告的使用

1. 乙方按照《企业内部控制审计指引》规定的格式和类型出具审计报告。

2. 乙方向甲方致送审计报告一式×份。

3. 甲方在提交或对外公布乙方出具的审计报告时，不得对其进行修改。当甲方认为有必要修改内部控制制度时，应当事先通知乙方。乙方将考虑有关的修改对审计报告的影响，必要时，将重新出具审计报告。

六、本约定书的有效期间

本约定书自签署之日起生效，并在双方履行完毕本约定书约定的所有义务后终止。但其中第三项第6段、第四、五、七、八、九、十项并不因本约定书终止而失效。

七、约定事项的变更

如果出现不可预见的情况，影响审计工作如期完成，或需要提前出具审计报告，甲、乙双方均可要求变更约定事项，但应及时通知对方，并由双方协商解决。

八、终止条款

1. 如果根据乙方的职业道德及其他有关专业职责、适用的法律法规或其他任何法定的要求，乙方认为已不适宜继续为甲方提供本约定书约定的审计服务，乙方可以采取向甲方提出合理通知的方式终止履行本约定书。

2. 在本约定书终止的情况下，乙方有权就其于终止之日前对约定的审计服务项目所做的工作收取合理的费用。

九、违约责任

甲、乙双方按照《中华人民共和国合同法》的规定承担违约责任。

十、适用法律和争议解决

本约定书的所有方面均应适用中华人民共和国法律进行解释并受其约束。本约定书履行地为乙方出具审计报告所在地，因本约定书引起的或与本约定书有关的任何纠纷或争议（包括关于本约定书条款的存在、效力或终止，或无效之后果），双方协商确定采取以下第×种方式予以解决。

（1）向有管辖权的人民法院提起诉讼。

（2）提交××仲裁委员会仲裁。

十一、双方对其他有关事项的约定

本约定书一式两份，甲、乙双方各执一份，具有同等法律效力。

ABC 股份有限公司（盖章）　　　　　　　　　　××会计师事务所（盖章）

授权代表：（签名并盖章）　　　　　　　　　　授权代表：（签名并盖章）

20×1 年×月×日　　　　　　　　　　　　　　20×1 年×月×日

11.2.2　人员安排

《审计指引》第六条指出，注册会计师应当恰当地计划内部控制审计工作，配备具有专业胜任能力的项目组，并对助理人员进行适当的督导。

在计划审计工作时，项目合伙人需要统筹考虑审计工作，挑选相关领域的人员组成项目组，同时对项目组成员进行培训和督导，以合理安排审计工作。在整合审计中，项目组人员的配备比较关键。

审计项目小组成员应当符合以下要求。

（1）具有性质和复杂程度类似的内部控制审计经验。

（2）熟悉企业内部控制相关规范和指引要求。

（3）掌握《审计指引》和中国注册会计师执业准则的相关要求。

（4）拥有与被审单位所处行业相关的知识。

（5）具有职业判断能力。

11.2.3　评估重要事项及其影响

在计划审计工作时，注册会计师需要评价下列事项对财务报表和内部控制是否有重要影响，以及有重要影响的事项将如何影响审计工作。

（1）与企业相关的风险，包括在评价是否接受与保持客户和业务时，注册会计师了解的与企业相关的风险情况以及在执行其他业务时了解的情况。

（2）相关法律、法规和行业概况。

（3）企业组织结构、经营特点和资本结构等相关重要事项。

（4）企业内部控制最近发生变化的程度。

（5）与企业沟通过的内部控制缺陷。

（6）重要性、风险等与确定内部控制重大缺陷相关的因素。

（7）对内部控制有效性的初步判断。

（8）可获取的、与内部控制有效性相关的证据的类型和范围。

注册会计师还需要关注与财务报表发生重大错报的可能性和内部控制有效性相关的公开信息，以及企业经营活动的相对复杂程度。

在评价企业经营活动的相对复杂程度时，企业规模并非唯一指标，因为不只是规模较小的企业经营活动比较简单，一些规模较大和较复杂的企业，其某些业务单元或流程也可能比较简单。以下列示的是表明企业经营活动比较简单的指标。

(1) 经营范围较小。
(2) 经营流程及财务报告系统较简单。
(3) 会计职能较集中。
(4) 高级管理人员广泛参与日常经营活动。
(5) 管理层级较少，每个层级都有较大的管理范围。

11.2.4　贯彻风险评估原则

风险评估贯穿整个审计过程。

《审计指引》第八条规定，注册会计师应当以风险评估为基础，选择拟测试的控制，确定测试所需收集的证据。

风险评估的理念及思路应当贯穿整个审计过程的始终。在实施风险评估时，可以考虑固有风险及控制风险。在计划审计工作阶段，对内部控制的固有风险进行评估，作为编制审计计划的依据之一。根据对控制风险评估的结果，调整计划阶段对固有风险的判断，这是个持续的过程。

通常，对企业整体风险的评估和把握由富有经验的项目管理人员完成。风险评估结果的变化将体现在具体审计步骤及关注点的变化中。

内部控制的特定领域存在重大缺陷的风险越高，给予该领域的审计关注就应越多。内部控制不能防止或发现并纠正由于舞弊导致的错报风险，通常高于其不能防止或发现并纠正错误导致的错报风险。注册会计师应当更多地关注高风险领域，而没有必要测试那些即使有缺陷也不可能导致财务报表重大错报的控制。

在进行风险评估以及确定审计程序时，企业的组织结构、业务流程或业务单元的复杂程度可能产生的重要影响均是注册会计师应当考虑的因素。

11.2.5　总体审计策略

注册会计师应当在总体审计策略中体现下列内容。

1. 确定内部控制审计业务特征，以界定审计范围

例如，被审计单位采用的内部控制标准，注册会计师预期内部控制审计工作涵盖的范围，对组成部分注册会计师工作的参与程度，注册会计师对被审计单位内部控制评价工作的了解，以及拟利用被审计单位内部相关人员工作的程度等。

对于按照权益法核算的投资，内部控制审计范围应当包括针对权益法下相关会计处理而实施的内部控制，但通常不包括针对权益法下被投资方的内部控制。

内部控制审计范围应当包括被审计单位在内部控制评价基准日（最近一个会计期间截止日，以下简称"基准日"）或在此之前收购的实体，以及在基准日作为终止经营进行会计处理的业务。注册会计师应当确定是否有必要对与这些实体或业务相关的控制实施测试。

如果法律法规的相关豁免规定允许被审计单位不将某些实体纳入内部控制评价范围，注册会计师可以不将这些实体纳入内部控制审计的范围。

2. 明确内部控制审计业务的报告目标，以计划审计的时间安排和所需沟通的性质

例如，被审计单位对外公布或报送内部控制审计报告的时间，注册会计师与管理层和治理层讨论内部控制审计工作的性质、时间安排和范围，注册会计师与管理层和治理层讨论拟出具内部控制审计报告的类型和时间安排，以及沟通的其他事项等。

3. 根据职业判断，考虑用以指导项目组工作方向的重要因素

例如，财务报表整体的重要性和实际执行的重要性，初步识别的可能存在重大错报的风险领域，内部控制最近发生变化的程度，与被审计单位沟通过的内部控制缺陷，对内部控制有效性的初步判断，信息技术和业务流程的变化等。

4. 考虑初步业务活动的结果

考虑对被审计单位执行其他业务时获得的经验是否与内部控制审计业务相关（如适用）。

5. 确定执行内部控制审计业务所需资源的性质、时间安排和范围。

例如，项目组成员的选择以及对项目组成员审计工作的分派，项目时间预算等。

11.2.6 具体审计计划

注册会计师应当在具体审计计划中体现下列内容。
（1）了解和识别内部控制的程序的性质、时间安排和范围。
（2）测试控制设计有效性的程序的性质、时间安排和范围。
（3）测试控制运行有效性的程序的性质、时间安排和范围。

11.2.7 对舞弊风险的考虑

在计划和实施内部控制审计工作时，注册会计师应当考虑财务报表审计中对舞弊风险的评估结果。在识别和测试企业层面控制以及选择其他控制进行测试时，注册会计师应当评价被审计单位的内部控制是否足以应对识别出的由于舞弊导致的重大错报风险，并评价为应对管理层和治理层凌驾于控制之上的风险而设计的控制。

被审计单位为应对这些风险可能设计的控制如下。
（1）针对重大的非常规交易的控制，尤其是针对导致会计处理延迟或异常的交易的控制。
（2）针对期末财务报告流程中编制的分录和作出的调整的控制。
（3）针对关联方交易的控制。
（4）与管理层的重大估计相关的控制。
（5）能够减弱管理层和治理层伪造或不恰当操纵财务结果的动机和压力的控制。

如果在内部控制审计中识别出旨在防止或发现并纠正舞弊的控制存在缺陷，注册会计师应当按照《中国注册会计师审计准则第 1141 号——财务报表审计中与舞弊相关的责任》的规定，在财务报表审计中制订重大错报风险的应对方案时考虑这些缺陷。

11.2.8 利用其他相关人员的工作

在计划审计工作时，注册会计师需要评估是否利用他人（包括企业的内部审计人员、

内部控制评价人员、其他人员以及在董事会及其审计委员会指导下的第三方）的工作以及利用的程度，以减少可能本应由注册会计师执行的工作。

1. 利用内部审计人员的工作

如果决定利用内部审计人员的工作，注册会计师应当按照《中国注册会计师审计准则第1411号——利用内部审计人员的工作》的规定办理。

2. 利用他人的工作

如果拟利用他人的工作，注册会计师则需要评价该人员的专业胜任能力和客观性。专业胜任能力即具备某种专业技能、知识或经验，有能力完成分派的任务；客观性则是公正、诚实地执行任务的能力。专业胜任能力和客观性越高，可利用程度就越高，注册会计师就可以越多地利用其工作。当然，无论人员的专业胜任能力如何，注册会计师都不应利用那些客观程度较低的人员的工作。同样地，无论人员的客观程度如何，注册会计师都不应利用那些专业胜任能力较低的人员的工作。通常认为，企业的内部控制审计人员拥有更多的专业胜任能力和客观性，注册会计师可以考虑更多地利用这些人员的相关工作。

在内部控制审计中，注册会计师利用他人工作的程度还受到与被测试控制相关的风险的影响。与某项控制相关的风险越高，可利用他人工作的程度就越低，注册会计师就需要更多地对该项控制亲自进行测试。

如果其他注册会计师负责审计企业的一个或多个分部、分支机构、子公司等组成部分的财务报表和内部控制，注册会计师应当按照《中国注册会计师审计准则第1401号——对集团财务报表审计的特殊考虑》的规定，确定是否利用其他注册会计师的工作。

11.2.9 编制审计工作底稿

内部控制审计工作底稿，是注册会计师对制订的审计计划、实施的审计程序、获取的相关审计证据，以及得出的审计结论等的记录。注册会计师编制审计工作底稿可以为审计工作提供充分、适当的记录，作为出具审计报告的基础。同时，也为注册会计师证明其按照指引的规定执行了审计工作提供证据。

由于内部控制审计更多的是建立在整合审计的基础上，如何形成内部控制审计工作底稿成为实施指引的关键。目前有两种看法：一种看法是，将内部控制审计工作底稿并入财务报表审计工作底稿，形成一套工作底稿；另一种看法是，无论是否实施整合审计，内部审计工作底稿单独归档，形成独立的工作底稿。

《审计指引》采取了后一种做法，即如果企业聘请两家会计师事务所分别对其内部控制和财务报表进行审计，两家会计师事务所应当分别形成内部控制审计工作底稿和财务报表审计工作底稿。如果由一家会计师事务所同时对其内部控制和财务报表进行审计，那么注册会计师还是应当分别形成内部控制审计工作底稿和财务报表审计工作底稿，只不过整合审计部分形成的工作底稿既可以归档到内部控制审计工作底稿中，又可以归档到财务报表审计工作底稿中，两套工作底稿之间建立交叉索引，以减轻注册会计师编制工作底稿的负担。

注册会计师应当按照我国相关审计准则以及《审计指引》的规定，编制内部控制审计工作底稿，完整地记录审计工作情况。

我国注册会计师审计准则规定，注册会计师应当在审计工作底稿中记录下列内容。

(1) 内部控制审计计划及重大修改情况。
(2) 相关风险评估和选择拟测试的内部控制的主要过程及结果。
(3) 测试内部控制设计与运行有效性的程序及结果。
(4) 对识别的控制缺陷的评价。
(5) 形成的审计结论和意见。
(6) 其他重要事项。

11.3 实施审计工作

在实施审计工作阶段,按照自上而下的方法,注册会计师的工作主要包括识别企业层面控制,识别重要账户、列报及其相关认定,了解错报的可能来源,选择拟测试的控制,测试控制设计的有效性,测试控制运行的有效性。

11-3 自上而下的审计方法

11.3.1 自上而下的审计方法

1. 从财务报表层次初步了解内部控制整体风险

如何对内部控制进行审计,涉及内部控制审计的基本思路。《审计指引》第十条规定,注册会计师应当按照自上而下的方法实施审计工作。自上而下的方法是注册会计师识别风险、选择拟测试控制的基本思路。

在财务报告内部控制审计中,自上而下的方法始于财务报表层次,以注册会计师对财务报告内部控制整体风险的了解开始;然后,注册会计师将关注重点放在企业层面的控制上,并将工作逐渐下移至重大账户、列报及相关的认定。这种方法引导注册会计师将注意力放在显示有可能导致财务报表及相关列报发生重大错报的账户、列报及认定上,然后验证其了解到的业务流程中存在的风险,并就已评估的每个相关认定的错报风险,选择足以应对这些风险的业务层面控制进行测试。

在非财务报告内控审计中,自上而下的方法始于企业层面控制,并将审计测试工作逐步下移到业务层面控制。

自上而下的审计方法,描述了注册会计师在识别风险以及拟测试的控制时的连续思维过程,但并不一定是注册会计师执行审计程序的顺序。

2. 识别、了解和测试企业层面控制

注册会计师应当识别、了解和测试对内部控制有效性有重要影响的企业层面控制。注册会计师对企业层面控制的评价,可能增加或减少本应对其他控制进行的测试。

1) 企业层面控制对其他控制及其测试的影响

不同的企业层面控制在性质和精确度上存在差异,注册会计师应当从以下三方面考虑这些差异对其他控制及其测试的影响。

(1) 某些企业层面控制,如与控制环境相关的控制,对及时防止或发现并纠正相关认定的错报的可能性有重要影响。虽然这种影响是间接的,但这些控制仍然可能影响注册会计师拟测试的其他控制,以及测试程序的性质、时间安排和范围。

(2) 某些企业层面控制旨在识别其他控制可能出现的失效情况,能够监督其他控制的有效性,但还不足以精确到及时防止或发现并纠正相关认定的错报。当这些控制运行有效时,注册会计师可以减少对其他控制的测试。

(3) 某些企业层面控制本身能够精确到足以及时防止或发现并纠正相关认定的错报。如果一项企业层面控制足以应对已评估的错报风险,注册会计师就不必测试与该风险相关的其他控制。

2) 企业层面控制的内容

企业层面控制包括下列内容。

(1) 与控制环境(即内部环境)相关的控制。

(2) 针对管理层和治理层凌驾于控制之上的风险而设计的控制。

(3) 被审计单位的风险评估过程。

(4) 对内部信息传递和期末财务报告流程的控制。

(5) 对控制有效性的内部监督(即监督其他控制的控制)和内部控制评价。

此外,集中化的处理和控制(包括共享的服务环境)、监控经营成果的控制以及针对重大经营控制及风险管理实务的政策也属于企业层面控制。

3) 对期末财务报告流程的评价

期末财务报告流程对内部控制审计和财务报表审计有重要影响,注册会计师应当对期末财务报告流程进行评价。

(1) 期末财务报告流程包括:①将交易总额登入总分类账的程序;②与会计政策的选择和运用相关的程序;③总分类账中会计分录的编制、批准等处理程序;④对财务报表进行调整的程序;⑤编制财务报表的程序。

(2) 注册会计师应当从五个方面评价期末财务报告流程:①被审计单位财务报表的编制流程,包括输入、处理及输出流程;②期末财务报告流程中运用信息技术的程度;③管理层中参与期末财务报告流程的人员;④纳入财务报表编制范围的组成部分;⑤调整分录及合并分录的类型;⑥管理层和治理层对期末财务报告流程进行监督的性质及范围。

3. 识别重要账户、列报及其相关认定

注册会计师应当基于财务报表层次识别重要账户、列报及其相关认定。

如果某账户或列报可能存在一个错报,该错报单独或连同其他错报将导致财务报表发生重大错报,则该账户或列报为重要账户或列报。判断某账户或列报是否重要,应当依据其固有风险,而不应考虑相关控制的影响。

如果某财务报表认定可能存在一个或多个错报,这些错报将导致财务报表发生重大错报,则该认定为相关认定。判断某认定是否为相关认定,应当依据其固有风险,而不应考虑相关控制的影响。

为识别重要账户、列报及其相关认定,注册会计师应当从下列方面评价财务报表项目及附注的错报风险因素。

(1) 账户的规模和构成。

(2) 易于发生错报的程度。

(3) 账户或列报中反映的交易的业务量、复杂性及同质性。

（4）账户或列报的性质。

（5）与账户或列报相关的会计处理及报告的复杂程度。

（6）账户发生损失的风险。

（7）账户或列报中反映的活动引起重大或有负债的可能性。

（8）账户记录中是否涉及关联方交易。

（9）账户或列报的特征与前期相比发生的变化。

在识别重要账户、列报及其相关认定时，注册会计师还应当确定重大错报的可能来源。注册会计师可以通过考虑在特定的重要账户或列报中可能发生错报的领域和原因，确定重大错报的可能来源。

在内部控制审计中，注册会计师在识别重要账户、列报及其相关认定时应当评价的风险因素，与财务报表审计中考虑的因素相同。因此，在这两种审计中识别的重要账户、列报及其相关认定应当相同。

如果某账户或列报的各组成部分存在的风险差异较大，被审计单位可能需要采用不同的控制以应对这些风险，注册会计师应当分别予以考虑。

4. 了解潜在错报的来源并识别相应的控制

注册会计师应当实现下列目标，以进一步了解潜在错报的来源，并为选择拟测试的控制奠定基础。

（1）了解与相关认定有关的交易的处理流程，包括这些交易如何生成、批准、处理及记录。

（2）验证注册会计师识别出的业务流程中可能发生重大错报（包括由于舞弊导致的错报）的环节。

（3）识别被审计单位用于应对这些错报或潜在错报的控制。

（4）识别被审计单位用于及时防止或发现并纠正未经授权的、导致重大错报的资产取得、使用或处置的控制。

注册会计师应当亲自执行能够实现上述目标的程序，或对提供直接帮助的人员的工作进行督导。

穿行测试通常是实现上述目标最有效的方式。穿行测试是指追踪某笔交易从发生到最终被反映在财务报表中的整个处理过程。注册会计师在执行穿行测试时，通常需要综合运用询问、观察、检查相关文件及重新执行等程序。

在执行穿行测试时，针对重要处理程序发生的环节，注册会计师可以询问被审计单位员工对规定程序及控制的了解程度。实施询问程序连同穿行测试中的其他程序，可以帮助注册会计师充分了解业务流程，识别必要控制设计无效或出现缺失的重要环节。为有助于了解业务流程处理的不同类型的重大交易，在实施询问程序时，注册会计师不应局限于关注穿行测试所选定的单笔交易。

5. 选择拟测试的控制

注册会计师应当针对每一个相关认定获取控制有效性的审计证据，以便对内部控制整体的有效性发表意见，但没有责任对单项控制的有效性发表意见。

注册会计师应当对被审计单位的控制是否足以应对评估的每一个相关认定的错报风险形

成结论。因此，注册会计师应当选择对形成这一评价结论具有重要影响的控制进行测试。

对特定的相关认定而言，可能有多项控制用以应对评估的错报风险。反之，一项控制也可能应对评估的多项相关认定的错报风险。注册会计师没有必要测试与某项相关认定有关的所有控制。

在确定是否测试某项控制时，注册会计师应当考虑该项控制单独或连同其他控制是否足以应对评估的某项相关认定的错报风险，而不论该项控制的分类和名称如何。

11.3.2 测试控制的有效性

1. 测试控制设计的有效性

注册会计师应当测试控制设计的有效性。如果某项控制由拥有有效执行控制所需的授权和专业胜任能力的人员按规定的程序和要求执行，能够实现控制目标，从而有效地防止或发现并纠正可能导致财务报表发生重大错报的错误或舞弊，则表明该项控制的设计是有效的。

2. 测试控制运行的有效性

注册会计师应当测试控制运行的有效性。如果某项控制正在按照设计运行，执行人员拥有有效执行控制所需的授权和专业胜任能力，能够实现控制目标，则表明该项控制的运行是有效的。

如果被审计单位利用第三方的帮助完成一些财务报告工作，注册会计师在评价负责财务报告及相关控制的人员的专业胜任能力时，可以一并考虑第三方的专业胜任能力。

注册会计师获取的有关控制运行有效性的审计证据包括以下三个方面。

（1）控制在所审计期间的相关时点是如何运行的。

（2）控制是否得到一贯执行。

（3）控制由谁或以何种方式执行。

3. 测试控制有效性的程序

注册会计师通过测试控制有效性获取的审计证据，取决于其实施程序的性质、时间安排和范围的组合。此外，就单项控制而言，注册会计师应当根据与控制相关的风险对测试程序的性质、时间安排和范围进行适当的组合，以获取充分、适当的审计证据。

注册会计师测试控制有效性的程序，按其提供审计证据的效力，由弱到强排序通常为：询问、观察、检查和重新执行。询问本身并不能为得出控制是否有效的结论提供充分、适当的审计证据。

测试控制有效性的程序，其性质在很大程度上取决于拟测试控制的性质。某些控制可能存在反映控制有效性的文件记录，而另外一些控制，如管理理念和经营风格，可能没有书面的运行证据。

对缺乏正式的控制运行证据的被审计单位或业务单元，注册会计师可以通过询问并结合运用其他程序，如观察活动、检查非正式的书面记录和重新执行某些控制，获取有关控制是否有效的充分、适当的审计证据。

注册会计师在测试控制设计的有效性时，应当综合运用询问适当人员、观察经营活动和检查相关文件等程序。注册会计师执行穿行测试通常足以评价控制设计的有效性。

注册会计师在测试控制运行的有效性时，应当综合运用询问适当人员、观察经营活动、检查相关文件以及重新执行等程序。

4. 控制测试的涵盖期间

对控制有效性的测试涵盖的期间越长，提供的控制有效性的审计证据越多。

单就内部控制审计业务而言，注册会计师应当获取内部控制在基准日之前一段足够长的期间内有效运行的审计证据。在整合审计中，控制测试所涵盖的期间应当尽量与财务报表审计中拟信赖内部控制的期间保持一致。

注册会计师执行内部控制审计业务旨在针对基准日内部控制有效性出具报告。如果已获取有关控制在期中运行有效性的审计证据，注册会计师应当确定还需要获取哪些补充审计证据，以证实剩余期间控制的运行情况。在将期中测试结果更新至基准日时，注册会计师应当考虑下列因素，以确定需要获取的补充审计证据。

（1）基准日之前测试的特定控制，包括与控制相关的风险、控制的性质和测试的结果。

（2）期中获取的有关审计证据的充分性和适当性。

（3）剩余期间的长短。

（4）期中测试之后，内部控制发生重大变化的可能性。

5. 控制测试的时间安排

对控制有效性测试的实施时间越接近基准日，提供的有关控制有效性的审计证据越有力。为了获取充分、适当的审计证据，注册会计师应当在下列两个因素之间平衡，以确定测试的时间。

（1）尽量在接近基准日之时实施测试。

（2）实施的测试需要涵盖足够长的期间。

整改后的内部控制需要在基准日之前运行足够长的时间，注册会计师才能得出整改后的内部控制是否有效的结论。因此，在接受或保持内部控制审计业务时，注册会计师应当尽早与被审计单位沟通这一情况，并合理安排控制测试的时间，留出提前量。

6. 评估控制风险并获取相关证据

在测试所选定控制的有效性时，注册会计师需要根据与控制相关的风险，确定所需获取的证据。与控制相关的风险包括控制可能无效的风险和因控制无效而导致重大缺陷的风险。与控制相关的风险越高，注册会计师需要获取的证据就越多。

与某项控制相关的风险受下列因素的影响。

（1）该项控制拟防止或发现并纠正的错报的性质和重要程度。

（2）相关账户、列报及其认定的固有风险。

（3）相关账户或列报是否曾经出现错报。

（4）交易的数量和性质是否发生变化，进而可能对该项控制设计或运行的有效性产生不利影响。

（5）企业层面控制（特别是针对控制有效性的内部监督和自我评价的有效性）。

（6）该项控制的性质及其执行频率。

（7）该项控制对其他控制（如内部环境或信息技术一般控制）有效性的依赖程度。

（8）该项控制的执行或监督人员的专业胜任能力，以及其中的关键人员是否发生变化。

（9）该项控制是人工控制还是自动化控制。

(10) 该项控制的复杂程度，以及在运行过程中依赖主观判断的程度。

针对每一项相关认定，注册会计师都需要获取控制有效性的证据，以便对内部控制整体的有效性单独发表意见，但注册会计师没有责任对单项控制的有效性发表意见。

对于控制运行偏离设计的情况（即控制偏差），注册会计师需要考虑该偏差对相关风险评估、需要获取的证据以及控制运行有效性结论的影响。

例如，注册会计师在测试某项关于现金支付的控制有效性时，在抽取的 25 个样本中发现某样本没有按照该项控制的设计要求由适当层级的人员签字。此时，注册会计师通常会要求企业的相关人员予以解释，并判断解释的合理性，同时相应地扩大样本量，如果没有再发现控制偏差，则认为该控制偏差并不构成控制缺陷。

11.4 评价内部控制缺陷

如果某项控制的设计、实施或运行不能及时防止或发现并纠正财务报表错报，则表明存在内部控制缺陷；如果企业缺少用以及时防止或发现并纠正财务报表错报的必要控制，同样表明存在内部控制缺陷。

11.4.1 内部控制缺陷的认定

11-4 评价内部控制缺陷与出具审计报告

《审计指引》第二十条指出，内部控制缺陷按其成因分为设计缺陷和运行缺陷，按其影响程度分为重大缺陷、重要缺陷和一般缺陷。注册会计师应当评价其识别的各项内部控制缺陷的严重程度，以确定这些缺陷单独或组合起来，是否构成重大缺陷。

注册会计师需要评价其注意到的各项控制缺陷的严重程度，以确定这些缺陷单独或组合起来，是否构成重大缺陷。但是，在计划和实施审计工作时，不要求注册会计师寻找单独或组合起来不构成重大缺陷的控制缺陷。

注册会计师不只要评价财务报告内部控制的有效性并发表意见，还要关注在内部控制审计过程中发现的非财务报告内部控制重大缺陷，在内部控制审计报告中增加"非财务报告内部控制重大缺陷描述段"予以披露。

财务报告内部控制缺陷的严重程度取决于：控制缺陷导致账户余额或列报错报的可能性；因一个或多个控制缺陷的组合导致潜在错报的金额大小。控制缺陷的严重程度与账户余额或列报是否发生错报无必然对应关系，而取决于控制缺陷是否可能导致错报。

评价控制缺陷时，注册会计师需要根据财务报表审计中确定的重要性水平，支持对财务报告控制缺陷重要性的评价。注册会计师需要运用职业判断，考虑并衡量定量和定性因素；同时要对整个思考判断过程进行记录，尤其要详细记录关键判断和得出结论的理由。而且，对可能性和重大错报的判断，在评价控制缺陷严重性的记录中，注册会计师需要给予明确考量和陈述。

在确定一项内部控制缺陷或多项内部控制缺陷的组合是否构成重大缺陷时，注册会计师应当评价补偿性控制（替代性控制）的影响。企业执行的补偿性控制应当具有同样的效果。

11.4.2 内部控制缺陷的处理

1. 财务报告内部控制缺陷的处理

注册会计师在已执行的有限程序中发现财务报告内部控制存在重大缺陷的,应当在内部控制审计报告中对重大缺陷作详细说明。

2. 非财务报告内部控制缺陷的处理

注册会计师对在审计过程中注意到的非财务报告内部控制缺陷,应当根据具体情况予以处理。

(1) 注册会计师认为非财务报告内部控制缺陷为一般缺陷的,应当与企业进行沟通,提醒企业加以改进,但无须在内部控制审计报告中说明。

(2) 注册会计师认为非财务报告内部控制缺陷为重要缺陷的,应当以书面形式与企业董事会和经理层沟通,提醒企业加以改进,但无须在内部控制审计报告中说明。

(3) 注册会计师认为非财务报告内部控制缺陷为重大缺陷的,应当以书面形式与企业董事会和经理层沟通,提醒企业加以改进。同时,应当在内部控制审计报告中增加"非财务报告内部控制重大缺陷描述段",对重大缺陷的性质及其对实现相关控制目标的影响程度进行披露,提示内部控制审计报告使用者注意相关风险。

11.5 完成审计工作

11.5.1 形成审计意见

注册会计师需要评价从各种渠道获取的证据,包括对控制的测试结果、财务报表审计中发现的错报以及已识别的所有控制缺陷,以形成对内部控制有效性的意见。在评价证据时,注册会计师需要查阅本年度与内部控制相关的内部审计报告或类似报告,并评价这些报告中提到的控制缺陷。

只有在审计范围没有受到限制时,注册会计师才能对内部控制的有效性形成意见。如果审计范围受到限制,注册会计师可解除业务约定或出具无法表示意见的内部控制审计报告。

11.5.2 获取管理层书面声明

注册会计师完成审计工作后,应当取得经企业签署的书面声明。《审计指引》指出,书面声明应当包括下列内容。

(1) 企业董事会认可其对建立健全和有效实施内部控制负责。

(2) 企业已对内部控制的有效性作出自我评价,并说明评价时采用的标准以及得出的结论。

(3) 企业没有利用注册会计师执行的程序及其结果作为自我评价的基础。

(4) 企业已向注册会计师披露识别出的所有内部控制缺陷,并单独披露其中的重大缺陷和重要缺陷。

(5) 企业对于注册会计师在以前年度审计中识别的重大缺陷和重要缺陷,是否已采取措施予以解决。

（6）企业在内部控制自我评价基准日后，内部控制是否发生重大变化，或者存在对内部控制具有重要影响的其他因素。

企业如果拒绝提供或以其他不当理由回避书面声明，注册会计师应当将其视为审计范围受到限制，解除业务约定或出具无法表示意见的内部控制审计报告。

注册会计师需要按照《中国注册会计师审计准则第 1341 号——书面声明》的规定，确定声明书的签署者、声明书涵盖的期间以及何时获取更新的声明书等。

11.5.3 沟通事项

注册会计师需要与企业沟通审计过程中识别的所有控制缺陷。对于其中的重大缺陷和重要缺陷，需要以书面形式与董事会和经理层沟通。《中国注册会计师审计准则第 1152 号——向治理层和管理层通报内部控制缺陷》要求注册会计师以书面形式及时向治理层通报审计过程中识别出的值得关注的内部控制缺陷。其中，值得关注的内部控制缺陷包括重大缺陷和重要缺陷。

对于其中的重大缺陷和重要缺陷，应当以书面形式与董事会和经理层沟通。

注册会计师需要以书面形式与董事会沟通其在审计过程中识别的内部控制存在的所有缺陷，并在沟通完成后告知审计委员会。在进行沟通时，注册会计师无须重复自身、内部审计人员或企业其他人员以前书面沟通过的控制缺陷。

虽然并不要求注册会计师执行足以识别所有控制缺陷的程序，但是，注册会计师需要沟通其注意到的内部控制的所有缺陷。如果发现企业存在或可能存在舞弊、违法等行为，注册会计师需要按照《中国注册会计师审计准则第 1141 号——财务报表审计中与舞弊相关的责任》《中国注册会计师审计准则第 1142 号——财务报表审计中对法律法规的考虑》的规定，确定并履行自身责任。

11.6 出具审计报告

注册会计师在整合完成内部控制审计和财务报表审计后，需要分别对内部控制审计和财务报表审计出具审计报告。注册会计师需要评价根据审计证据得出的结论，在审计报告中清楚地表达对内部控制有效性的意见，并对出具的审计报告负责。

《企业内部控制审计指引》指出，内部控制审计报告分为四种类型：标准内部控制审计报告、带强调事项段的无保留意见内部控制审计报告、否定意见的内部控制审计报告和无法表示意见的内部控制审计报告。

11.6.1 标准内部控制审计报告

当注册会计师出具的无保留意见内部控制审计报告不附加说明段、强调事项段或任何修饰性用语时，该报告称为标准内部控制审计报告。标准内部控制审计报告包括下列因素。

1. 标题

内部控制审计报告的标题统一规范为"内部控制审计报告"。

2. 收件人

内部控制审计报告的收件人是指注册会计师按照业务约定书的要求致送内部控制审计报告的对象,一般是指审计业务的委托人。内部控制审计报告需要载明收件人的全称。

3. 引言段

内部控制审计报告的引言段说明企业名称和内部控制已经过审计。

4. 企业对内部控制的责任段

企业对内部控制的责任段说明,按照《企业内部控制基本规范》《企业内部控制应用指引》《企业内部控制评价指引》的规定,建立健全和有效实施内部控制,并评价其有效性是企业对社会的责任。

5. 注册会计师的责任段

注册会计师的责任段说明,在实施审计工作的基础上,对财务报告内部控制的有效性发表审计意见,并对注意到的非财务报告内部控制的重大缺陷进行披露是注册会计师的责任。

6. 内部控制固有局限性的说明段

内部控制无论如何有效,都只能为企业实现控制目标提供合理保证。内部控制实现目标的可能性受其固有限制的影响,包括以下内容。

(1) 在决策时人为判断可能出现错误和因人为失误而导致内部控制失效。例如,控制的设计和修改可能存在失误。

(2) 控制的运行可能无效。例如,由于负责复核信息的人员不了解复核的目的或没有采取适当的措施,使内部控制生成的信息没有得到有效使用。

(3) 控制可能由于两个或更多人员进行串通舞弊或管理层不当地凌驾于内部控制之上而被规避。例如,管理层可能与客户签订背后协议,修改标准的销售合同条款和条件,从而导致不适当的收入确认等。再如,软件中的编辑控制旨在识别报告超过赊销信用额度的交易,但这一控制可能被凌驾。

(4) 在设计和执行控制时,如果存在选择执行的控制以及选择承担的风险,管理层在确定控制的性质和范围时需要作出主观判断。

因此,注册会计师需要在内部控制固有局限性的说明段说明,内部控制具有固有局限性,存在不能防止和发现错报的可能性。此外,由于情况的变化可能导致内部控制变得不恰当,或对控制政策和程序遵循的程度降低,根据内部控制审计结果推测未来内部控制的有效性具有一定风险。

7. 财务报告内部控制审计意见段

如果符合下列所有条件,注册会计师应当对财务报告内部控制出具无保留意见的内部控制审计报告。

(1) 企业按照《企业内部控制基本规范》《企业内部控制应用指引》《企业内部控制评价指引》以及企业自身内部控制制度的要求,在所有重大方面保持了有效的内部控制。

(2) 注册会计师已经按照《企业内部控制审计指引》的要求计划和实施审计工作,在审计过程中未受到限制。

8. 非财务报告内部控制重大缺陷描述段

对于审计过程中注意到的非财务报告内部控制缺陷,如果发现某项或某些控制对企业发展战略、法律遵循、经营的效率效果等控制目标的实现有重大不利影响,确定该项非财务报告内部控制缺陷为重大缺陷的,应当以书面形式与企业董事会和经理层沟通,提醒企业加以改进。同时,在内部控制审计报告中增加非财务报告内部控制重大缺陷描述段,对重大缺陷的性质及其对实现相关控制目标的影响程度进行披露,提示内部控制审计报告使用者注意相关风险,但无须对其发表审计意见。

9. 注册会计师的签名和盖章

签名和盖章要合法、合规。

10. 会计师事务所的名称、地址及盖章

会计师事务所的名称和地址要具体,盖章要清楚。

11. 报告日期

如果内部控制审计和财务报表审计整合进行,注册会计师对内部控制审计报告和财务报表审计报告需要签署相同的日期。

标准内部控制审计报告如例11-2所示。

例11-2

内部控制审计报告

××股份有限公司全体股东:

按照《企业内部控制审计指引》及中国注册会计师执业准则的相关要求,我们审计了××股份有限公司(以下简称"××公司")××××年×月×日的财务报告内部控制的有效性。

一、企业对内部控制的责任

按照《企业内部控制基本规范》《企业内部控制应用指引》《企业内部控制评价指引》的规定,建立健全和有效实施内部控制,并评价其有效性是企业董事会的责任。

二、注册会计师的责任

我们的责任是在实施审计工作的基础上,对财务报告内部控制的有效性发表审计意见,并对注意到的非财务报告内部控制的重大缺陷进行披露。

三、内部控制的固有局限性

内部控制具有固有局限性,存在不能防止和发现错报的可能性。此外,由于情况的变化可能导致内部控制变得不恰当,或对控制政策和程序遵循的程度降低,根据内部控制审计结果推测未来内部控制的有效性具有一定风险。

四、财务报告内部控制审计意见

我们认为,××公司按照《企业内部控制基本规范》和相关规定在所有重大方面保持了有效的财务报告内部控制。

五、非财务报告内部控制的重大缺陷

在内部控制审计过程中,我们注意到××公司的非财务报告内部控制存在重大缺陷(描述该缺陷的性质及其对实现相关控制目标的影响程度)。由于存在上述重大缺陷,我们提醒本报告使用者注意相关风险。需要指出的是,我们并不对××公司的非财务报告内部控制发表意见或提供保证。本段内容不影响对财务报告内部控制有效性发表的审计意见。

××会计师事务所(盖章)　　　　　　　　中国注册会计师:×××(签名并盖章)

地址： 中国注册会计师：×××（签名并盖章）
中国××市 报告日期：××××年××月××日

11.6.2 非标准内部控制审计报告

1. 带强调事项段的无保留意见内部控制审计报告

注册会计师认为财务报告内部控制虽不存在重大缺陷，但仍有一项或者多项重大事项需要提醒内部控制审计报告使用人注意的，需要在内部控制审计报告中增加强调事项段予以说明。注册会计师需要在强调事项段中指明，该段内容仅用于提醒内部控制审计报告使用者关注，并不影响对财务报告内部控制发表的审计意见。

2. 否定意见的内部控制审计报告

注册会计师认为财务报告内部控制存在一项或多项重大缺陷的，除非审计范围受到限制，需要对财务报告内部控制发表否定意见。注册会计师出具的否定意见的内部控制审计报告，还需要包括重大缺陷的定义、重大缺陷的性质及其对财务报告内部控制的影响程度。

3. 无法表示意见的内部控制审计报告

注册会计师只有实施了必要的审计程序，才能对内部控制的有效性发表意见。注册会计师审计范围受到限制的，需要解除业务约定或出具无法表示意见的内部控制审计报告，并就审计范围受到限制的情况，以书面形式与董事会进行沟通。

注册会计师在出具无法表示意见的内部控制审计报告时，需要在内部控制审计报告中指明审计范围受到限制，无法对内部控制的有效性发表意见，并单设段落说明无法表示意见的实质性理由。注册会计师不应在内部控制审计报告中指明所执行的程序，也不应描述内部控制审计的特征，以避免内部控制审计报告使用者对无法表示意见的误解。注册会计师在已执行的有限程序中发现财务报告内部控制存在重大缺陷的，需要在内部控制审计报告中对重大缺陷作出详细说明。

4. 期后事项与非标准内部控制审计报告

在企业内部控制自我评价基准日并不存在，但在该基准日之后至审计报告日之前（以下简称"期后期间"），内部控制可能发生变化，或出现其他可能对内部控制产生重要影响的因素，注册会计师需要询问是否存在这类变化或影响因素，并获取企业关于这些情况的书面声明。注册会计师需要针对期后期间，询问并检查下列信息：①在期后期间出具的内部审计报告或类似报告；②其他注册会计师出具的审计企业内部控制缺陷的报告；③监管机构发布的涉及企业内部控制的报告；④注册会计师在执行其他业务时获取的有关企业内部控制有效性的信息。

注册会计师还需要考虑获取期后期间的其他文件，并按照《中国注册会计师审计准则第1332号——期后事项》的规定，对企业进行检查。

注册会计师知悉对企业内部控制自我评价基准日内部控制有效性有重大负面影响的期后事项的，需要对财务报告的内部控制发表否定意见。注册会计师不能确定期后事项对内部控制的有效性的影响程度的，需要出具无法表示意见的内部控制审计报告。

在出具内部控制审计报告之后，如果知悉在审计报告日已存在的可能对审计意见产生影响的情况，注册会计师需要按照《中国注册会计师审计准则第1332号——期后事项》的规定办理。

带强调事项段的无保留意见内部控制审计报告如例11-3所示。

例11-3

内部控制审计报告

××股份有限公司全体股东：

按照《企业内部控制审计指引》及中国注册会计师执业准则的相关要求，我们审计了××股份有限公司（以下简称"××公司"）××××年××月××日的财务报告内部控制的有效性。

（"一、企业对内部控制的责任"至"五、非财务报告内部控制的重大缺陷"参见标准内部控制审计报告相关段落表述。）

六、强调事项

我们提醒内部控制审计报告使用者关注，（描述强调事项的性质及其对内部控制的重大影响）。本段内容不影响已对财务报告内部控制发表的审计意见。

××会计师事务所　　　　　　　　　中国注册会计师：×××（签名并盖章）
　（盖章）　　　　　　　　　　　　中国注册会计师：×××（签名并盖章）
中国××市　　　　　　　　　　　　　　　　××××年××月××日

否定意见的内部控制审计报告如例11-4所示。

例11-4

内部控制审计报告

××股份有限公司全体股东：

按照《企业内部控制审计指引》及中国注册会计师执业准则的相关要求，我们审计了××股份有限公司（以下简称"××公司"）××××年××月××日的财务报告内部控制的有效性。

（"一、企业对内部控制的责任"至"三、内部控制的固有局限性"参见标准内部控制审计报告相关段落表述。）

四、导致否定意见的事项

重大缺陷，是指一个或多个控制缺陷的组合，可能导致企业严重偏离控制目标。

（指出注册会计师已识别出的重大缺陷，并说明重大缺陷的性质及其对财务报告内部控制的影响程度。）

有效的内部控制能够为财务报告及相关信息的真实完整提供合理保证，而上述重大缺陷使××公司内部控制失去这一功能。

五、财务报告内部控制审计意见

我们认为，由于存在上述重大缺陷及其对实现控制目标的影响，××公司未能按照《企业内部控制基本规范》和相关规定在所有重大方面保持有效的财务报告内部控制。

六、非财务报告内部控制的重大缺陷

（参见标准内部控制审计报告相关段落表述。）

××会计师事务所　　　　　　　　　　　中国注册会计师：×××（签名并盖章）
　（盖章）　　　　　　　　　　　　　　中国注册会计师：×××（签名并盖章）
　中国××市　　　　　　　　　　　　　　　　　　　×××× 年 × 月 × 日

无法表示意见的内部控制审计报告如例 11-5 所示。

例 11-5　　　　　　　　　　**内部控制审计报告**

××股份有限公司全体股东：

我们接受委托，对××股份有限公司（以下简称"××公司"）×××× 年 × 月 × 日的财务报告内部控制进行审计。

（删除注册会计师的责任段，"一、企业对内部控制的责任"和"二、内部控制的固有局限性"参见标准内部控制审计报告相关段落表述。）

三、导致无法表示意见的事项

（描述审计范围受到限制的具体情况。）

四、财务报告内部控制审计意见

由于审计范围受到上述限制，我们未能实施必要的审计程序以获取发表意见所需的充分、适当的证据，因此，我们无法对××公司财务报告内部控制的有效性发表意见。

五、识别的财务报告内部控制重大缺陷（如在审计范围受到限制前，执行有限程序未能识别出重大缺陷，则应删除本段）

重大缺陷，是指一个或多个控制缺陷的组合，可能导致企业严重偏离控制目标。

尽管我们无法对××公司财务报告内部控制的有效性发表意见，但在我们实施的有限程序的过程中，发现了以下重大缺陷。

（指出注册会计师已识别出的重大缺陷，并说明重大缺陷的性质及其对财务报告内部控制的影响程度。）

有效的内部控制能够为财务报告及相关信息的真实完整提供合理保证，而上述重大缺陷使××公司内部控制失去这一功能。

六、非财务报告内部控制的重大缺陷

（参见标准内部控制审计报告相关段落表述。）

××会计师事务所　　　　　　　　　　　中国注册会计师：×××（签名并盖章）
　（盖章）　　　　　　　　　　　　　　中国注册会计师：×××（签名并盖章）
　中国××市　　　　　　　　　　　　　　　　　　　×× 年 × 月 × 日

本章小结

本章介绍了内部控制审计与财务报告审计的关系，内部控制审计的审计计划及审计工作底稿的编制；按照自上而下的方法实施内部控制审计工作，对内部控制缺陷进行认定和处理；完成内部控制审计工作，出具不同意见类型的审计报告。

第11章 内部控制审计

> 本章练习题

一、单选题

1. 下列有关内部控制审计范围的说法中,正确的是（   ）。

A. 财务报告审计涉及的内部控制测试范围与内部控制审计中的测试范围相同

B. 针对非财务报告内部控制,注册会计师对注意到的非财务报告内部控制,在审计报告中增加"非财务报告内部控制缺陷描述段"予以披露

C. 针对财务报告内部控制,注册会计师对其有效性发表审计意见

D. 针对企业内部控制,注册会计师对其有效性发表审计意见

2. 下列各项中,不属于业务流程、应用系统或交易层面的内部控制的是（   ）。

A. 对接触计算机程序和数据文档设置授权

B. 复核和调节

C. 授权与审批

D. 对内部信息传递和期末财务报告流程的控制

3. 在内部控制审计中,下列有关计划审计工作的说法中错误的是（   ）。

A. 注册会计师应当了解被审计单位本期内部控制发生的变化以及变化的程度,从而相应地调整审计计划

B. 注册会计师应当对所有存在控制缺陷的领域进行测试

C. 对于内部控制可能存在重大缺陷的领域,注册会计师应当在接近内部控制评价基准日的时间测试内部控制

D. 内部控制的特定领域存在重大缺陷的风险越高,注册会计师所需获取的审计证据的客观性、可靠性越强

4. 注册会计师执行内部控制审计时,下列有关选择拟测试的控制的说法中,错误的是（   ）。

A. 注册会计师为了评价内部控制的有效性而测试的控制与企业管理层在执行内部控制自我评价时选择测试的控制是一致的

B. 注册会计师没有必要测试与某项相关认定有关的所有控制

C. 注册会计师无须测试那些即使有缺陷也合理预期不会导致财务报表重大错报的控制

D. 如果企业层面的控制是有效的且得到精确执行,能够及时防止或发现并纠正一个或多个认定的重大错报,注册会计师可能不必就所有流程、交易或应用层面的控制的运行有效性获取审计证据

5. 下列关于在内部控制审计中识别重要账户、列报及其相关认定的说法中,错误的是（   ）。

A. 注册会计师在确定重要性水平之后,应当识别重要账户、列报及其相关认定

B. 在识别重要账户、列报及其相关认定时,应当从定性和定量两个方面作出评价,但是不需要考虑舞弊风险的影响

C. 超过财务报表整体重要性的账户,通常情况下被认定为重要账户

D. 注册会计师识别重要账户、列报及其相关认定时应当评价的风险因素与财务报表审

计中考虑的因素相同

6. 注册会计师执行内部控制审计时，下列有关穿行测试的说法中，错误的是（　　）。

A. 如注册会计师首次接受委托执行内部控制审计，通常预期会对重要流程实施穿行测试

B. 如果被审计单位采用集中化的系统为多个组成部分执行重要流程，则应当在每个重要的经营场所或业务单位选取一笔交易或事项实施穿行测试

C. 穿行测试是一种评估设计有效性的有效方法

D. 注册会计师应当使用与被审计单位人员使用的相同文件和信息技术对业务流程实施穿行测试

7. 注册会计师执行内部控制审计时，下列有关测试控制的有效性的说法中，错误的是（　　）。

A. 与控制相关的风险包括一项控制可能无效的风险，以及如果该控制无效，可能导致重大缺陷的风险

B. 执行重新执行程序一般不必选取大量的项目，也不必特意选取金额重大的项目进行测试

C. 如果注册会计师在期中对重要的信息技术一般控制实施了测试，则通常不需要对其实施前推程序

D. 如果被审计单位利用第三方的帮助完成一些财务报告工作，注册会计师在评价负责财务报告及相关控制的人员的专业胜任能力时，可以一并考虑第三方的专业胜任能力

8. 注册会计师在执行内部控制审计时，下列有关控制测试的时间安排的说法中，错误的是（　　）。

A. 对控制有效性测试的实施时间越接近基准日，提供的控制有效性的审计证据越有力

B. 对于内部控制审计业务，注册会计师应当获取的是内部控制在基准日这一天内部控制运行有效性的审计证据

C. 对控制有效性的测试涵盖的期间越长，提供的控制有效性的审计证据越多

D. 与所测试控制相关的风险越高，注册会计师获取的审计证据越需要接近基准日

9. 下列有关企业控制环境的相关说法中，错误的是（　　）。

A. 控制环境包括治理职能和管理职能，以及治理层和管理层对内部控制及其重要性的态度、认识和行动

B. 在了解和评价控制环境时，注册会计师需要考虑与控制环境有关的各个要素及其相互关系

C. 在进行内部控制审计时，注册会计师可以首先考虑内部控制是否得到执行，然后了解控制环境的各个要素

D. 良好的控制环境是实施有效内部控制的基础

10. 如果注册会计师在出具审计报告时审计范围受到限制，则注册会计师的下列做法中恰当的是（　　）。

A. 出具否定意见审计报告　　B. 出具保留意见审计报告

C. 在审计报告中增加强调事项段　　D. 解除业务约定

第 11 章 内部控制审计

二、多选题

1. 下列有关内部控制及内部控制审计的说法，正确的有（   ）。
   A. 内部控制的目标是绝对保证企业经营管理合法合规
   B. 内部控制审计包括财务报告内部控制审计和非财务报告内部控制审计
   C. 内部控制是由企业董事会、监事会、经理层和全体员工实施的
   D. 注册会计师对被审计单位所有的内部控制发表审计意见，包括非财务报告内部控制

2. 从注册会计师的角度，在进行财务报告内部控制审计时，主要关注的企业层面内部控制包括（   ）。
   A. 与控制环境相关的控制　　　　B. 针对关联方交易的控制
   C. 针对重大非常规交易的控制　　D. 监督其他控制的控制

3. 下列有关注册会计师选择拟测试的控制的说法中，错误的有（   ）。
   A. 注册会计师应当针对每一相关认定获取控制有效性的审计证据，以便对每一项内部控制的有效性发表意见
   B. 企业管理层在执行内部控制自我评价时选择测试的控制的决定不影响注册会计师的控制测试决策
   C. 在确定是否测试某项控制时，注册会计师应当考虑该项控制单独或连同其他控制是否足以应对评估的某项相关认定的错报风险，而不论该项控制的分类和名称如何
   D. 选取关键控制需要注册会计师作出职业判断，注册会计师需要测试那些有缺陷但合理预期不会导致财务报表重大错报的控制

4. 如果在测试内部控制有效性时发现控制偏差，注册会计师应当确定对（   ）的影响。
   A. 实质性程序的结论　　　　　　B. 控制运行有效性的结论
   C. 需要获取的审计证据　　　　　D. 与所测试控制相关的风险的评估

5. 下列有关控制缺陷的严重程度的说法中，正确的有（   ）。
   A. 控制缺陷的严重程度与错报是否发生无关
   B. 在计划和实施审计工作时，注册会计师应当寻找单独或组合起来不构成重大缺陷的控制缺陷
   C. 控制缺陷的严重程度取决于控制不能防止或发现并纠正错报的可能性
   D. 注册会计师应当评价其识别的各项控制缺陷的严重程度是否构成重要缺陷

6. 当注册会计师拟出具无法表示意见的审计报告时，如果已执行的有限程序使其认为内部控制存在重大缺陷，审计报告应当包括（   ）。
   A. 对识别出的重大缺陷的描述
   B. 重大缺陷的定义
   C. 重大缺陷的性质
   D. 重大缺陷在存在期间对企业编制的财务报表产生的实际和潜在影响等信息

7. 如果注册会计师在审计过程中注意到非财务报告内部控制的重大缺陷，则应当（   ）。
   A. 以书面形式与企业董事会和经理层沟通
   B. 发表无法表示意见审计意见

· 269 ·

C. 增加非财务报告内部控制重大缺陷描述段

D. 发表否定审计意见

8. 注册会计师执行内部控制审计时，下列有关评价控制缺陷的严重程度的说法中，正确的有（   ）。

A. 如果存在一项补偿性控制，注册会计师可能不将某控制缺陷评价为重大缺陷

B. 注册会计师评价控制缺陷的严重程度时，无须考虑错报是否已经发生

C. 如果多项控制缺陷影响财务报表的同一账户或列报，错报发生的概率会增加

D. 控制缺陷的严重程度取决于控制不能防止或发现并纠正错报的可能性

三、简答题

甲公司聘请ABC会计师事务所的A注册会计师担任甲公司2017年度内部控制审计的项目合伙人，相关情况如下。

（1）A注册会计师认为，内部控制审计的审计意见覆盖的范围是财务报告和非财务报告内部控制的有效性。

（2）A注册会计师认为，内部控制审计是测试特定基准日内部控制的有效性，拟仅对基准日这一天的内部控制进行测试。

（3）A注册会计师在充分考虑了控制的影响后识别了重要账户、列报及其相关认定。

（4）A注册会计师根据执行财务报表审计时采用的方式识别了重要账户、列报及其相关认定。

（5）A注册会计师认为如果多项控制能够实现同一目标，则不必了解与该目标相关的每一项控制。

（6）甲公司在基准日前对存在缺陷的控制进行了整改，A注册会计师检查后确认整改当天控制运行有效，得出了内部控制有效的结论。

要求：针对上述第（1）至（6）项，假定不考虑其他条件，逐项指出A注册会计师的做法是否恰当。如不恰当，简要说明理由。

第 12 章

审计质量控制

学习目标

1. 了解质量控制的目标和对业务质量承担的领导责任。
2. 了解事务所业务质量控制中相关职业道德要求。
3. 了解事务所管理制度中关于遵守相关职业道德规范的措施。
4. 了解事务所接受和保持客户关系时所考虑的因素。
5. 掌握事务所在业务执行中的质量控制措施。
6. 掌握注册会计师应当遵守的职业道德。
7. 掌握注册会计师职业道德框架结构体系。
8. 掌握注册会计师的独立性。
9. 掌握应对影响独立性事项的基本思路。

教学要求

教师应按教学大纲的规定，全面地把握好课程深度、广度、教学进度和教学内容的重点、难点；课堂讲授应当做到理论阐述准确，概念交代清楚，教学内容充实，详略得当，逻辑性强，条理分明，重点、难点突出；针对不同教学对象和教学内容，不断总结和改进教学方式和方法，尽量采用启发式、讨论式、参与式、探究式等多种教学方法进行教学。

教师应当熟悉以下法律和准则。

1. 《中国注册会计师职业道德守则第 1 号——职业道德基本原则》。
2. 《中国注册会计师职业道德守则第 2 号——职业道德概念框架》。
3. 《中国注册会计师职业道德守则第 3 号——提供专业服务的具体要求》。
4. 《中国注册会计师职业道德守则第 4 号——审计和审阅业务对独立性的要求》。
5. 《中国注册会计师职业道德守则第 5 号——其他鉴证业务对独立性的要求》。
6. 《中国注册会计师职业道德守则术语表》。

7. 《中国注册会计师协会非执业会员职业道德守则》。
8. 《中国注册会计师协会非执业会员职业道德守则术语表》。
9. 《中华人民共和国注册会计师法》(2014年版)。
10. 《会计师事务所质量控制准则第5101号——业务质量控制》。
11. 《中国注册会计师审计准则第1121号——对财务报表审计实施的质量控制》。

导入案例

银广夏没有解散，中天勤却解散了

《上海证券报》2002年3月2日称："日前，财政部、中国证监会联合发文批复，同意中国注册会计师协会对中天勤、华伦、中联信、深圳同人、深圳华鹏等五家会计师事务所不予通过年检的意见，并收回该五家事务所及有关注册会计师证券许可证……"

中天勤在2001年刚刚由中天会计师事务所和天勤会计师事务所合并而来，拥有320名员工、近百名注册会计师、超过60家上市公司客户，年均业务收入超过6 000万元，在深圳排名第一，全国位列五强。

2001年8月，宁夏西部创业实业股份有限公司［曾用名：广夏（银川）实业股份有限公司（简称"银广夏"）］财务造假问题被媒体披露后，财政部、证监会立即组成联合调查组对事件立案调查。经查明，银广夏通过伪造购销合同、伪造出口报关单、虚开增值税专用发票、伪造免税文件和伪造金融票据等手段，虚构主营业务收入，虚构巨额利润。同时，深圳中天勤会计师事务所及其签字注册会计师违反法律法规和职业道德，为银广夏出具严重失实的无保留意见的审计报告。

上述问题严重损害了广大投资者的合法权益，违反了证券市场公开、公平、公正原则。

刘某和徐某名列中天勤会计师事务所16名合伙人之列，他们在严重失实的银广夏1999年度及2000年度财务报表上签署了"无保留意见"，就此断送了自己乃至中天勤的前程。"这两个人永远出局了"，中国注册会计师协会原秘书长李勇告诉《财经》记者。财政部已于2002年9月初宣布，拟吊销签字注册会计师刘某、徐某的注册会计师资格；吊销中天勤会计师事务所的执业资格，并会同证监会吊销其证券、期货相关业务许可证，同时，将追究中天勤会计师事务所负责人的责任。

思考：注册会计师不当的行为会给会计师事务所带来灭顶之灾。那么，主要提供劳务产品的会计师事务所如何才能有效防范这种危险？

（资料来源：靳丽萍．因涉及银广夏造假案中天勤崩塌［N］．财经，2001-12-30．有删改）

提高业务工作质量、降低审计风险，是审计从业者不懈的追求。制定并实施科学、严谨的事务所质量控制制度，加强注册会计师职业道德修养，才能规范注册会计师的行为，维护注册会计师行业的良好声誉。

《中国注册会计师审计准则第1121号——对财务报表审计实施的质量控制》从注册会计师和质量复核人员角度来规范其行为，明确其责任，以提高业务工作质量；《会计师事务所质量控制准则第5101号——业务质量控制》从会计师事务所角度来规范事务所的业务管

第 12 章 审计质量控制

理,明确事务所及其人员的责任;《中国注册会计师职业道德守则第 1 号——职业道德基本原则》《中国注册会计师职业道德守则第 2 号——职业道德概念框架》《中国注册会计师职业道德守则第 3 号——提供专业服务的具体要求》《中国注册会计师职业道德守则第 4 号——审计和审阅业务对独立性的要求》则是从职业道德角度来约束注册会计师的行为,将规范行为内化为注册会计师的道德律令和行动指南。

12.1 会计师事务所业务质量控制

会计师事务所是注册会计师的服务机构,应当建立科学、严谨的质量控制制度,并通过检查业务工作质量来提高注册会计师的职业水平。为了规范会计师事务所的业务质量控制,明确会计师事务所及其人员的质量控制责任,财政部制定了《会计师事务所质量控制准则第 5101 号——业务质量控制》作为事务所内部管理制度建设指南。

12-1 会计师事务所业务质量控制

12.1.1 会计师事务所业务质量控制的总体要求

1. 会计师事务所业务质量控制的目标

会计师事务所建立覆盖全面、实施有效的内部质量控制制度,合理保证业务质量,主要在以下两个方面提出合理保证。

第一,会计师事务所及其人员遵守职业准则和相关的法律法规的规定。

第二,会计师事务所和项目负责人根据具体情况出具恰当的报告。

从这两个目标来看,会计师事务所建立内部质量控制制度主要保证审计过程和审计结果的规范合理,将审计风险降低到可接受的水平。

会计师事务所要建立质量内部控制制度,应当包括针对下列要素而制定的政策和程序。

(1) 对业务质量承担的领导责任。

(2) 职业道德规范。

(3) 客户关系和具体业务的接受与保持。

(4) 人力资源。

(5) 业务执行。

(6) 业务工作底稿。

(7) 监控。

会计师事务所应当将制定的质量内部控制制度形成书面文件,确定并传达给全体人员,要让组织中每个人员了解自己的质量责任,并遵守这些制度规定。

2. 会计师事务所业务质量控制的领导责任

会计师事务所的领导对工作的态度对整体工作会产生至关重要的影响。因此,会计师事务所应当制定政策和程序,培育以质量为导向的内部文化。这些政策和程序应当要求会计师事务所主任会计师对质量控制制度承担最终责任。

会计师事务所领导一定要通过清晰、确定的指令,要求注册会计师按照法律法规、职业道德规范和业务准则的规定执行工作,根据具体情况出具恰当的报告。

为实现质量控制的目标，会计师事务所领导可以采用的领导手段有以下几种。

（1）合理分工，确定不同级别的管理责任。

（2）事务所的绩效考核以质量为导向。

（3）制定和执行以质量为指南的控制政策和程序，并形成相关文件记录。

受会计师事务所主任会计师委派承担质量控制制度运作责任的人员应当具有足够、适当的经验和能力以及必要的权限以履行其职责。

3. 相关职业道德规范

会计师事务所应该制定政策和程序，使包括注册会计师、质量复核人员、外聘专家在内的所有审计工作参与人员都遵守职业道德规范。

这里的职业道德规范要求会计师事务所及其人员恪守客观、公正的原则，保持专业胜任能力和应有的关注，并对执业过程中获知的信息保密。

会计师事务所应当通过以下手段，强化职业道德要求。

1）会计师事务所领导层的示范

会计师事务所领导应当主动承担构建以质量为导向的企业文化的责任，在事务所业务工作中处处遵守职业道德准则。事务所应当奖励遵守职业道德守则的行为、处罚不遵守职业道德的行为，通过各种手段来宣传职业道德，使之内化为事务所全体人员的行为规范。

2）教育和培训

会计师事务所应当通过教育和培训，使事务所所有人员理解关于职业道德的规定。事务所应该将这些职业道德规定制作成书面文件，通过定期学习或者其他方式，加深员工对职业道德规定的理解，并逐渐内化为自身行为规范。

3）监控

为了规范事务所全体人员的行为，降低审计风险，事务所应当通过定期检查等方式，监督内部建立的规范职业道德的政策和程序，确认设计是否合理、运行是否有效、能不能达到预期的效果、有没有出现其他问题。

4）处罚

对于违反职业道德规范的行为，事务所应当明确告知这种行为的后果，根据相关规定对其进行处罚，并将处罚结果以恰当的方式告知其他员工，避免以后再次发生。同时，事务所应当在员工档案中专门建立关于职业道德遵守情况的部分，以便评估员工遵守职业道德的情况。

12.1.2 接受和保持客户关系

接受和保持客户关系是注册会计师业务进行的第一步，也是审计风险防范的第一个环节。会计师事务所应当建立与之相关的控制制度，从源头上控制风险，把握好客户关系。

1. 总体要求

会计师事务所应当制定有关客户关系和具体业务接受与保持的政策和程序，以合理保证只有在下列情况下，才能接受或保持客户关系和具体业务。

（1）已考虑客户的诚信，没有信息表明客户缺乏诚信。

（2）具有执行业务必要的素质、专业胜任能力、时间和资源。

（3）能够遵守职业道德规范。

事务所应当在注册会计师审计初步业务活动中加强检查，确保达到目的。

2. 考虑客户诚信

针对有关客户的诚信，会计师事务所应当考虑下列主要事项。

（1）客户主要股东、关键管理人员、关联方及治理层的身份和商业信誉。

（2）客户的经营性质。

（3）客户主要股东、关键管理人员及治理层对内部控制环境和会计准则等的态度。

（4）客户是否过分考虑将会计师事务所的收费维持在尽可能低的水平。

（5）工作范围受到不适当限制的迹象。

（6）客户可能涉嫌洗钱或其他刑事犯罪行为的迹象。

（7）变更会计师事务所的原因。

会计师事务所可以通过以下三种途径，获取与客户诚信相关的信息。

第一种，与为客户提供专业会计服务的现任或前任人员进行沟通，并与其讨论。

第二种，向会计师事务所其他人员、监管机构、金融机构、法律顾问和客户的同行等第三方询问。

第三种，从相关数据库中搜索客户的背景信息。

3. 考虑是否可以进行业务

1）在确定是否具有接受新业务所需的必要素质、专业胜任能力、时间和资源时应考虑的事项

在确定是否具有接受新业务所需的必要素质、专业胜任能力、时间和资源时，会计师事务所应当考虑下列事项，以评价新业务的特定要求和所有相关级别的现有人员的基本情况。

（1）会计师事务所人员是否熟悉相关行业或业务对象。

（2）会计师事务所人员是否具有执行类似业务的经验，或是否具备有效获取必要技能和知识的能力。

（3）会计师事务所是否拥有足够的具有必要素质和专业胜任能力的人员。

（4）在需要时，是否能够得到专家的帮助。

（5）如果需要项目质量控制复核，是否具备符合标准和资格要求的项目质量控制复核人员。

（6）会计师事务所是否能够在提交报告的最后期限内完成业务。

2）在确定是否接受新业务时应考虑的事项

在确定是否接受新业务时，会计师事务所还应当考虑接受该业务是否会导致现实或潜在的利益冲突。如果识别出了潜在的利益冲突，会计师事务所应当考虑接受该业务是否适当。

3）在确定是否保持客户关系时应考虑的事项

在确定是否保持客户关系时，会计师事务所应当考虑在本期或以前业务执行过程中发现的重大事项，及其对保持客户关系可能造成的影响。

如果会计师事务所在接受业务后获知了某项信息，而该信息若在接受业务前获知，可能导致会计师事务所拒绝该项业务，针对保持该项业务及其客户关系制定的政策和程序应当包括下列内容。

（1）适用于该业务环境的法律责任，包括是否要求会计师事务所向委托人报告或在某些情况下向监管机构报告。

（2）解除该项业务约定，或同时解除该项业务约定及其客户关系的可能性。

4）会计师事务所针对解除业务约定或同时解除业务约定及其客户关系制定的政策和程序应当包括的要求

会计师事务所针对解除业务约定或同时解除业务约定及其客户关系制定的政策和程序应当包括下列要求。

（1）与客户适当级别的管理层和治理层讨论会计师事务所根据有关事实和情况可能采取的适当行动。

（2）如果确定解除业务约定或同时解除业务约定及其客户关系是适当的，会计师事务所应当就解除的情况及原因，与客户适当级别的管理层和治理层讨论。

（3）考虑是否存在法律法规的规定，要求会计师事务所应当保持现有的客户关系，或向监管机构报告解除的情况及原因。

（4）记录重大事项及其咨询情况、咨询结论和得出结论的依据。

12.1.3 业务执行

会计师事务所业务执行质量控制部分包括人力资源管理、业务执行控制和业务活动监控。

1. 人力资源管理

会计师事务所人力资源管理的目的是保证有足够多的具有专业胜任能力、遵守职业道德的专业人员，能够保证质量完成业务，并能够根据具体情况出具恰当的审计报告。

人力资源管理的要素包括：招聘、业绩评价、人员素质、专业胜任能力、职业发展、晋升、薪酬与人员需求预测。

建立覆盖人力资源管理整个范围的质量控制程序，保证会计师事务所能够招聘到合适的人才，通过不间断的继续教育培训，保证专业人员能够保持专业能力并胜任所进行的业务工作。

2. 业务执行控制

会计师事务所管控业务执行，主要通过选派合适的人员、过程监控、提供咨询、复核底稿来实现。

会计师事务所应当选派合适的人员来完成审计工作，主要包括委派项目负责人和其他成员。

关于选择项目负责人的要求有：①项目负责人具有履行职责必要的素质、专业胜任能力、权限和时间；②清楚界定项目负责人的职责，并告知该项目负责人；③将项目负责人的身份和作用告知客户管理层和治理层的关键成员。

关于选择项目组成员的要求有：①项目组成员要有专业胜任能力，并熟悉所审计单位的行业性质；②项目组成员应当掌握相关法律法规和职业道德要求；③项目组成员具有职业判断能力；④项目组成员熟练掌握会计师事务所质量控制政策和程序。

会计师事务所业务执行控制主要通过指导监督和复核来进行。会计师事务所应当使用书面或电子手册、标准化底稿以及指南性材料等文件，使其制定的政策和程序得到贯彻。这些文件针对的事项包括：如何将业务情况简要告知项目组，使项目组了解工作目标；保证适用的业务准则得以遵守的程序；业务监督、员工培训和辅导的程序；对已实施的工作、作出的重大判断以及拟出具的报告进行复核的方法；对已实施的工作及其复核的时间和范围做出适当记录；保证所有的政策和程序是合时宜的。

项目负责人对业务的监督包括：追踪业务进程；考虑项目组各成员的素质和专业胜任能力，以及是否有足够的时间执行工作，是否理解工作指令，是否按照计划的方案执行工作；解决在执行业务过程中发现的重大问题，考虑其重要程度并适当修改原计划的方案；识别在执行业务过程中需要咨询的事项，或需要由经验较丰富的项目组成员考虑的事项。

审计业务工作中的复核至少包括两级复核。第一级复核是项目组内部复核，复核的内容主要包括：项目进度是否按照计划执行；有无出现与计划不同的新的风险；获取的证据能否得出审计结论；审计证据是否充分适当。第二级复核是事务所层次的复核，复核人员应当是未参与审计工作的有经验的专业人士，复核项目组成员已执行的工作时，复核人员应当考虑：工作是否已按照法律法规、职业道德规范和业务准则的规定执行；重大事项是否已提请进一步考虑；相关事项是否已进行适当咨询，由此形成的结论是否得到记录和执行；是否需要修改已执行工作的性质、时间和范围；已执行的工作是否支持形成的结论，并得以适当记录；获取的证据是否充分、适当；业务程序的目标是否实现。

3. 业务活动监控

会计师事务所应当制定监控政策和程序，以合理保证质量控制制度中的政策和程序是相关、适当的，并正在有效运行。这些监控政策和程序应当包括持续考虑和评价会计师事务所的质量控制制度，如定期选取已完成的业务进行检查。

对质量控制政策和程序遵守情况的监控旨在评价：遵守法律法规、职业道德规范和业务准则的情况；质量控制制度设计是否适当、运行是否有效；质量控制政策和程序应用是否得当，以便会计师事务所和项目负责人能够根据具体情况出具恰当的业务报告。

12.2　注册会计师职业道德基本原则和概念框架

为了规范注册会计师职业道德行为，提高注册会计师职业道德水准，维护注册会计师职业形象，中国注册会计师协会制定了《中国注册会计师职业道德守则》和《中国注册会计师协会非执业会员职业道德守则》。

12-2　注册会计师职业道德

12.2.1　职业道德基本原则

注册会计师为了实现执业目标，必须遵守相关职业道德。这些职业道德包括诚信、独立性、客观和公正、专业胜任能力和应有的关注、保密、良好职业行为。

12.2.2 职业道德概念框架

职业道德概念框架是指解决职业道德问题的思路和方法，用以指导注册会计师识别对职业道德基本原则的不利影响，评价不利影响的严重程度，必要时采取防范措施消除不利影响或将其降低至可接受的水平。

注册会计师应当在执业工作中运用职业判断，当识别出某个事项可能对职业道德的遵守产生不利影响的时候，应当对其进行评价。在评价不利影响的严重程度时，注册会计师应当从性质和数量两个方面予以考虑。如果事项产生的不利影响超出了可接受的低水平，就需要考虑采取措施将这种不利影响降低或者消除。如果这种不利影响重大到没有防范措施，那么就应该拒绝或者终止该项业务，必要的时候解除业务约定，或者辞职离开原单位。

可能对注册会计师职业道德基本原则产生影响的因素有：自身利益、自我评价、过度推介、密切关系和外在压力。

应对不利影响的防范措施包括两类：法律法规和职业规范规定的防范措施；在具体工作中采取的防范措施。

法律法规和职业规范规定的防范措施主要包括：取得注册会计师资格所必需的教育、培训和经验要求；持续的职业发展要求；公司治理方面的规定；执业准则和职业道德规范的要求；监管机构或注册会计师协会的监控和惩戒程序；由依法授权的第三方对注册会计师编制的业务报告、申报资料或其他信息进行外部复核。

在具体工作中采取的防范措施主要包括：对已执行的非鉴证业务，由未参与该业务的注册会计师进行复核，或在必要时提供建议；对已执行的鉴证业务，由鉴证业务项目组以外的注册会计师进行复核，或在必要时提供建议；向客户审计委员会、监管机构或注册会计师协会咨询；与客户治理层讨论有关的职业道德问题；向客户治理层说明提供服务的性质和收费的范围；由其他会计师事务所执行或重新执行部分业务；轮换鉴证业务项目组合伙人和高级员工。

12.3 审计业务对独立性的要求

独立性是审计的灵魂，是审计监督区别其他业务监督的最重要因素。1971 年，最高审计机关国际组织在《利马宣言》第五节中明确指出，最高审计组织必须独立于受审单位之外并不受外来影响，才能客观而有效地完成其工作任务。

12.3.1 独立性概述

12-3 审计的独立性

1. 独立性概念

独立性包括形式上的独立和实质上的独立。

形式上的独立，要求一位理性、具有专业胜任能力和应有经验、未参与审计工作的专业人士，在充分了解相关信息后，认为会计师事务所或者注册会计师执业是专业规范的，没有损害诚信、客观原则。形式上的独立一般来说，包括（审计）组织独立、业务独立、人员独立和经费独立。

实质上的独立，是注册会计师在执行审计业务过程中，不偏不倚，不受损害职业判断的因素影响，客观公正，保持职业怀疑，得出自己结论的一种状态。

注册会计师应当在业务期间和财务报表涵盖的期间独立于审计客户。

2. 独立性概念框架

独立性概念框架包括：识别对独立性产生不利影响的事项；评估该不利事项的严重程度；采取必要的措施降低或者消除该不利影响。在评价不利影响严重程度的时候，注册会计师需要从质量和数量两个角度来考虑。如果无法采取适当措施将不利影响降低或者消除，注册会计师可以考虑拒绝接受审计委托或者终止该项业务。

注册会计师应当记录遵守独立性要求的情况，包括记录形成的结论，以及为形成结论而讨论的主要内容。如果需要采取防范措施将某种不利影响降低至可接受的水平，注册会计师应当记录该不利影响的性质，以及将其降低至可接受的水平所采取的防范措施。如果需要对某种不利影响进行大量分析才能确定是否有必要采取防范措施，而注册会计师认为由于不利影响未超出可接受的水平不需要采取防范措施，注册会计师应当记录不利影响的性质以及得出不需要采取防范措施结论的理由。

12.3.2 影响注册会计师独立性的因素

影响注册会计师独立性的因素包括：经济利益；贷款和担保以及商业关系；家庭和私人关系；与审计客户发生人员交流；与审计客户长期存在业务关系；为审计客户提供非鉴证服务；收费；业绩评价、礼品款待、诉讼等其他事项。

1. 经济利益

经济利益是指因持有某一实体的股权、债券和其他证券以及其他债务性的工具而拥有的利益，包括为取得这种利益享有的权利和承担的义务。经济利益包括直接经济利益和间接经济利益。如果受益人能够控制投资工具或具有投资决策的能力，则这种经济利益被界定为直接经济利益。常见的直接经济利益包括证券或其他参与权，比如股票、债券、认股权、认购权、期权、权证和卖空权等。被授权进行投资的第三方包括经纪人、经销商、银行投资部客户经理、保险经理等，投资的对象均属于直接经济利益。如果受益人不能控制投资工具或不具有投资决策的能力，这种经济利益界定为间接经济利益。如果投资经理投资了共同基金，而这些共同基金投资了一揽子基础金融产品，在这种情况下，该共同基金属于直接经济利益，而这些基础金融产品将被视为间接经济利益。

在审计客户中拥有经济利益，可能因自身利益导致不利影响。不利影响存在与否及其严重程度取决于拥有经济利益的人员的角色、经济利益是直接还是间接的、经济利益的重要性。

以下四种情况中，如果在审计客户中拥有直接经济利益或重大间接经济利益，将因自身利益产生非常严重的不利影响，导致没有防范措施能够将其降低至可接受的水平。

（1）会计师事务所、审计项目组成员或其主要近亲属不得在审计客户中拥有直接经济利益或重大间接经济利益。

（2）当一个实体在审计客户中拥有控制性的权益，并且审计客户对该实体重要时，会计师事务所、审计项目组成员或其主要近亲属不得在该实体中拥有直接经济利益或重大间接经济利益。

(3) 当其他合伙人与执行审计业务的项目合伙人同处一个分部时，其他合伙人或其主要近亲属不得在审计客户中拥有直接经济利益或重大间接经济利益。

(4) 为审计客户提供非审计服务的其他合伙人、管理人员或其主要近亲属不得在审计客户中拥有直接经济利益或重大间接经济利益。

2. 贷款和担保以及商业关系

事务所、审计项目组成员及其主要近亲属可能会由于办理贷款、担保和商业的业务影响到独立性。

会计师事务所、审计项目组成员或其主要近亲属从银行或类似金融机构等审计客户处取得贷款，或获得贷款担保，可能对独立性产生不利影响，不得从审计客户那里通过不正常程序获得贷款。如果是按照正常程序获得贷款，可以通过由其他未参与审计工作并且未接受该贷款的会计师事务所复核工作底稿来降低审计风险。

会计师事务所、审计项目组成员或其主要近亲属不得从不属于银行或类似金融机构等审计客户处取得贷款，也不得向其审计客户提供贷款或者提供担保。如果要在审计客户处开立存款或交易账户，应当按照正常的商业条件通过正常手续进行办理。

事务所、审计项目组成员或其主要近亲属与审计客户或其高级管理人员之间，由于商务关系或共同的经济利益而存在密切的商业关系，可能因自身利益或外在压力产生严重的不利影响。这些商业关系主要包括：在与客户或其控股股东、董事、高级管理人员共同开办的企业中拥有经济利益；按照协议，将会计师事务所的产品或服务与客户的产品或服务结合在一起，并以双方名义捆绑销售；按照协议，会计师事务所销售或推广客户的产品或服务，或者客户销售或推广会计师事务所的产品或服务。

如果会计师事务所、审计项目组成员或其主要近亲属，在某股东人数有限的实体中拥有经济利益，而审计客户或其董事、高级管理人员也在该实体中拥有经济利益，如果经济利益影响不重大，这种商业关系不会对独立性产生不利影响。

会计师事务所、审计项目组成员或其主要近亲属从审计客户处购买商品或服务，如果按照正常的商业程序公平交易，通常不会对独立性产生不利影响。

3. 家庭和私人关系

如果审计项目组成员的主要近亲属是审计客户的董事、高级管理人员或特定员工，或者在业务期间或财务报表涵盖的期间曾担任上述职务，必须把该成员调离审计项目组。如果审计项目组成员的其他近亲属是审计客户的董事、高级管理人员或特定员工，将对独立性产生不利影响。不利影响的严重程度主要取决于审计项目组成员与其他近亲属的关系、其他近亲属在客户中的职位、该成员在审计项目组中的角色。会计师事务所应当评价不利影响的严重程度，并在必要时采取防范措施消除不利影响或将其降低至可接受的水平，如将该成员调离审计项目组，或合理安排审计项目组成员的职责，使该成员的工作不涉及其他近亲属的职责范围。

如果审计项目组成员与审计客户的员工存在密切关系，并且该员工是审计客户的董事、高级管理人员或特定员工，即使该员工不是审计项目组成员的近亲属，也将对独立性产生不利影响。不利影响的严重程度主要取决于该员工与审计项目组成员的关系、该员工在客户中的职位、该成员在审计项目组中的角色。防范措施主要包括：将该成员调离审计项目组；合理安排该成员的职责，使其工作不涉及与之存在密切关系的员工的职责范围。

如果审计项目组以外的合伙人或员工，与审计客户的董事、高级管理人员或特定员工之间存在家庭或私人关系，可能因自身利益、密切关系或外在压力产生不利影响。这种情况下，要考虑该合伙人或员工与审计客户的董事、高级管理人员或特定员工之间的关系，该合伙人或员工与审计项目组之间的相互影响，该合伙人或员工在会计师事务所中的角色，董事、高级管理人员或特定员工在审计客户中的职位。防范措施主要包括：合理安排该合伙人或员工的职责，以减少对审计项目组可能产生的影响；由审计项目组以外的注册会计师复核已执行的相关审计工作。

4. 与审计客户发生人员交流

如果是前项目组成员与事务所保持重要联系，将因密切关系或外在压力产生非常严重的不利影响；如未与事务所保持重要联系，则可能因密切关系或外在压力产生不利影响。

项目组现成员拟加入审计客户，事务所应谨慎考虑，由组外注册会计师复核该成员的重大判断，必要时将该成员调离项目组。

关键审计合伙人加入公众利益实体审计客户，担任董事、高级管理人员或者特定员工，将因密切关系或外在压力产生不利影响，需进行评价。除非不担任关键审计合伙人、项目组成员后，该公众利益实体发布了已审计的涵盖期间不少于十二个月的财务报表，该不利影响才可以接受。关键审计合伙人是指项目合伙人、实施项目质量控制复核的负责人、项目组中负责对重大事项做出关键决策或判断的其他审计合伙人，还可能包括负责重要组成部分审计的项目合伙人，或负责对长期资产是否重大减值或重大税项的不确定性作出结论的其他合伙人。

前任高级合伙人加入公众利益实体审计客户，担任董事、高级管理人员或特定员工，将因外在压力产生不利影响。除非该高级合伙人离职已超过十二个月，否则独立性将被视为受到损害。

为防范不利影响，事务所只能短期借出员工，由审计客户对借出员工进行指导和监督，并要求借出的员工不得提供禁止的非鉴证服务，也不得承担客户管理层职责。

如果客户前董事、高级管理人员或特定员工在被审计财务报表覆盖期间加入项目组，不得将其安排到审计该客户的项目组；如果在被审计单位财务报表覆盖期间之前加入，需要评估该成员在客户中曾担任的职务、该成员离开客户的时间长短、该成员在审计项目组中的角色。如果评估认为必要，复核该成员已执行的工作。

事务所的合伙人或员工不得兼任审计客户董事、高级管理人员或公司秘书。

5. 与审计客户长期存在业务关系

事务所长期委派同一名合伙人或高级员工执行某一客户的审计业务，可能会因密切关系和自身利益产生不利影响，防范措施包括将该人员轮换出审计项目组、由审计项目组以外的注册会计师复核该人员已执行的工作、定期对该业务实施质量复核。

如果审计客户属于公众利益实体，执行其审计业务的关键审计合伙人任职时间不得超过五年；在任期结束后的两年内，该关键审计合伙人不得再次成为该客户的审计项目组成员或关键审计合伙人。在极其特殊的情况下，会计师事务所可能因无法预见和控制的情形而不能按时轮换关键审计合伙人，则在法律法规允许的情况下，该关键审计合伙人在审计项目组的时限可以延长一年。

审计项目组的其他合伙人与属于公众利益实体的审计客户之间长期存在业务关系，将因密切关系和自身利益产生不利影响，防范措施主要包括：将该合伙人轮换出审计项目组，或终止其与审计客户存在的业务关系；定期对该业务实施独立的质量复核。

在审计客户成为公众利益实体之前，如果关键审计合伙人已为该客户服务的时间不超过三年，则该合伙人还可以为该客户继续提供服务的年限为五年减去已经服务的年限；如果关键审计合伙人为该客户服务了四年或更长的时间，在该客户成为公众利益实体之后，该合伙人还可以继续服务两年。如果审计客户是首次公开发行证券的公司，关键审计合伙人在该公司上市后连续提供审计服务的期限，不得超过两个完整会计年度。

6. 为审计客户提供非鉴证服务

会计师事务所向审计客户提供非鉴证服务，可能对独立性产生不利影响，包括因自我评价、自身利益和过度推介等产生的不利影响。

在接受委托向审计客户提供非鉴证服务之前，会计师事务所应当确定提供该服务是否将对独立性产生不利影响。如果没有防范措施能够将不利影响降低至可接受的水平，会计师事务所不得向审计客户提供该非鉴证服务。

如果会计师事务所无意中对审计客户的关联实体或分支机构提供非鉴证服务，可能对独立性产生非常严重的不利影响，导致没有防范措施能够将其降低至可接受的水平。会计师事务所应当采取下列补救措施将不利影响降低至可接受的水平，以避免损害独立性：由其他会计师事务所对客户的关联实体、分支机构或财务报表项目进行审计；由其他会计师事务所重新执行非鉴证服务，并且所执行工作的范围能够使其承担责任。

会计师事务所通常不向审计客户的下列关联实体提供中国注册会计师职业道德守则限制的非鉴证服务：不是会计师事务所的审计客户，但能够直接或间接控制审计客户的实体；不是会计师事务所的审计客户，但在审计客户中拥有直接经济利益的实体，该实体能够对审计客户施加重大影响，并且经济利益对该实体重大；不是会计师事务所的审计客户，但与审计客户处于同一控制下的实体。

如果审计客户成为公众利益实体，在同时满足下列条件时，会计师事务所向其提供非鉴证服务不会损害独立性：以往向该实体提供的非鉴证服务符合中国注册会计师职业道德守则有关向非公众利益实体提供非鉴证服务的规定；在客户成为公众利益实体之前终止，或之后尽快终止中国注册会计师职业道德守则不允许向公众利益实体提供的非鉴证服务；在必要时已采取防范措施消除对独立性产生的不利影响，或将其降低至可接受的水平。

7. 收费

会计师事务所应当定期评估收费结构，以确定是否会影响到独立性。

如果会计师事务所从某一审计客户收取的全部费用占其审计收费总额的比重很大，则对该客户的依赖及对可能失去该客户的担心将因自身利益或外在压力产生不利影响。如果从某一审计客户收取的全部费用占某一合伙人从所有客户收取的费用总额比重很大，或占会计师事务所某一分部收取的费用总额比重很大，也将因自身利益或外在压力产生不利影响。防范

第12章 审计质量控制

措施主要包括：降低对该客户的依赖程度；实施外部质量控制复核；就关键的审计判断向第三方咨询。

如果会计师事务所连续两年从某一属于公众利益实体的审计客户及其关联实体收取的全部费用占其从所有客户收取的全部费用的比重超过15%，会计师事务所应当向审计客户治理层披露这一事实，并讨论选择采取以下措施：在对第二年度财务报表发表审计意见之前，由其他会计师事务所对该业务再次实施项目质量控制复核；或者在对第二年度财务报表发表审计意见之后、对第三年年财务报表发表审计意见之前，由其他会计师事务所对第二年度的审计工作再次实施项目质量控制复核。

如果审计客户长期未支付应付的审计费用，尤其是相当部分的审计费用在出具下一年度审计报告前仍未支付，可能因自身利益产生不利影响。会计师事务所通常要求审计客户在审计报告出具前付清上一年度的审计费用。如果在审计报告出具后审计客户仍未支付该费用，会计师事务所应当由未参与执行审计业务的注册会计师提供建议，或复核已执行的工作等。会计师事务所还应当确定逾期收费是否可能被视同向客户贷款，并且根据逾期收费的重要程度确定是否继续执行审计业务。

会计师事务所在提供审计业务时，以直接或间接形式取得或有收费，将因自身利益产生非常严重的不利影响，导致没有防范措施能够将其降低至可接受的水平。因此，会计师事务所不得采用这种收费安排。

8. 业绩评价、礼品款待、诉讼等其他事项

如果某一审计项目组成员的薪酬或业绩评价与其向审计客户推销的非鉴证服务挂钩，将因自身利益产生不利影响。如果不利影响超出可接受的水平，会计师事务所应当修改该成员的薪酬计划或业绩评价程序，或者采取其他防范措施消除不利影响或将其降低至可接受的水平。防范措施主要包括：将该成员调离审计项目组；由审计项目组以外的注册会计师复核该成员已执行的工作。

会计师事务所或审计项目组成员不得接受礼品。会计师事务所或审计项目组成员应当评价接受款待产生不利影响的严重程度，并在必要时采取防范措施消除不利影响或将其降低至可接受的水平。如果款待超出业务活动中的正常往来，会计师事务所或审计项目组成员应当拒绝接受。

会计师事务所和客户管理层由于诉讼或诉讼威胁而处于对立地位，将影响管理层提供信息的意愿，从而因自身利益和外在压力产生不利影响。会计师事务所应当评价不利影响的严重程度，并在必要时采取防范措施消除不利影响或将其降低至可接受的水平。防范措施主要包括：如果诉讼涉及某一审计项目组成员，则将该成员调离审计项目组；由审计项目组以外的专业人员复核已执行的工作。如果此类防范措施不能将不利影响降低至可接受的水平，会计师事务所应当拒绝接受审计业务委托，或解除审计业务约定。

本章小结

会计师事务所应建立覆盖全面、实施有效的内部质量控制制度，合理保证业务质量。会计师事务所及其人员应遵守职业准则和相关法律法规的规定，会计师事务所和合伙人应出具

适合具体情况的报告。会计师事务所应当制定政策和程序，培育以质量为导向的内部文化，发挥会计师事务所的领导作用；应当建立道德文化体系，使包括注册会计师、质量复核人员、外聘专家在内的所有审计工作参与人员都遵守职业道德规范。

注册会计师必须遵守的相关职业道德包括诚信、独立性、客观和公正、专业胜任能力和应有的关注、保密、良好职业行为。职业道德概念框架是指解决职业道德问题的思路和方法，用以指导注册会计师，包括识别对职业道德基本原则的不利影响，评价不利影响的严重程度，必要时采取防范措施消除不利影响或将其降低至可接受的水平。

独立性是审计的灵魂，是审计监督区别于其他业务监督的最重要因素。独立性包括形式上的独立和实质上的独立。独立性概念框架包括：识别对独立性产生不利影响的事项；评估该不利事项的严重程度；采取必要的措施降低或者消除该不利影响。影响注册会计师独立性的因素包括：经济利益；贷款和担保以及商业关系；家庭和私人关系；与审计客户发生人员交流；与审计客户长期存在业务关系；为审计客户提供非鉴证服务；收费；业绩评价、礼品款待、诉讼等其他事项。

本章练习题

简答题

1. 上市公司甲公司是ABC会计师事务所的常年审计客户，XYZ公司和ABC会计师事务所处于同一网络，审计项目组在甲公司2014年度财务报表审计中遇到下列事项。

（1）ABC会计师事务所委派A注册会计师担任甲公司2014年度审计项目合伙人，A注册会计师曾担任甲公司2009年度至2012年度审计项目质量控制复核人，并未参与会计师事务所2013年度的工作。

（2）B注册会计师不是甲公司审计项目组成员，与A注册会计师同处一个分部。B注册会计师的妻子在甲公司任职，并因此持有将于2016年1月1日起可行权的甲公司股票期权3 000股，B注册会计师承诺在禁售期结束后尽快予以处置。

（3）甲公司在2014年对固定资产计提了重大的减值准备，XYZ公司合伙人X作为内部专家在审计中负责评估管理层的减值测试是否恰当，X将于2015年11月退休并受聘担任甲公司董事。

（4）乙公司是甲公司的重要联营公司，从事房地产业务，审计项目组成员C的父亲从银行购买了10万元定向信托理财产品，根据该产品的说明书，其募集的资金用于投资乙公司的房地产项目。

（5）XYZ公司为甲公司提供了一项对甲公司财务报表有重大影响的税务建议，该建议的有效性取决于甲公司的相关会计处理是否恰当。审计项目组对该项会计处理存有疑虑，正在进行协调。

（6）甲公司的子公司丙银行和XYZ公司签署协议，由丙银行向其客户推荐XYZ公司的税务服务，由XYZ公司将有融资意向的客户介绍给丙银行。

要求：针对上述第（1）至（6）项，逐项指出是否可能存在违反中国注册会计师职业道德守则有关独立性规定的情况，并简要说明理由。

2. 上市公司甲公司是 ABC 会计师事务所的常年审计客户。乙公司是非公众利益实体，于 2014 年 6 月被甲公司收购，成为甲公司重要的全资子公司。XYZ 公司和 ABC 会计师事务所处于同一网络。审计项目组在甲公司 2014 年度财务报表审计中遇到下列事项。

（1）A 注册会计师自 2012 年度起任甲公司财务报表审计项目合伙人，其妻子在甲公司 2013 年年度报告公布后购买了甲公司股票 3 000 股，在 2014 年度审计工作开始时卖出了这些股票。

（2）B 注册会计师自 2009 年度起担任乙公司财务报表审计项目合伙人，在乙公司被甲公司收购后，继续担任乙公司 2014 年度财务报表审计项目合伙人，并成为甲公司的关键审计合伙人。

（3）在收购过程中，甲公司聘请 XYZ 公司对乙公司的各项资产和负债进行了评估，并根据评估结果确定了购买日乙公司可辨认净资产的公允价值。

（4）C 注册会计师原来是 ABC 会计师事务所的管理合伙人，于 2014 年 1 月退休后担任甲公司董事。

（5）丙公司是甲公司新收购的海外子公司，为甲公司不重要的子公司。丙公司聘请 XYZ 公司将其按国际财务报告准则编制的财务报表转化为按照中国企业会计准则编制的财务报表。

（6）甲公司的子公司丁公司提供信息系统咨询服务，与 XYZ 公司组成联合服务团队，向目标客户推广营业税改增值税相关咨询和信息系统咨询一揽子服务。

要求：针对上述第（1）至（6）项，逐项指出是否可能存在违反中国注册会计师职业道德守则有关独立性规定的情况，并简要说明理由。

参考文献

[1] 李凤鸣. 审计学原理 [M]. 6版. 上海：复旦大学出版社，2014.

[2] 秦荣生，卢春泉. 审计学 [M]. 8版. 北京：中国人民大学出版社，2014.

[3] 中国注册会计师协会. 审计 [M]. 北京：中国财政经济出版社，2019.

[4] 伍利娜，戚务君. 高级审计学 [M]. 北京：北京大学出版社，2013.

[5] 王章渊. 审计经典理论的历史流变 [J]. 湖北工业大学学报，2009，24（6）：75-78.

[6] 李成艾，蔡传里，许家林. 尚德尔的《审计理论》[J]. 财会月刊，2006（31）：63-64.

[7] 李国运. 南海公司事件案例研究 [J]. 审计研究，2007（2）：92-96.

[8] 方红星，池国华. 内部控制 [M]. 3版. 大连：东北财经大学出版社，2017.

[9] 池国华，樊子君. 内部控制系统与案例 [M]. 3版. 大连：东北财经大学出版社，2017.

[10] 李晓慧. 审计学原理与案例 [M]. 北京：中国人民大学出版社，2015.

[11] 中国注册会计师协会. 中国注册会计师执业准则应用指南 [M]. 北京：中国财政经济出版社．2017.